2026
대한민국
대전망

KOREA AHEAD 2026

2026 대한민국 대전망
대변혁시대 대한민국 리빌딩

지은이

이영한(에디터), 한상진, 이필상, 김영래, 양명수, 남성욱, 최윤정, 최은주
조양현, 안병억, 박지원, 박찬수, 최병삼, 오수현, 조은교, 이성규, 김천곤, 문형남
강건욱, 김유현, 이재완, 이상호, 차학봉, 함인희, 박기태, 윤석명, 이정옥
장인수, 김현수, 김태형, 김선미, 김경순, 이용관, 이원희, 노수경, 김소임

집필위원회

이영한(위원장), 김소임, 문형남
함인희, 김유현, 최윤정

초판 펴낸날 2025년 10월 3일
가격 20,000원

펴낸이 이영한
펴낸곳 케이북스(주)
홈페이지 KBOOKS.IM

출판등록 2024년 1월 25일 제 2024-000036호
주소 서울특별시 강남구 테헤란로 323 708호
이메일 openawindow11@gmail.com
팩스 070-7545-7527

ⓒ 이영한 등 36인

종이책 ISBN 979-11-989311-3-9
전자책 ISBN 979-11-989311-7-7

과학 혁신력 · 경제 활력 · 사회 균형력 · 환경 복원력 · 문화 포용력

2026 대한민국 대전망

산업안보학 기술주권, AI 혁신과 경험, 글로벌 엔지니어링, 포커스 2030, 그리고 AI

지속가능발전 5대 지지대, 지방분권, 정념결리, EU와 러시아, 다풍전쟁, CPTPP

KOREA AHEAD 2026

케이북스
KBOOKS.IM

서문

대변혁시대 대한민국 리빌딩

"광복 80주년 NEXT STEPS, 대한민국호는 새로운 시험대에 서다"가 『2025년 대한민국 대전망』의 주제였다. 2024년 11월 트럼프 후보 당선과 12월에 위헌 비상계엄 선포로, 극도의 불안과 불확실성 속에서 2025년 새해를 맞이했다. 디지털 트랜스포메이션으로 거리에는 공실이 즐비하고 이어 AI 대혁명이 본격적으로 몸체를 드러내기 시작하면서 미래사회에 대한 기대와 우려가 증폭되고 있다. 그야말로 대변혁(The Great Transformation)의 시대다.

광복 80년 동안 지속 성장을 해오던 대한민국은 새로운 시험대에 서 있다. 2025년 가을에 접어든 지금, 다행히 비상계엄은 정리되었다. 새 정부가 들어섰다. 국내적으로는 난제들이 중층적으로 누적되어 있고, 노골적으로 '국가 이익'을 추구하는 글로벌 환경은 우리에게 시련이자 도약의 기회일 수 있다. 1876년 개항 이후 닥친 시련에 뒤로 밀리기도 했지만, 그 시련이 약이 되어 오늘에 이르렀다. 소프트파워 강국, 하드파워 강국 대한민국, 세계 어디서나 "Welcome, Koreans"다. 일시적으로 밀릴 수도 있지만, 대한민국 성장과 발전은 지속될 것이다.

"대변혁시대 대한민국 리빌딩"이 『2026년 대한민국 대전망』의 주제다. "새로운 시험대에 선 대한민국은 대변혁시대에 곧바로 구조를 대수선하고 칸막이를 터서 재도약한다"는 뜻을 담았다. 36인이 집단지성으로 고민했다. 외교·통상, 과학기술, 산업경제, 사회정치, 환경건설, 문화예술 등 각 분야 대표적 지식인들이 한여름 땀을 닦으면서 동행하였다. 『전환기 한국 지속가능발전 종합전략』(2015), 『포스트코로나 대한민국』(2020), 2022년부터 출간된 『대한민국 대전망』 시리즈들, 대변혁의 시대에 새로운 각오로 『2026 대한민국 대전망』을 내놓는다. 국립외교원 등 정부 주요 부처별 대표 국책 연구기관 등 10개 연구원의 최고 권위 있는 박사들이 다듬고 다듬은 정제되고 따끈따끈한 옥고가 전망서의 무게를 더하고 있다. 총 "8편 37 장"으로 구성되었으며, 각 편은 4~6장으로 구성되어 있다.

「에디터 노트」에서는 국내외 핫이슈와 대한민국 지속가능발전 5대 지지대인 과학 혁신력, 경제 활력, 사회 균형력, 환경 복원력, 문화 포용력를 총괄 진단했으며, 「1편. 대한민국 조망」에서는 사회, 경제, 정치, 문화 분야를 대표하는 석학들이 거시적으로 중민(中民), 선(先) 개혁, 지방자치, 정교분리 이슈를 조망했다. 「2편. 외교와 통상: 해양국 그리고 대륙국」에서는 대북 실용과 원칙, 인·태 지역의 전략적 환경, 남북 '작은 시작', CPTPP, EU 재생에너지, 러시아 동북아 경제권에 대한 전망과 인사이트를 담고 있다.

「3편. 과학 혁신력: 산업안보와 기술주권」에서는 국가 전략적 안보, 기술주권 전략, 핵심광물 리스크, 중국식 피지컬 AI, 신에너지 안보에 대하여 전망했다. 「4편. 경제 활력: AI 대전환, 혁신과 감원」에서는 산업 대도약 전략, AI 발 대량 감원, AI 기반 재택 의료, AI 조직 혁신에 대하여 전망한다. 「5편. 건설 인프라: 글로벌화와 정상화」에서는 엔지니어링의 글로벌화, 건설산업의 탈현장, 친시장적 주택정책과 주거권과 주택정책에 대해 전망한다.

「6편. 사회 균형력: "포커스 2030"의 빛과 빚」에서는 지속가능발전에서 최대 현안인 청년 문제를 집중 다루었다. 20대 담론으로 "인정과 존중", 청년 채무 위기 현장, 국민연금의 형평성, 세대 갈등 그리고 지역소멸에 대한 이슈와 전망을 담고 있다. 「7편. 환경 복원력: 그린과 AI」에서는 K-AI 시티, AI 모빌리티 혁신, 정원도시, 멸종위기종에 대하여 전망한다. 「8편. 문화 포용력: 신한류와 문화의 힘」에서는 신한류, 관광과 문화예술 트렌드, AI 영화 속 미래 사회와 센티언스를 전망한다.

중간중간에 「이슈 브리핑」는 37개 장에서 다루어지지 않았으나, 독자들께서 알면 좋겠다고 생각한 12개 주제를 짤막한(2쪽 내외) "에디터 리포트" 형식으로 전망한 것이다. 『대한민국 대전망』은 대표지식인 집단지성 신년전망 종합교과서로서 한 발 한 발 전진하고 있다.

"대한민국 리빌딩", "대한민국 리빌딩"은 "대한민국 리모델링"과는 다르다. 리빌딩은 같은 대지에 다시 세우는 것이다. 기초도 다시 팔 수 있고, 새로운 건물도 될 수도 있고, 대수선 수준으로 할 수도 있다. 그 설계는 국민들이 하는 것이다. 광복 80년 주년을 보내면서, 뒤를 돌아보고, 대변혁 시대의 초입인 2026년을 묵상하며, 격랑의 바다에서 항해 중인 대한민국호는 선방(善防)하기를 바란다. 대한민국은 풍요로운 대한민국으로 지속가능발전할 것이다.

2025년 10월

집필위원회

위원장

이영한 서울과학기술대학교 건축학부 명예교수, 지속가능과학회 이사장

위원

김소임 건국대학교 영어문화학과 교수
문형남 숙명여자대학교 한류국제대학 학장, 지속가능과학회 회장
함인희 이화여자대학교 사회학과 명예교수
김유현 InScience(Partner of Pawlik) 부대표
최윤정 최윤정 세종연구소 수석연구위원

차례

서문 4

01 에디터 노트 2026년 지속가능발전 5대 지지대:
대혁신과 균형력 그리고 인정과 온정 17
이영한 서울과학기술대학교 건축학부 명예교수, 지속가능과학회 이사장(에디터)

제1편

대한민국 조망

02 사회 진영대립을 거부한 중민(中民)은 오늘날 어디에 있나? 31
한상진 서울대학교 사회학과 명예교수

03 경제 빚으로 숨 쉬는 경제, '선(先) 구조개혁'으로 경쟁력 강화 39
이필상 (전)고려대학교 총장

04 정치 2026년 국민통합과 지방분권 전망 45
김영래 (전)동덕여자대학교 총장

05 문화 교회의 정치참여와 정교분리 53
양명수 이화여자대학교 기독교학과 명예교수

이슈 브리핑 1. 소프트파워 강국 하드파워 강국, 세계 선도 대한민국 60
이슈 브리핑 2. 세계 최상위 도시로 진화 중인 서울 62

제 2 편

외교와 통상: 해양국 그리고 대륙국

06 외교·안보 트럼프 시대, 대한민국 외교 안보의
'실용과 원칙' 스마트 생존 전략 **67**
남성욱 숙명여자대학교 석좌교수

07 한·인태 트럼프 2기 인도·태평양 전략 환경의 복합적 압력과 한국 **79**
최윤정 세종연구소 수석연구위원

08 남북 남북 경제 협력의 재구상: 제재와 불신 속에 '작은 시작' **87**
최은주 세종연구소 연구위원

09 한·일 2026년 한일 관계의 쟁점 및 전망 **95**
조양현 국립외교원 일본연구센터장

10 한·EU 트럼프 2기 한·EU 전략적 파트너십 강화 **105**
안병억 대구대학교 국방군사학과 교수

11 한·러 러시아의 동북아 경제권 협력 강화와 한국의 대응 **111**
박지원 대한무역투자진흥공사 전문위원

이슈 브리핑 3. 북한 인식과 통일 여론이 바뀌고 있다, 할 수 있는 것부터 **118**

제 3 편

과학 혁신력: 산업안보와 기술주권

12 산업안보 '국가 전략적 산업안보' 재설계 원년, 2026년 123
박찬수 과학기술정책연구원 부원장

13 과학기술 기술추격을 넘어서 기술주권으로, 국가혁신체계의 대전환 131
최병삼 과학기술정책연구원 혁신성장실 선임연구위원

14 핵심광물 2026년 핵심광물 리스크와 대응 전략 141
오수현 대외경제정책연구원 북미유럽팀 연구위원

15 한·중 중국식 피지컬 AI(具身智能) 전략과 K-제조의 길 147
조은교 산업연구원 중국연구팀장

16 에너지 신 에너지 안보 시대, 지속가능발전의 길 155
이성규 에너지경제연구원 해외에너지동향분석실장

이슈 브리핑 4. 모바일 앱 안보와 데이터 주권 162
이슈 브리핑 5. 급성장 중국 유통 플랫폼의 안보 이슈화 164
이슈 브리핑 6. 중국의 스파이 활동과 국가 안보 166

제4편

경제 활력: AI 대전환, 혁신과 감원

17 산업 글로벌 산업 대전환기, 대한민국 산업 대도약 전략 171
김천곤 산업연구원 연구부원장

18 AI 경영 2026년 AI 발 대량 감원,
'실업 대재앙 전조'냐 '새로운 번영 출발점'이냐 179
문형남 숙명여자대학교 한류국제대학 학장

19 AI 의료 AI·디지털을 활용한 지역 및 재택의료 187
강건욱 서울대학교 의과대학 교수

20 AI HR 인간과 AI이 만드는 새로운 조직 혁신 195
김유현 InScience(Partner of Pawlik) 부대표

이슈 브리핑 7. AI 세계 8위, 인적자본 혁신으로 'AI 3대 강국' 202
이슈 브리핑 8. 18대 미래 고도성장 산업 "ARENAS" 205
이슈 브리핑 9. 한미 조선업 협력과 지속가능성 207

제 5 편

건설 인프라: 글로벌화와 정상화

21 엔지니어링 국민소득 5만 달러 시대를 글로벌 엔지니어링으로 **215**
　　이재완 세광종합기술단 회장·엔지니어링공제 이사장

22 건설 2026년 건설산업 투자 확대, 안전 및 탈현장시공(OSC) **223**
　　이상호 유창E&C 부회장

23 주택시장 집값 잡는 주택정책의 결말은 풍선효과? 버블붕괴? **231**
　　차학봉 땅집고 미디어본부장

24 민생주택 자가보유율 60%를 70%로 높여 중산층 복원 **237**
　　이영한 서울과학기술대학교 (전)주택도시대학원장

제 6 편

사회 균형력: 포커스 2030의 빛과 빚

25 2030 담론 한국 사회 20대 담론, '인정과 존중' **247**
함인희 이화여자대학교 사회학과 명예교수

26 2030 채무 2030 영끌과 빚투 현장, 국가 차원의 채무 위기 해법 **257**
박기태 법무법인 한중 변호사

27 연금 국민연금 참 구조개혁으로 세대 간 형평성을 **265**
윤석명 한국보건사회연구원 명예연구위원

28 세대통합 2026년 세대 갈등 휴화산, 실효적 사회 통합정책 시급 **271**
이정옥 대구가톨릭대학교 명예교수(사회학)

29 지역소멸 지역 인구 감소 30년,
청년층이 선호하는 직주교(職住校)로 저출산 탈출 **277**
장인수 한국보건사회연구원 인구정책연구실 연구위원

이슈 브리핑 10. 중도적 이념 성향이 정치 회복력의 근간 **284**
이슈 브리핑 11. 고령화 인구감소 시대, '건강한 노화' 정책으로 GDP 0.6% Up **286**

제 7 편

환경 복원력: 그린과 AI

30 도시 AI 대전환기, 혁신과 포용의 "K-AI시티" 291
김현수 단국대학교 도시계획부동산학과 교수

31 모빌리티 AI 모빌리티 혁신, 융합기술과 국가 시범도시 299
김태형 한국교통연구원 모빌리티융합기술본부 본부장

32 정원 "녹색 열풍", 기후 위기 시대 돌봄과 회복의 정원도시 307
김선미 동아일보 콘텐츠기획본부 기자

33 생물다양성 멸종위기종의 소도(蘇塗) 국립공원의 SOS 315
김경순 국립공원공단 상임감사

이슈 브리핑 12. 생명이 빛나는 미래 사회, 목조건축과 함께 322

제8편

문화 포용력: 신한류와 문화의 힘

34 신한류 한류의 새로운 물결: 문화적 원천성과 창작의 주도권 확보 327
  이용관 한국문화관광연구원 한류경제연구센터장

35 관광 2026년 큰 환경변화와 핵심 관광 트렌드 전망 335
  이원희 한국문화관광연구원 관광연구본부장

36 트렌드 문화예술 10대 트렌드 분석 및 전망 343
  노수경 한국문화관광연구원 문화예술정책연구실

37 영화 영화에 나타난 AI 시대, 센티언스가 문제인가? 353
  김소임 건국대 영어문화학과 교수

1. 에디터 노트

2026 지속가능발전 5대 지지대 : 대혁신과 균형력 그리고 인정과 온정

이영한 서울과학기술대학교 건축학부 명예교수, 지속가능과학회 이사장(에디터)

대한민국 지속가능발전 5대 지지대 분석 결과, 과학 혁신력은 '상(上)'으로 평가되고 있지만 차세대 먹거리인 AI 기술, 기술 주권, 데이터 안보 등 무거운 과제를 가지고 있다. 경제 활력은 '중(中)'으로 평가되며 급성장하고 있는 중국 유통 플랫폼 등 산업 안보가 중요 현안으로 부상할 것이다. 사회 균형력은 '하(下)'로 평가되며, 주택 자가보유율 제고 등 무너져 내려가는 중산층 복원 대책이 시급하다. 환경 복원력은 '중(中)'으로 평가되며, 거주 환경에 대한 글로벌 평가가 상승하고 있다. 문화 포용력은 압도적으로 '상(上)'이다. 세계적 권위 기관 평가에서 '매력 세계 1위'다. 5대 지지대의 2개가 '상'과 '중'이고, 1개가 '하'로, 아직은 건전하다고 볼 수 있으나, 대내외 여건이 어렵다. 다행히도 과학 혁신력과 문화 포용력이 우수하기 때문에 대내외 위기를 견디며 대혁신으로 나아갈 수 있을 것이다. '하'인 사회 균형력이 2026년 가장 위협 요인이다. 2025년 12월 위헌 비상계엄 선포 등 극도로 사회가 불안하고 경제가 위기에 처한 원인도 '하'로 평가된 사회 균형력에서 터진 것이다.

서울과학기술대 건축학부 명예교수, 케이북스 대표이사, 우리도시건축사사무소 대표, 산업경영환경연구원 연구소 소장, 지속가능과학회 회장. (전)EBS 사외이사, 서비스산업총연합회 초대 운영위원장. 저서 『전환기 한국 지속가능발전 종합전략』, 『포스트코로나 대한민국』, 『대한민국 대전망』 시리즈, 『주거론』, 『주택디자인』, 『공동주택디자인』 집필위원장·대표 저자. 대한민국 국민포장 수상. 서울대 공학사·공학석사·공학박사(건축학과), 한국방송통신대 문학사(중어중문학과, 일본어학과). 이영한(Lee, Younghan, 李榮漢)

1. 정권 교체, 지난 정부와 새 정부

 2025년 6월 정권 교체되었다. 전임 윤석열 대통령은 2024년 12월 위헌 비상계엄 선포로 탄핵되었다. 반년 동안 정국 혼란을 딛고 평화적 정권 교체를 했다. 윤 대통령은 올 4월에 파면당했으니 2년 11개월간 재임했다. 공이라면, 일본과 미국과 외교관계 강화, 고사 직전이었던 원전 산업 정상화 등을 언급할 수 있겠다. 의대 입학정원 배증, 연구비 삭감은 비전 없는 해로운 정책이었다. 이공계 대학 육성과 기술 혁신이 국가 생존의 키인데, 그 기운을 빼 버렸다. 박정희 대통령은 1967년 '과학기술처'를 신설했다. 개발도상국 최초였다. 이름을 '과학기술원'으로 검토했다. 그 당시 막강했던 경제기획원과 같은 위상을 부여하기 위해서다. 이러한 과학기술 혁신에 대한 진정성이 아쉬웠던 지난 정부였다.
 6월 4일 이재명 대통령이 취임했다. '실용 정부'를 기치로, 좌와 우를 넘어서, 지역색에 좌우되지 않는 '실리와 통합'의 정치를 약속했다. 국무회의를 생중계하고, 국민과의 직접 대화에 나서고, 적극적으로 행보 중이다. 대선 득표율 49.42%에 국회에 여당이 다수를 점하는 상황에서 새 정부는 '국민과의 약속'을 부디 달성하길 바란다.

2. AI 대혁명의 초기 징후 감원과 실업

 이재명 정부는 국정 최고 목표로 'AI 주권'과 'AI 3대 강국'을 천명했다. 재임 5년 간은 전 세계적으로 AI 대전환의 초기라서 국가 흥망성쇠가 달린 절박한 시간이다. AI 3대 강국을 달성할 수도 있고, 그렇지 못할 수도 있다. 하버드대 벨퍼센터의 발표(2025)에 의하면 한국은 세계 AI 순위가 8위다.[1] 미국, 중국, 독일, 영국, 프랑스, 인도, 캐나다가 한국보다 앞선다. 현재 3위가 독일이니 잘하면 해볼 만도 한 것 같다. 더 중요한 사실은 AI 초강국인 미국과 중국과 3위 국가 간에 AI 역량의 격차가 매우 크기 때문에 세계 3위가 큰 의미가 없을 수도 있다는 점이다. 우선 한국은 지정학적으로 중국의 AI 패권에서 AI 주권을 어떻게 지켜내느냐가 무거운 과제다. 세계 시장에서 미국 AI나 중국 AI와 경쟁력을 확보하기 위해서는 전략이 중요하고 합종연횡의 묘법이 요구된다.

AI의 본원적 정체는 무엇일까? 흔히들 'SMART'와 'AI'를 비슷하게 보는 경우가 많으나, 이 둘은 근본적으로 다르다. 스마트의 본질은 '자동화'다. 인간이 만든 프로그램을 따라서 물체가 자동적으로 움직이는 시스템이다. 스마트 시스템의 최종 목표는 '인간 노동 대체'의 100% 자동화다. AI의 본질은 '자율화'다. AI는 인간이 만든 프로그램을 초월해서, '인간 한계를 넘어서' 스스로 생각(지능화)하고 움직이는 시스템이다. AI는 ANI(소인공지능), AGI(일반인공지능)을 거쳐서, '인간을 초월하는 절대 만능자 ASI(초인간지능)'에서 완성될 것이라고 한다. 신석기 혁명, 산업 혁명과는 차원이 다른 AI 대혁명이다. 2026년은 AI 대혁명의 초입기에 1년이다.

혁명은 곧 파괴를 동반한다. 혁명과 파괴는 반심동체(反心同體)다. AI 혁명에 따른 파괴 징후들이 나타날 텐데, 2026년 그 징후의 하나는 '회사 감원과 실업자'일 것이다. 현대차 조지아주 메타플랜트는 휴머노이드와 AI 시스템 중심의 자율형 'AI 팩토리'를 지향한다. 현재 연간 10만 대 생산에 근로자 880명이 일하고 있다. 현재 현대차 울산공장은 연간 10만 대 생산에 근로자 2,900여명이 일하고 있으니, 메타플랜트의 3배 인원이 투입되고 있다. 만일 울산공장을 메타플랜트로 개조하면 현재 근로자의 2/3 이상이 공장을 떠나야 한다. 이미 미국과 중국의 빅테크 기업들은 발

---

[1] 자세한 내용은 본서 이슈 브리핑 7 참조

빠르게 대대적인 감원을 시작했다. 이 추세가 곧 사회 전체로 확산될 것이다. AGI 시대에는 노동의 소멸화, ASI 시대엔 노동의 종말을 전망하는 전문가들이 다수 있는데, 그때가 되면 인간이 과연 존중받을 수 있을까? 오히려 인간이 주인인 스마트 시대가 인간에게 더 나은 것이 아닐까? 염려도 하게 된다.

3. 대미 투자액이 알라스카 북극 유전개발 투자금?

미국은 관세, 국내 투자, 군사비 투자의 3가지 항목으로 한국에 압력을 가해오고 있다. 트럼프는 우선 대미 관세와 미국 내 투자를 가지고 밀어붙이고 있지만, 군사비 카드는 마지막에 내밀 것으로 예상된다. 외교란 동상이몽이니, 노출되었건 숨겨져 있건 상대방의 꿈이 무엇인지를 잘 파악하고 대응해야 실패를 줄일 수 있다. 트럼프는 일반 정치인이 아니고 사업가이다. 사업가가 정치를 할 때, 상대하기가 참 어렵다. 사업가는 신뢰보다는 이익에 따라서 의사 결정하기 때문이다. 미 상무장관 하워드 러트닉(H. Lutnick)도 채권 브로커로 시작해서 부동산 서비스 등 사업을 하던 사람이다.

현재 한미 최대 현안은 3,500억불 대미 투자와 관세 협상이다. 트럼프는 국가 간 거래는 물론, 상도에도 어긋나는 투자 프로그램을 요구하고 있다. 1882년 체결된 「조미통상수호조약」에서도 조선의 관세 자주권이 보장되었다. 또한 9월 4일 미국 조지아주 배터리 공장에서 한국인 등 475명을 쇠고랑 채워 체포한 불상사가 발생했다. 트럼프는 3,500억 불을 어디에 투자하려는 것일까? 여러 가지 정황을 종합할 때에, 아마도 3,500억불의 상당액을 알라스카 북극 유전개발에 투자하려는 꿈을 가지고 있지 않나? 염려된다. 투자가 성공하면 그것으로 한국 몫은 끝(10%)이고, 실패하면 그 책임은 한국 몫이고. 이 투자사업이 실패하면 그동안 맺어온 한미

간 신뢰 관계는 상당 부분 훼손될 가능성이 있다. 결과적으로 한미 양국에 매우 위험한 사업일 수가 있다.

구한말 조선 정부는 미국을 중립적이고, 영토적 야심도 비교적 적은 나라로 인식하고 연미론(聯美論)을 주 외교 노선으로 했다. 고종은 을미사변 이후 아관파천에 앞서 미국공사관을 노크했었다. 8.15해방 과정과 그 이후 미국은 한국의 군사 안보, 경제 성장과 사회 발전에 큰 힘이었다. 백년 이상 신뢰를 쌓아온 미국의 최근 행동이 한국민에게 놀라움과 불안감을 불러일으키고 있다. '자유와 관용의 미국'이 바뀌고 있다. 그러나 아직도, 미국은 '영토적 야심이 비교적 적은 나라'다. 한미 협력과 한미동맹은 굳건히 지속가능발전해야 한다.

4. 대한민국 지속가능발전 5대 지지대

과학 혁신력: '상(上)', 차세대 AI와 기술 주권, 데이터 안보

하버드대 케네디스쿨 벨퍼센터에서 2025년 6월에 발표한 「핵심·신흥 기술 지수(Critical and Emerging Technologies Index Report)」에서 한국은 미국, 중국, 일본에 이어 세계 4위를 했다.[2] 분야별 순위는 반도체 5위, AI 8위, 바이오 9위, 양자 11위, 우주 12위로 평가되었다. 20~30년 동안 세계를 선도해오고 우리의 먹거리였던 반도체 분야가 중국, 일본, 대만에 밀려 5위를 했다. 그리고 미래 게임체인저인 AI분야는 아직 세계 8위다. 반도체는 밀리고, AI의 길은 멀고.

핵심·신흥 기술 분야에서 세계 4위이니, 과학 혁신력은 아직은 '상'으로 평가할 수 있다. 반도체에 이어 미래 20~30년 먹거리인 AI 기술 육성에

---

[2] 자세한 내용은 본서 이슈 브리핑 7 참조

민관 국가 역량을 총집결해야 한다. 특히 AI 주권을 지키려면 컴퓨팅 파워, 알고리즘, 데이터, 인적 자본, 법제 등 AI 생태계를 구축해야 한다. 특히, 지능화의 재료인 데이터 경쟁력 강화에 집중해야 한다. AI 주권 구축의 성패는 '데이터 안보'에 달려있다.

경제활력: '중(中)', 산업 안보와 중국 유통 플랫폼

한국은행은 2026년도 경제성장률을 1.8%, 잠재성장률을 2.0%, 소비자물가상승률을 1.9%로 전망하고 있다. 물가상승률이 경제성장률보다 약간 높기 때문에, 국민들이 체감하는 경기는 좋지 않을 것으로 예상된다. 과연, 올해 경제성장률 전망치 0.9%보다 2배인 1.8%를 달성할 수 있을지? 미국 관세 압박, 중국과 유럽국가 들의 경기 침체 징후, 감당하기 힘든 가계 부채 규모와 내수 시장 위축 등 국내외 여건이 만만치 않다는 사실을 부인하기는 어려울 것이다.

한미 조선업 협력[3]은 트럼프 정부의 핵심 사업이다. 해양 물류와 해양 안보의 주도권을 두고 미국과 중국은 전쟁 중이다. 그 전쟁의 키를 쥐고 있는 나라가 바로 조선산업 최강국 대한민국이다. 박정희 대통령은 1966년 7월 부산조선공사 시설확장공사 기공식에 참석하여 현재 국내 해운 수송량의 약 75%를 외국 선박에 의존하고 있는 실정이니 하루속히 조선업을 일으켜야 한다고 역설했다. 그렇게 맨 땅에서 일으킨 조선업이다. 한미 조선업 협력이 지속가능하기 위해서는 지난한 줄다리기와 타협이 요구될 것이다. 한미 조선업 협력의 성과는 더 나아가 한미 산업·기술 협력의 시험대가 될 수 있다.

안보가 경제뿐만 아니라 국가 전체를 리드하는 시대다. 코로나-19 팬

---

[3] 자세한 내용은 본서 이슈 브리핑 9 참조

데믹 이후 경제 안보, 산업 안보, 기술 안보, 에너지 안보 등 다 안보다. 미국은 2024년 4월에「적의적 앱 미국인 보호법(PAFACA)」을 제정하여 국가 안보 위협으로 판단되면 270일 안에 매각하거나 금지(ban) 조치를 시행하고 있다. 중국의 틱톡이 이 법에 따라 사용 금지 조치를 당했다. 틱톡은 한국에서 2025년 상반기 모바일 앱 신규 설치 누적수(368만)에서 인스타그램에 이어 5위다.[4]

중국 온라인 플랫폼 4대 공룡인 핀둬둬, 타오바오, 티몰, 진동닷컴의 총거래액은 21,847억 달러로 미국 아마존의 3.0배다. 2025년 한국 유통 플랫폼 시장에서 테무, 알리익스프레스 등 중국 유통사가 급성장하고 있다.[5] 쟁점은 첫째 중국사가 가지고 있는 한국인 관련 데이터를 중국 정부로부터 보호하는 것, 둘째 한국 온라인 유통사의 지속가능발전을 담보하는 것이다. 맥킨지 글로벌 연구소 발표에 따르면, 2040년 미래 고도성장 산업 1순위가 전자상거래다.[6] 외국 기업이 전자상거래를 장악하면 국가 안보를 그 무엇으로도 지킬 수 없다. 2026년은 중국 모바일 앱과 온라인 유통사에 대한 안보 쟁점이 부각될 것으로 전망된다. 한국은 만리장성 인터넷 방화벽(Great Firewall of China)으로 인해 중국을 알기는 참 어렵다. 중국은 우리를 속속들이 알고 있으니 한국과 백번 싸워도 위태롭지 않다. 강대국 중국과의 경쟁이 만만치 않다. 미래 한국과 중국 관계는 양국 사이에는 서해가 있는 것처럼, 적정 거리를 유지하면서 상호 호혜의 교린(交隣)을 지속 발전시키는 것이 중요하다.

---

[4] 세세한 내용은 본서 이슈 브리핑 4 참조
[5] 자세한 내용은 본서 이슈 브리핑 5 참조
[6] 자세한 내용은 본서 이슈 브리핑 8 참조

사회 균형력: '하(下)', 중도층과 중산층, 자가보유율

사회 균형력은 지속가능발전 5대 지지대 중에서 가능 취약한 지지대다. 교육 서비스나 의료 서비스 분야에서는 세계 최상 수준이다. 국민 통합, 양극화 심화, 중산층 감소, 주거 문제 등은 위협 요인이다.

한국행정연구원의 2024년 사회통합실태조사에 따르면, 2015년~24년 평균 이념 성향은 국민 절반이 '중도적'이며, '보수적'과 '진보적'은 각각 대략 1/4 정도다. 조사 결과는 한국민은 중도적 성향이라 할 수 있다.[7] 이러한 이념 성향이 윤 대통령의 위헌 비상계엄 또는 우세 여론지지에도 대선에서 이재명 후보의 과반수 득표 실패와 어떤 연관관계가 있을까? 전면에서 외치는 팬덤 진보파나 팬덤 보수파, 뒷짐 진 중도파. 보수 팬덤 층의 위헌 계엄 지지세가 아직도 건재하고 있다. 여론에서는 이 대통령의 과반 실패 원인을 중도층 표심으로 보고 있다.

주거 문제는 사회 균형력의 근본 위협 요인으로 대한민국 지속가능발전에서 가장 난제다. 대부분의 사회적 문제는 주거 문제와 연관되어 있다. 청년 결혼율 저하, 저출산, 노인 빈곤, 자산 양극화, 서울과 지방의 양극화, 세대 갈등 등. 소득을 저축하여 집을 살 수 있고, 월급으로 임차료를 낼 수 있는 적정 주택(affordable housing) 중심으로 주택 시장이 활성화되어야 한다.

주택 정책의 목적은 그 무엇보다도 자가보유율을 높이는 것이다. 이재명 정부가 추진하는 135만 호 주택 공급 정책이 현재 60%인 자가보유율을 높여 중산층을 복원하는데 일익을 담당하게 해야 한다. 대만 자가보유율은 85%, 싱가포르, 중국은 90%다.

2026년 주택 시장은 현재 서울 강남권을 중심으로 형성되어 있는 거품

---

[7] 자세한 내용은 본서 이슈 브리핑 10 참조

이 빠질 수 있다. 현재 주택 수요는 자산보다는 주담대에서 좌우되어 주택 시장은 자생력을 상실하고 허약하다. 대출을 줄이면 주택 수요 감소와 함께 가격도 하락하게 되어 있다. 정부는 취임한 달인 6월 27일 즉각적으로 초강력 대출 억제 정책(주담대 최대 6억)을 시작으로 계속 수요 억제 정책과 공급 확대 정책을 발표하고 있다. 정부의 의지는 확실하다. 어디까지 하락할까? 가늠하기 어렵다. 주택 시장에서 매매가 급격히 줄어들고 있다. 정상적인 거래가 더 줄어들면, 경매 시장을 살피는 것도 한 방법일 것이다.

환경 복원력: '중(中)', 청구지국(靑丘之國)

세계적인 대학 평가기관인 QS가 선정하는 'Best Student Cities 2026'에서 서울은 '세계 1위 학생 도시'로 평가되었다.[8] 6개 평가 지표 중에서 매력도는 90.2점으로 런던(86.2), 베를린(84.2), 파리(85.6)보다 높고 도쿄(91.0)과는 비슷하게 보았다. 최근 개봉한 〈케이팝 데몬 헌터스〉는 서울 거리와 장소들의 문화적 가능성을 확실하게 세계인들에게 각인하고 있다. 최근 10여 년간 도시나 산하는 어디 가나 깨끗하고 안전하고 아름답게 가꾸어졌다. 한류 관광객의 방문지가 서울에서 지방으로 확산 중이다. 예로부터 한국은 '청구지국(靑丘之國)', 원래가 푸른 언덕의 나라였다. 60년대 이후 근대화 과정에서 콘크리트 구조물과 건물로 뒤덮여졌지만, 옛 모습으로 많이 복원되었다.

한국은 아직은 유럽 국가나 중국, 일본과 같이 기후위기형 자연 재난의 정도가 심하지 않다. 아직 여름 기온이 섭씨 40도를 넘지 않고, 가끔 비가 와서 열기를 식혀준다. 홍수도, 태풍도 그렇다. 그러나 최근 경상도

---

8 자세한 내용은 본서 이슈 브리핑 2 참조

지역에서 발생한 초대형 산불은 기후위기로 인한 초대형 자연재해가 발생할 수 있다는 점을 일깨워주고 있다. 2026년에도 초대형 산불이 일어난다고 생각해야 한다. 아직 정부는 뚜렷한 대책을 세우지 않고 있는 것으로 알려져 있다. 초대형 산불을 예방하고 대응하기 위하여 총리 직속 국가위기 총력대응체계를 구축해야 한다. 산불은 국가 책임제여야 한다. 책임 소재를 명확히 하여 사후 책임을 묻도록 해야 한다. 초기 대응이 중요하며, 경우에 따라 군인들도 투입해야 한다. 대형산불은 인재인 측면도 많다. 즉 우리가 노력하면 산불을 사전에 관리 가능하고 또 사후 복원도 가능하다.

문화포용력: '상(上)', 매력 세계 1위 한국, 인정과 온정

IMF가 2024년에 발표한 'Measuring Soft Power: A New Global Index'에서 한국은 압도적으로 1위(1.68)를 차지했다.[9] 2위인 일본(1.25)보다도 1.34배 높은 점수다. 한국은 단순히 문화적 매력뿐만 아니라, 문화적 존재감, 디지털 역량 등 다차원적 매력을 통해 다른 국가에 영향을 미치는 힘인 소프트파워의 최강국으로 인정받았다. 전세계 어디 가나 "Welcome, Koreans"다.

"매력 세계 1위 한국", 한국은 여러 가지 매력이 많은 나라라는 것이다. 근원적 매력은 무엇일까? 한류는 가족 드라마, 연애 드라마에서 시작되었다. 매력 중의 근원은 '인정'이 아닐까? 생각해본다. 아직도 가족이 살아있고, 동창회, 향우회 등등. 십수년 전에 선배들이 "한국적인 것이 세계적인 것이다."라고 했다. 백남준이 그랬고, 김수근이 그랬다. 그들 작품에서 따뜻한 인간애, 인정, 온정을 느끼기에 세계적 작품이 되었다. 그 매력에 세계인들은 빠져들고 있다. 한국의 언어는 세계의 언어가 되고, 서울은 외

9　자세한 내용은 본서 이슈 브리핑 1 참조

국인들의 창작 무대가 되고 있다.

　우리는 "인정머리가 없다"는 말을 주변에서 익히 들으면서 자라왔다. 서산 마애석불상의 미소를 처음 학교 교과서에서 보고 놀랐다. 우리 심상에는 '백제의 미소'가 있다. 박완서는 『그 많던 싱아는 누가 다 먹었을까』에서 "세상은 점점 더 인정머리가 없어지고, 살기가 메말라졌다"라고 했다. 인정머리가 없어지기 때문에 더 그 갈증을 느끼게 된다. AI 시대는 인정과 온정 갈증 시대다. 한류는 AI 시대 더욱 번성할 것으로 생각된다.

제**1**편

대한민국 조망

2. 사회

진영대립을 거부한 중민(中民)[1]은 오늘날 어디에 있나?

한상진 서울대 사회학과 명예교수

이 글은 적과 동지의 치열한 전쟁, 양보 없는 투쟁을 선호하는 정치문화가 아직도 막강하고 이를 지지하는 조직화된 집단들이 여야 정당에 갈수록 깊이 파고드는 현실에서 '진영대립을 거부하는 시민, 즉 중민이 있는지 없는지, 있다면 어디에 있고 이들의 규모를 어떻게 측정하며 이들이 무슨 생각을 하는가'의 질문을 제기하고 객관적 설문조사 자료 분석으로 설득력 있는 해답을 제공하려는 것이다.

서울대학교 명예교수(사회학), 중민재단 이사장, 중국 남경대〈유학과 새로운 사회학〉연구소장. (전)한국정신문화연구원장·김대중 대통령 자문정책기획위원회 위원장. 저서 『중민이론의 탐색』, 『하버마스와의 대화』, Asian Tradition and Cosmopolitan Politics, Beyond Risk Society, Confucianism and Reflexive Modernity. 한상진(Han, Sang-Jin, 韓相震)

---

[1] 중민은 필자가 1980년대 중반의 민주화 전환기에 사회변혁의 추진세력으로 개념화했던 것으로서 사회경제적으로는 중산층에 속하면서도 의식의 면에서는 민중의 정체성을 획득한 집단을 가리켰다. 그러나 그 뒤 양극적 진영대립이 심화된 오늘의 현실에서 보면, 적과 동지의 진영대립을 떠나 그 사이 또는 배후의 공통성 또는 공통의 세계를 복원하려는 지향을 갖는다. 한상진, 『중용의 눈으로 읽는 중민칼럼 시리즈 1권, 중민의 발견과 성장: 1980년대부터 21세기 탈바꿈 시대까지』, 서울: 중민출판사, 2025 10월 출간 예정 참조

1. 논의의 배경과 맥락

이 글은 2025년 6월 4일 대선에서 승리하여 즉각 업무를 시작한 이재명 대통령이 염원하고 있을 법한 'K-민주주의'의 사회적 기반을 점검하려는 것이다. 집권 여당은 오늘날 야당을 '내란당'이라고 규탄하면서 당의 해체를 강력 주문하고 있다. 이를 지지하고 요구하는 사회세력이 조직화되어 있다. 만일 집권 여당이 '당원 중심 정당 운영'이라는 명분으로 이들에게 의존하거나 끌려다닌다면, 'K-민주주의'는 새로운 것도 없고 별 기대할 것도 없을 것 같다. 그런데 이재명 대통령은 이와는 결이 사뭇 다른 소신과 견해를 밝혔다. 이 글의 배경과 맥락을 우선 해명하겠다.

이재명 대통령은 7월 13일 서울에서 열린 28차 세계정치학대회 개막식에서 의미심장하고 야심 찬 연설을 했다. 세계 각지에서 모인 정치학자는 3천명을 넘었으나 대통령의 개회사는 최대 수용인원 1천명이 꽉 찬 강남 코엑스 컨벤션 센터 3층 대강당에서 이루어졌다.

2. 'K-민주주의'와 빛의 혁명

그는 'K-민주주의'를 연설의 핵심으로 제시했다. 그러면서 그가 즐겨 쓰는 은유, '빛의 혁명'을 얘기했다. 그는 준비된 연설문을 읽었지만, 그 전에 원고에 없는 자신의 신념과 미래 전망을 확신에 찬 표정과 어조로 밝혔다. 요지인 즉, 민주주의는 고대 그리스 아테네에서 유래했다고들 말하지만 이제는 'K-민주주의'가 새로운 모범이 된다는 것이다. 준비된 원고에 없던 대통령의 말을 그대로 옮겨 본다.

> 민주주의 위기가 도래한 새로운 세상의 환경에서 진정한 주권자의 의지
> 가 일상적으로 정치에 반영되는 제대로 된 민주주의, 확실한 민주주의의

새로운 전범은 대한민국 서울에서 시작한다는 것을 전 세계 시민에게 알립니다.

이런 확신과 자신감이 과연 어디서 나오는 것일까? 현장에서 큰 감흥 속에 이런 질문이 떠올랐다. 이 대통령이 곧 설명했지만, 여기서 민주주의 위기란 2024년 12월 3일 발생한 '친위 군사 쿠데타'를 가리켰다. 이것은 "대화와 타협을 배제한 채 상대를 말살하고 '영구집권'하겠다는 헛된 욕망에서 비롯"된 것으로서 대통령은 이를 "반민주적 폭거"로 규정하고 엄중히 비판했다. 그러면서 국민의 역량을 추켜세웠다. "내란의 어둠"에 맞서 주권자인 국민이 성취한 빛의 혁명은 곧 "모든 권력은 국민으로부터 나온다는「대한민국 헌법」제1조가 광장에서 실현된 감격의 시간들"이었다고 회고했다.

그러면서 그는 단호하게 선언했다. 이제 우리는 "갈등과 분열을 심화하는 불평등과 양극화, 국민을 갈가리 갈라놓는 정치적 극단주의, 각자도생의 사회 질서가 유발한 고립과 소외에 맞서 공존과 화해, 연대의 다리를 새롭게" 구축해야 하며 "갈등보다 대화를, 상처보다 치유를, 대립보다 화해를, 비난보다 협력을, 혐오보다 서로를 살피고 돌보는 상생의 가치를 복원해야" 한다고 강조했다. 메시지로만 보면 사뭇 감동적이 아닐 수 없다.

3. 광복 80주년 기념사

이재명 대통령의 '빛의 혁명' 은유는 2025년 광복 80주년 기념사로 이어졌다. 그는 지난 80년 동안의 '눈부신 성취'로서 '산업화, 민주화, 군사력 5위, 경제력 10위권 선진 민주국가' 진입을 꼽았다. "김구 선생이 염원했던 문화강국의 꿈도 현실이 되고 있다"고 했다. 대통령의 광복 기념사는 그동안의 '지난한 과정'을 빛의 혁명으로 조명한 특색이 있다. 그러면서 그는 "빛의 혁명의 진정한 완성"을 위해 "우리 안의 장벽을 허물어야" 한다는 소신을 피력했다. "증오와 혐오, 대립과 대결로는 아무것도 해결할 수 없고," 오직 "분열과 배제의 어두운 에너지를 포용과 통합, 연대의 밝은 에너지로 바꿀 때" 비로소 "우리 사회는 더 나은 미래로 더 크게 도약할 수 있"다고 역설했다. 그러면서 그는 "이제 정치문화를 바꿔야" 한다고 강조했다.

낡은 이념과 진영에 기초한 분열의 정치에서 탈피해 대화와 양보에 기초한 연대와 상생의 정치를 함께 만들어갈 것을 이 자리를 빌려 거듭 제안하고 촉구하는 바입니다.

4. 2026년 한국 사회의 전망

누가 들어도 환영할만한 대통령의 발언은 단순한 정치적 수사가 아닐 것이다. 정치적 의지를 갖춘 것으로 보아야 할 것이다. 또한 진영정치의 과오가 어느 정도 자신에게도 있음을 솔직히 인정한 뉘앙스를 함축하는 것 같다. 때문에 기대를 모은다. 그러나 2026년의 정치사회 현실이 대통령이 제안하고 촉구했던 방향으로 나갈지 선뜻 낙관적 전망을 내리기가 힘들다. 우선 집권 여당의 강성 지도부는 야당을 '연대와 상생'의 파트너와는 완전히 다른 해체되어야 할 정당으로 규정하고 있다. 집권 여당을 지지하는 조직화된 시민집단도 '대화와 양보'를 수용할 가능성은 희박하다. 윤석열 전 대통령의 파면과 구속, 기소 등을 둘러싼 극심한 정치사회 분열이 현재 소강상태에 있는 것처럼 보이지만, 야당의 새 대표로서 선명한 탄핵 반대를 내건 장동혁 의원이 선출된 데서 드러나듯이, 언제 재연될지 모를 갈등의 불씨가 도처에 잠복해 있고 언제 휘발성이 강한 사건으로 폭발할지 가름하기 쉽지 않다.

이런 상황에서 우리는 두 가지를 깊게 음미할 필요를 느낀다. 하나는 대통령과 집권 여당이 강조하는 국민은 과연 누구를 뜻하는가? "진정한 주권자의 의지가 일상적으로 정치에 반영되는 제대로 된 민주주의"를 말할 때, "진정한 주권자"란 당원 중심 정당의 그 당원을 뜻하는가, 아니면 조직화되지는 않았지만 시민사회 안의 포용적이고 광범한 시민을 가리키는가?

두 번째로 따져야 할 점은 정치표면을 장식하는 여야 정당 지도부의 대립과 갈등을 떠나 침묵하는 시민집단의 동태를 살피는 것이다. 적과 동지의 치열한 전쟁, 양보 없는 투쟁을 선호하는 정치문화가 아직도 막강하고 이를 지지하는 조직화된 집단들이 여야 정당에 갈수록 깊이 파고들고 있는 것이 우리의 숨길 수 없는 현실이다. 그렇다면 진영대립을 거부하는 시민들이 있는지 없는지, 있다면 어디에 있고 이들의 규모를 어떻게 측정하며 이들이 무슨 생각을 하는가?

설문조사

이 질문에 대해 서울을 포함한 세계 33개 대도시 시민들을 대상으로 한 설문조사 결과를 보겠다. 설문은 다음과 같다.

사람들은 종종 진보 또는 보수의 두 진영으로 나뉘어 싸웁니다. 이런 상황에서 정치는 어차피 적과 동지의 투쟁이라고 말하는 사람이 있는가 하면, 양 진영 간 갈등의 배후에 있는 공통의 세계를 회복하는 것이 정치에서 중요하다고 말하는 사람이 있습니다. 우리는 앞으로 어떤 방향으로 나아가야 한다고 생각하십니까?

표1_ 설문 조사

적과 동지의 투쟁에 충실해야				중간		갈등의 배후에 있는 공통의 세계를 회복해야			
1	2	3	4	5	6	7	8	9	10

표 1의 설문에서 적과 동지의 투쟁에 충실해야 한다는 입장은 양극 대립의 진영논리를 대변하는 것으로 해석할 수 있다. 반대의 입장은 이재명 대통령의 표현을 빌리자면, "낡은 이념과 진영에 기초한 분열의 정치에서 탈피해 대화와 양보에 기초한 연대와 상생의 정치를 함께 만들자"는 입장으로 해석할 수 있다.

결과를 보면, 양극 대립의 진영논리를 따르는 시민은 소수에 불과하다. 투쟁 중심의 정치성향을 갖는 시민은 전 세계 시민의 28%에 불과하다. 서울의 경우에는 21.8%에 불과하다. 이런 소수의 목소리가 진영 정치의 현실에서 과대 반영되고 있다는 견해가 성립된다. 따라서 우리는 다음과 같은 질문을 던질 수 있다. 이재명 대통령이 말한 '빛의 혁명'에서 그 빛을 내장하고 구현하는 주체가 정치적으로 조직되고 동원되는 투쟁적 시민에 있는가, 아니면 양극 대립의 진영논리를 벗어나 그 배후의 공통의 세계를 찾고자 하는 실용적이고 개혁적인 시민에 있는가?

'K-민주주의'의 미래와 중민의 역할

이 글에서 중민은 자신이 중산층에 속한다고 보면서 진영 투쟁보다는 공존을 선호하는 시민을 가리킨다. 이런 의미의 중민은 전 세계 시민의 50.4%이고 서울 시민의 경우 53.5%로 집계된다. 이렇게 볼 때 한국은 이재명 대통령이 호명한 연대와 상생의 정치를 위한 사회적 기반이 세계에서 가장 특출한 것은 아니지만 결코 취약하지는 않은 기반을 가지고 있다고 할 수 있다.

중민의 성향을 자세히 살펴보면, 이들은 정부의 관료적 통제보다 시민의 창발성을 중시하고 상대에 대해 높은 배려 윤리를 보이며, 지속가능한 복지를 선호하고 위험사회의 미래에 대해 높은 성찰성을 보인다. 중민은 적과 동지의 이분법에 의한 진영정치를 거부할 뿐 아니라 연대와 상생을 향한 독특한 가치관을 공유하고 있다. 따라서 이재명 대통령이 언급한 'K-민주주의'의 미래를 위해서는 이들 중민의 목소리가 정치에 보다 적극 반영되는 정치문화의 개혁이 요구된다고 할 수 있다.

이를 위한 출발점은 정당문화의 핵심인 공론장을 넓게 개방하고 활성화하여 열린 소통으로 민주적 합의를 도출하는 제도를 확립하는 것이다. 당원중심의 정당 모델이 진영논리에 함락되는 것을 막아야 한다는 것이다. 이재명 대통령이 강조한 연대와 상생의 정치가 성공할 것인가의 여부는 대통령을 포함한 정치 지도자들의 의지와 함께 이 글이 제시한 정치의 사회문화적 조건에 달려 있다고 해도 과언이 아니다.

3. 경제

빚으로 숨 쉬는 경제, '선(先) 구조개혁'으로 경쟁력 강화

이필상 (전)고려대 총장

경제성장률이 0%대로 떨어졌다. 산업발전이 부진하고 기업 부실이 심해 경제가 성장동력을 잃었다. 설상가상으로 미국의 관세 폭탄을 맞고 있다. 더구나 가계, 기업, 정부 모두 부채가 많다. 경기 회복을 위한 정부의 재정지출 확대 정책은 일시적인 효과로 끝나고 국가 부채만 증가시킬 것이다. 경제를 근본적으로 살리기 위해 구조개혁과 체질개선, 기술혁신과 첨단산업 발전, 기업투자와 창업, 교육훈련과 첨단인력 양성 등이 필요하다. 내년 한국경제는 다소 회복 기미를 보일 것이나 어려움은 여전할 것이다. 정부의 경기 활성화 정책의 효과로 민생경제가 숨통을 트고 새로운 산업발전이 활기를 띠면 경제가 상승세로 돌아설 가능성이 있다. 그러나 미국의 관세정책이 문제다. 경제성장률이 1% 중반을 넘기기 힘들 것으로 전망된다. 물가는 2% 수준에서 불안이 이어지고 취업자 증가가 20만 명 이내에 머물 것으로 보인다. 가계부채의 압박이 크고 소상공인과 자영업자의 회생도 불투명하다.

고려대 경영대학 명예교수. (전)고려대 총장 · 서울대 경제학부 특임교수 · 미국 컬럼비아대 · 하와이대 · 뉴욕시립대 초빙교수 · 경제정의실천연합 경제정의연구소 소장 · 국세청 국세행정개혁위원회 위원장 · 유한재단 이사장. 저서 『금융경제학』, 『재무론』, 『투자론』, 『정치가 망친 경제, 경제로 살릴 나라』. 이필상(Lee, Phil Sang 李弼商)

1. 성장을 멈춘 경제

　2023년과 2024년 우리 경제는 각각 1.4%와 2.0%의 성장률을 기록했다. 올해 들어 성장률이 빠른 속도로 떨어져 빈사 상태에 빠졌다. 한국은행, KDI, IMF 등의 올해 경제성장률 전망치는 0.8∼0.9%다. 기본적으로 경제의 성장잠재력이 낮아지고 있다. 2010년대 초만 해도 3%대였던 잠재성장률이 2020년대 들어서 2%대로 떨어졌으며, 올해는 2% 아래로 가라앉고 있다. 성장을 멈춘 경제가 부채의 함정에 빠졌다. 국제결제은행(BIS)의 자료에 따르면 지난해 3분기 기준 국가 총부채 규모는 6천 220조 원으로 전년 동기 대비 4.1% 증가했다. GDP 대비 247.2%에 달한다. 이 중 가계부채는 2천 280조 원으로 2.1% 증가, 기업부채는 2천 800조 원으로 2.9% 증가, 정부부채는 1천 140조 원으로 11.8% 증가했다.
　민생의 불안과 고통이 크다. 고용 침체가 최악이다. 지난 5월 현재 구직자 1인당 일자리 수인 '구인배수'가 0.37로 1990년대 말 외환위기 이후 최저다. 취업 준비 중이거나 그냥 쉬는 무직 청년이 120만 7천 명에 이른다. 생활물가가 크게 상승하여, 올해 상반기 수산물과 축산물 물가가 각 5.1%, 4.3% 오르고 가공식품과 외식 물가도 각 3.7%, 3.1% 올랐다. 올해 1분기 기준, 소상공인과 자영업자의 부도 건수는 전년 대비 34.2% 증가했다. 상반기 폐업 신고는 40만 건으로 사상 최대다.

2. 중국에 밀리는 첨단 산업

　경제가 성장하려면 산업의 지속적인 발전이 필요하다. 우리 경제는 1970년대 초부터 철강, 조선, 기계, 석유화학, 자동차 등 중화학 공업을 집중 육성해 1980년대 후반까지 연평균 10% 내외의 높은 성장률을 기록했다. 50년이 지난 지금, 중화학 공업은 경쟁력이 떨어져 퇴조하는 추세이나 아직도 우리 경제의 주력산업이다. 1990년대와 2000년대 우리 경제는 IT와 반도체 산업을 일으켜 5% 내외의 성장률을 이어갔다. 2020년대에 들어서 이들 산업도 중국과 대만 등에 밀리고 있다.

중국은 우리나라 산업 대부분을 추월한 상태다. 최근 산업연구원에 따르면, 우리나라는 자동차, 조선, 철강, 이차전지, 통신장비, 기계 등 13개 주요 업종에서 반도체 빼고 12개 업종 모두 중국에 뒤졌다. 중국은 2015년부터 첨단 기술 확보 전략으로「중국제조 2025」를 추진했다. 최근 핵심 기술 분야 10개 중 전기차, 드론, 5G 통신, 신소재, 태양광, 고속철도, 전력설비 등 7개 분야에서 세계 1위 기업이 중국에서 나왔다. 여기에 AI칩과 딥시크(Deep Seek)를 개발해 AI 분야에서도 미국과 앞을 다투고 있다.

3. MAGA의 공격과 국내 산업 공동화 위기

미국 트럼프 대통령이 미우선주의(MAGA: Make America Great Again)를 표방하며 전 세계 국가를 대상으로 고율의 관세를 부과하고 대미 투자를 강요하는 정책을 펴고 있다. 대외의존도가 높은 우리 경제는 타격이 클 수밖에 없다. 미국은 한국상품에 대해 15%의 상호관세를 부과하며, 철강, 알루미늄 등에 대해서는 50%의 품목별 관세를 부과한다. 미국에 생산기지가 없는 기업의 반도체에 대해 100%의 관세도 예고한 상태다. 그동안 한국은 한미FTA에 따라 거의 무관세로 미국에 수출해 왔으나 이제 15% 이상의 관세를 물어야 한다. 우리나라 제조업의 평균 영업이익률이 10%이내 임을 감안하면 대미수출은 적자 위험에 직면하고 있다.

한미 관세 협상에서 한국은 미국의 요구에 따라 미국 조선 산업 생태계 전반을 지원할 1,500억 달러 및 반도체, 이차전지, 원전, 바이오 분야 2,000억 달러 등 3,500억 달러의 대미 투자를 하기로 했다. 이에 대해 미국은 현금투자와 통제권을 요구한다. 대미 투자는 이것만이 아니다. 이재명 대통령의 미국 방문에 맞춰 열린 한미 비즈니스 라운드 테이블에서 한국기업들은 별도로 자동차, 반도체, AI, 배터리 등에 1,500억 달러 규모의 대미 투자 계획을 추가로 발표했다. 총 투자 규모가 우리나라의 연간 예산과 맞먹는다. 미국의 요구를 그대로 받아들일 경우 외환부족 사태가 벌어지고 국내 산업이 공동화 위기에 처할 수 있다.

4. '선(先)' 구조개혁과 체질 개선으로 선순환 경기 활성화

정부는 민생과 경제 회생을 위해 갖가지 정책을 추진 중이다. 먼저 정부는 31조 8천억 원의 추경을 편성해 전 국민 대상 소비 쿠폰 제공, 지역화폐 지원, 소상공인 부채 탕감 등에 투입하고 있다. 이를 위해 21조 1천억 원의 국채를 발행한다. 정부는 이번 추경을 시작으로 경기를 활성화하고 성장률을 높이는 주요 정책 수단으로 재정지출을 사용할 방침이다. 이재명 대통령은 최근 '나라 재정 절약 간담회'에서 국가 살림을 하다 보니까 해야 할 일은 많은데 쓸 돈이 없다고 말하고 국가채무가 증가해도 국채 발행을 통해 재정지출을 확대하겠다는 뜻을 밝혔다. 정부가 편성해 국회에 제출한 내년도 예산안은 728조 원으로 금년 대비 8.1%나 증가했다.

재정지출 정책이 경제를 살리려면 생산 및 투자의 증가와 일자리 창출로 이어져야 한다. 정부의 추경 편성과 소비 쿠폰 제공은 미미한 경기 활성화로 끝나고 있다. 경제성장률 상승효과가 0.1% 포인트밖에 안 된다. 특히 문제는 국가 부채 증가다. 이번 추경으로 국가채무가 1,301조 9천억 원으로 늘어날 예정이다. 국가채무가 많으면 국가신인도가 떨어져 자본이 유출하고 금융시장이 불안해진다. 경제가 살아나려면 근본적으로 구조개혁과 체질 개선을 해야 한다. 그리하여 '경기 활성화 정책 →생산과 투자 확대 → 일자리 창출과 GDP 증가 → 소득과 소비 증가'의 선순환 고리를 만들어야 한다. 현재 우리 경제는 산업발전의 부진과 경쟁력 상실로 인해 재정만 풀면 모래밭에 물 붓기로 끝나는 구조다.

　최근 정부는 산업, 공공, 생활 전 분야 AI 도입을 주요 내용으로 하는 경제성장 전략을 발표하고 잠재성장률을 3%로 높이겠다고 밝혔다. 이를 위해 민간과 정부가 각각 75조 원씩 투자하는 150조 원 규모의 국민 성장 펀드를 조성한다. 현재 우리 경제는 막연하게 AI 도입하고 기금 마련한다고 성장할 수 있는 상황이 아니다. 우선 부실 산업을 구조 조정해서 경제의 기초체력을 강화해야 한다. 다음 AI, 반도체, 에너지, 바이오 등의 신기술을 집중적으로 개발해야 한다. 이와 함께 전 분야 AI 도입을 추진해야 한다. 첨단산업 인재 육성과 직업 훈련이 절실하다. 기업환경 개선이 불가피하다. 규제를 개혁하고 노동시장을 유연화해야 한다. 기업의 조세 부담도 국제 수준에 맞춰 낮출 필요가 있다.

　노란봉투법과 상법개정이 가뜩이나 어려운 기업들을 옥죄는 현상을 낳아 산업발전과 경제 회생을 어렵게 만든다. 노란봉투법은 하청기업 노조가 원청기업을 상대로 하는 교섭을 허용하고 쟁의 범위를 경영상 결정에까지 확대한다. 노조의 불법적인 행위에 대해 손해배상도 제한한다. 기업들은 노사분규의 피해와 경영 혼란이 커질 전망이다. 집중투표제 의무화, 감사위원 분리 선출 대상 확대, 주주에 대한 이사의 충실의무 등을 내용으로 하는 상법개정은 행동주의 펀드의 기업사냥을 용이하게 하고 배임죄 등에 대한 소송의 남발을 가져올 수 있다. 이외에도 정부는 법인세 최고 세율을 24%에서 25%로 올려 조세부담이 증가한다. 관련 법들의 수정과 보완이 필요하다.

5. 주가지수 5,000과 부동산시장 안정을 기대하며

　정부는 코리아 디스 카운트를 해소해 주가지수 5,000 포인트 시대 정책에 시동을 걸었다. 이를 위해 정부는 기업 지배구조개선, 주주 이익 환원 등의 정책을 펴고 있다. 이에 따라 정부 출범 전 2,500선에 머물렀던 주가지수가 3,400선을 넘었다. 그러나 주가지수가 5,000 포인트까지 오르는 것은 한계가 있다. 주가는 기본적으로 기업의 실적을 반영하기 때문이다. 지난해 9월 말 기준 상장기업 중 3년 연속으로 영업이익으로 이자도 갚지 못하는 한계기업이 21.8%로 사상 최대다. 삼성전자와 LG전자의 2분기 영업이익이 1년 전보다 각각 56%와 47% 감소했다. 올 들어 미국의 관세부과 등으로 기업실적은 더욱 악화하는 추세다. 산업발전과 기업 성장을 서둘러야 주가가 힘을 받아 5,000 포인트 시대를 열 수 있을 것이다.

　정부는 부동산 가격이 불안한 상승세를 보이자 6억 원 이상의 주택담보대출을 제한하는 등 대출 규제를 시행했다. 일단 주택가격 상승세가 둔화하는 현상이 나타나고 있다. 그러나 이러한 효과는 단기적으로 끝날 가능성이 크다. 이번 조치는 2019년 12월 문재인 정부가 추진한 대출 규제와 흡사하다. 당시 투기지역에서 시가 15억원이 넘는 아파트 매입에 대해서 주택담보대출을 금지했다. 주택가격 진정세는 6개월도 지나지 않아 다시 상승세로 돌아섰다. 과감한 주택 공급의 확대 정책이 필요하다. 최근 정부는 공공주도 개발을 통해 2030년까지 매년 27만 호의 주택을 공급하겠다는 계획을 발표했다. 그러나 아직 세부적인 사업내용이 없다. 적기 공급의 실현이 의문이다. 민간을 통한 주택 공급 확대 정책은 빠졌다.

4. 정치

2026년 국민통합과 지방분권 전망

김영래 내나라연구소 이사장, (전)동덕여대 총장

미중 패권 경쟁, 러시아–우크라이나 전쟁, 이스라엘–이란 간 긴장 관계 지속, 북한의 군사력 증강과 북·중·러 3국 협력 강화 등 국제 질서는 급변하고 있다. 특히 2025년 1월 20일 '마가(MAGA)'의 기치를 들고 등장한 도널드 트럼프 미국 대통령의 제2기 행정부 출범으로 국가 우선주의가 세계를 지배하면서 정치의 중요성이 더욱 강조되고 있다. 2024년 12월 윤석열 대통령이 선포한 비상계엄령 이후 정국은 초불확실성인 상황에 있었다. 국민들의 민주주의 회복 열망과 '25년 4월 헌법재판소에서 대통령에 대한 탄핵소추가 인용되어 6월 3일 대통령 선거가 실시, 제21대 대통령으로 더불어민주당 이재명 후보가 당선되어 점차 정치적 안정을 찾아가고 있다. 2026년 6월 3일에는 제9회 지방동시선거가 실시된다. 정치세력 간 정쟁이 심화되고 이념·세대·빈부·지역 간 갈등이 첨예화된 상황에서 지방선거 결과는 한국 정치의 새로운 변수가 될 것이다. 정치권은 국민통합에 최우선 과제를 두고 국정 운영과 협치 정치를 해야 할 것이다.

아주대 정치외교학과 명예교수, 내나라연구소 이사장, 세계정치연구원 이사장. 시민운동정보센터 이사장. (전)동덕여대 총장 · 한국정치학회 회장 · 한국NGO학회 회장 · 한국매니페스토실천본부 상임대표 · 경실련 조직위원회 위원장. 저서 『제4의 물결과 한국정치의 과제』, 『한국정치, 어떻게 볼 것인가』, 『한국이익집단과 민주정치발전』, Rethinking Korean Politics: Lost Paradigm and New Vision. 대한민국 청조근정훈장. 연세대 정치외교학사, University of Southern California 정치학석사, 연세대 정치학박사. 김영래(Kim, Young Rae, 金永來)

1. 초불확실성 시대와 한국 정치사회

한국은 제1의 물결인 신생국의 건설, 제2의 물결인 근대화와 산업화, 제3의 물결인 민주화를 성공적으로 달성했으며 제4의 물결(Fourth Wave)인 "선진복지 정치사회"를 지향해야 할 국가적 과제로 남겨두고 있다(김영래, 2020:61-80). 제2차 세계대전 이후 140여 개의 신생국이 탄생했지만, 한국과 같이 신생국의 건설, 산업화, 민주화를 단계적으로 그리고 성공적으로 달성한 국가는 한국이 유일하다. 이에 한국은 미국 등과 더불어 세계 7개 국가에 지칭되는 '3050클럽'(국민소득 3만 달러 이상, 동시에 인구 5천만 이상 국가)에 속하고 있다(조선일보, 2019.5.9).[1]

그러나 2024년 4월 10일 실시된 제22대 총선거 이후 여야 간 극단적인 대립과 갈등으로 정치가 실종되어 국정은 표류하고 있었다. 더구나 2024년 윤석열 대통령이 12월 3일 선포한 비상계엄령 이후 정국은 초불확실성이 됐다. 최근 지구촌은 초불확실성의 시대(The Age of Hyper-Uncertainty)이다. 2025년 1월 20일 '마가(MAGA)'의 기치를 들고 등장한 도널드 트럼프 미국 대통령의 제2기 행정부 출범으로 WTO 체제의 붕괴, 관세 폭탄, 미중 패권 대립 등 국제 질서는 시계 제로다.

이재명 정부는 요동치는 국제질서 속에서 실용주의 외교를 내세우면서 국익을 최우선으로 하는 대외정책을 펴고 있으나, 결코 쉽게 풀리지 않고 있다. 북한은 사실상 핵보유국으로 국제사회에서 인정받고 있으며, 북·중·러 3국의 협력관계는 강화되고 있어 한반도의 긴장 관계는 지속되고 있다.

---

1   3050클럽에는 미국, 영국, 독일, 프랑스, 일본, 이태리, 한국 등이 포함됨.

2. 비상계엄과 민주정치 회복

초불확실성의 국제정치 질서 하에도 국내 정치는 2025년 6월 3일 실시된 제21대 대통령 선거 이후 서서히 정치안정을 회복하고 있다. 2024년 12월 3일 비상계엄 사태 이후 한국 정치는 윤 대통령에 대한 탄핵 여부를 둘러싸고 국론은 극도로 분열됐다. 그러나 2025년 4월 4일 오전 11시 22분 헌법재판소에서 재판관 전원일치로 윤석열 대통령에 대한 탄핵소추가 인용되는 판결을 내림으로써 즉시 대통령직에서 물러나고 6월 3일 대통령 선거가 실시됐다.

제21대 대통령 선거에는 더불어민주당 이재명, 국민의힘 김문수 후보 등 7명이 등록했다. 개표 결과 기호 1번 더불어민주당 이재명 후보가 49.42%를 득표하면서 41.15%를 득표한 기호 2번 국민의힘 김문수 후보를 2,891,874표, 8.27%p 차이로 제치고 대통령에 당선됐다. 6월 4일 오전 6시 21분 중앙선거관리위원회는 전체위원회의를 개최, 이재명 후보에 대한 당선자 선포를 하였으며, 즉시 제21대 대통령 임기가 개시되었다. 이후 이재명 대통령은 2025년 6월 4일 11시 국회의사당 로텐더홀에서 취임선서식을 거행했다.

이와 같은 한국 민주정치의 회복력은 2025년 7월 13일 세계정치학회 서울총회에 참석한 3,500여명의 세계 각국의 정치학자들을 놀라게 했다. 이들은 한국 정치를 K-Culture와 같은 "K-Democracy"라고 평가했다 (중앙일보, 2025.7.14). 그러나 이런 한국 정치에 대한 긍정적 평가에도 불구하고 2024년 12월 선포된 비상계엄 사태 이후 한국 민주정치는 상당히 후퇴했으며, 이는 시급히 해결해야 할 정치과제이다.

3. 제9회 지방선거와 지방분권

지방선거 결과와 정치구조 개편

2026년 6월 3일에는 17개 광역자치단체장, 226개 기초자치단체장, 지방의원을 뽑는 지방선거가 실시된다. 1995년 6월 27일 제1회 전국동시지방선거가 실시된 이후 지금까지 도합 8차례의 선거가 실시됐다. 지방자치제도는 지역이기주의, 지방 토후 세력의 독점, 과도한 세금 낭비 등과 비판에도 불구하고 민주정치의 기초인 풀뿌리 민주주의를 정착시키는데 큰 기여했다.

윤석열 전 대통령이 선포한 비상계엄령으로 인해 세계경제권 10위의 선진국인 한국의 국격은 급격히 추락했다. 어려운 정치사회 상황에서도 그나마 정치사회 질서가 안정적으로 유지되고 있는 것은 30년 동안 뿌리내린 지방자치 덕분이다. 지방정부는 비상계엄 사태로 인한 탄핵 국면 등 중앙정부가 위기에 처할 때마다 지역민들을 굳건히 지키는 방파제 역할을 했다.

내년 지방선거 결과는 정치구조 개편에 신호탄이 될 수 있다. 현재 한국 정치는 더불어민주당과 국민의힘 양당 체제로 되어 있다. 그러나 2025년 6월 실시된 제21대 대통령 선거에서 나타난 결과와 같이 야당인 국민의힘은 보수정당으로서의 위치를 공고히 하지 못하고 있다. 국민의힘은 2025년 8월 개최된 전당대회는 컨벤션 효과는 고사하고 당 대표 후보들 간 탄핵 문제로 'Yoon Again', '전한길 사태' 등을 가지고 내분만 노출시켜 국민의힘 정당 지지도는 역대 최저인 16%를 기록했다(연합뉴스TV, 2025.8.7). 따라서 전당대회, 또는 지방선거 후 국민의힘은 분당할 가능성이 크다.

제9회 지방선거는 역대 선거와 같이 '과거 회고적 투표 성향'이 될 것이다. 이재명 정부 등장 이후 1년 만에 치러지는 선거임으로 정부 평가가 주요 선거 이슈가 될 것이다. 더불어민주당은 아파트값 상승, 미국의 관세 폭탄과 수출 부진 등 경제침체가 지속되면, 선거에서 악재로 작용할 가능성도 크다. 사면된 조국 전 의원의 행보도 여당 정계 개편의 변수다.

지방분권의 과제

제9회 지방선거를 계기로 지방분권의 요구가 더욱 거세질 것이다. 2026년 지방선거 또는 앞으로 있을 개헌 논의에는 현행 중앙정부 중심의 국정 운영을 지방정부의 분권 강화 방식으로 개편하는 요구가 더욱 커질 것이다. 광역자치단체장들이 지방분권을 위한 개헌 논의를 강력하게 주장하고 있다. 광역자치단체는 물론 기초자치단체, 학계, 시민사회는 지방자치 30주년을 맞은 2025년을 최적기로 보고 있으며, 이 요구는 2026년 지방선거 후 더욱 강화될 것이다.

지방의회에 대한 독립성 강화도 지방분권의 필수 요소이다. 2020년 「지방자치법」이 전면 개정되면서 지방의회가 인사권 독립을 이뤘다. 그러나 예산 편성권은 여전히 집행부에 있기 때문에 지자체를 효과적으로 견제, 감시하는데 난관으로 작용하고 있다고 보면서 지방의회 권한 강화도 거세질 것이다. 지방분권을 통해 지방정치를 공고화시키는 것이 필요하다.

4. 개헌과 국민통합의 과제

헌법 개정의 필요성

비상계엄 사태 이후 대한민국은 대혼돈 상태에 빠져있었으며, 권력 쟁취만을 목표로 하는 정글의 법칙이 정치권을 지배하고 있어 이를 제도적으로 개혁해야 한다는 차원에서 개헌이 제기되고 있다. '87년 민주헌법은 이제 38년이 지나 그 수명을 거의 다했으며, 여러 가지 문제가 있다. 제왕적 대통령제의 피해를 최소화하는 장치가 필요하다. 임기 4년 대통령 중임제, 책임총리제, 이원집정부제, 내각책임제 등 권력구조 개편에 대한 논의가 다양하게 전개되고 있다.

2025년 6월 대통령 선거에서도 여야 정당 대선 후보들은 개헌을 주요 공약으로 내세웠다. 이 대통령도 대선 후보 시절 "빠르면 내년 지방선거, 늦어도 2028년 총선에서 헌법 개정을 위한 국민 뜻을 묻자"고 말했다. 또한 이 대통령은 제헌절인 7월 17일 "계절이 바뀌면 옷을 갈아입듯 우리 헌법도 달라진 현실에 맞게 새로 정비하고 다듬어야 할 때"라고 밝혔다.

개헌 문제는 지난 8월 13일 국정기획위원회의 대국민보고대회에서 발표한 「이재명 정부 국정운영 5개년 계획안」에도 개헌이 제1호 국정과제로 명기되어 중요 국정과제가 되었다. 정치발전을 통한 대한민국호(號)를 안정적으로 이끌기 위해서는 개헌을 통해 '87년 체제를 청산하고 조속히 제7공화국 시대를 열어야 한다.

정치권은 국민통합에 진력해야

한국 정치의 가장 큰 병폐는 국론이 극우와 극좌로 첨예하게 갈라져 있는 것이다. 정치뿐만 아니라 경제, 사회, 세대, 계층 간 갈등 현상은 심화되어 있어 이를 해결하여야 한다. 그러나 정치권은 국민통합을 위한 협치 정치보다는 극열 지지자를 중심으로 한 팬덤 정치(Fandom Politics)에 몰두하고 있어 정치권은 국민통합을 위한 정치를 하는 것이 급선무이다.

이 대통령은 지난 8월 15일 행한 광복절 경축사에서 "증오와 혐오, 대립과 대결로는 아무것도 해결할 수 없고, 오히려 국민의 삶과 민주주의를 심각하게 위협할 뿐"이라면서 "분열과 배제의 어두운 에너지를 포용과 통합, 연대의 밝은 에너지로 바꿀 때 우리 사회는 더 나은 미래로 더 크게 도약할 수 있을 것"이라고 말해 국민통합을 강조했다.

그러나 지난 8월 더불어민주당과 국민의힘은 각각 전당대회를 통해 당 대표를 새로 선출했으나, 이들 양대 정당 대표가 경선 과정이나 취임 후 보여준 정치행태를 보면, 과연 국민들이 소망한 협치 정치를 제대로 할 수 있을지 의문을 갖게 된다.

정치권은 정파적 이해관계를 떠나 정치사회 통합을 최우선 과제로 삼고 이를 위한 통합리더십을 보여주어야 한다. 정치권이 과거에만 매몰되어 있으면서 상호 적대 세력화 하게 되면, 한국 정치는 제4의 물결인 선진복지 정치사회가 될 수 없음을 정치권은 명심해야 된다.

참고문헌

강원택, 2025, 『한국정치론』, 서울: 박영사.
김영래, 2020, 『제4의 물결과 한국정치의 과제』, 서울: 박영사.

5. 문화

교회의 정치참여와 정교분리

양명수 이화여자대학교 기독교학과 명예교수

한국 교회의 일부가 증오의 정치에 편승하여 정치집회를 열며 사회를 혼탁하게 만드는 일은 헌법에 명기된 정교분리의 정신에 위배된다. 교회는 적을 만들어 지지 세력을 모으는 정치에 휩쓸리지 말고 사람을 섬기는 영성으로 새 세상에 대한 희망과 믿음을 주어야 한다. 정치가 할 수 없는 일을 하는 데에 교회의 존재 이유가 있으며, 그것이 정교분리를 통해 교회가 맡은 역할이다.

이화여대 기독교학과 명예교수. 교토대, 제네바대, 로잔느대 등에서 동서양 사상 강연. 저서 『아무도 내게 명령할 수 없다: 마르틴 루터의 정치사상과 근대』, 『퇴계 사상의 신학적 이해』, 『성명에서 생명으로: 서구의 기독교적 인문주의와 동아시아의 자연주의적 인문주의』. 이화학술상 수상, 미국 기독교윤리학회(SCE)의 Global Scholar 선정. 서울대 법과대학 학사, 감리교신학대 대학원 석사, 프랑스 스트라스부르대 신학박사. 양명수(Yang, Myung Su, 梁明洙)

1. 들어가며

온 국민을 놀라게 한 12.3 비상계엄과 탄핵정국을 거친 후, 전직 대통령의 범죄행위를 수사하기 위한 특검에서 개신교 목사들을 압수수색하고 수사하는 일이 벌어졌다. 그들은 이번에 특정 사건에 연루되어 수사의 대상이 되었지만, 평소에도 목사의 신분으로 정치권에 영향력을 행사하거나 대중 집회를 통해 직접 정치 행위를 해왔던 사람들이다. 수사를 통해 위법행위가 밝혀진다면 유죄판결로 심판되어야 하는 것은 당연하다.

그런데 이번에 문제가 된 특정 사건의 불법 여부를 떠나, 시민들은 현실정치에 깊숙이 관여하는 목사들의 행위가 정교분리에 어긋나는 것이 아닌지 의문을 품는다. 정교분리는 우리나라를 포함해서 민주주의를 표방하는 모든 나라의 헌법에 명기된 국가 운영의 대원칙으로서, 문명의 두 축을 이루어 온 종교와 정치가 서로 역할이 다름을 인정하고 서로를 존중할 것을 선언한 것이다. 국가는 공공질서를 해치지 않는 한 종교의 자유를 보장하고, 종교도 국가법을 따라야 하며 세금을 내지 않거나 국가 법정에 서지 않는 중세의 특권은 인정되지 않는다.

16세기의 종교개혁이 시민혁명으로 이어지면서 근대적 정교분리가 정립되었다. 영혼 구원을 매개로 권력을 행사했던 교회가 스스로 본래의 역할로 돌아가려고 했던 운동이 종교개혁이다. 교회의 본래적 역할이란 정치가 할 수 없는 일을 하는 것인데, 그것은 사람을 다스리지 않고 섬기는 일이다. 교회의 권위는 섬김에서 생긴다. 목사들이 교인 위에 군림하며 교세를 이용해서 정치권력을 행사하고 싶은 유혹에 빠지는 것은 한국 교회가 종교개혁을 거치지 않아서 생기는 일인 것 같다.

2. 종교개혁과 정교분리

오늘날 정교분리를 헌법에 명시한 사회를 가리켜 세속주의(secularism) 사회라고 하는데, 이것은 종교개혁이 일으킨 세속화(secularization)의 산물이다. 세속화는 교회와 사제의 진리 독점권을 부인하면서 이루어졌다. 종교개혁자들은 사제를 거치지 않고도 누구나 성서를 통해 하나님의 뜻을 알 수 있다고 주장했다. 그들은 누구나 쉽게 성서를 읽을 수 있도록 라틴어 성서를 쉬운 모국어로 번역했다. 누구나 신의 뜻을 알고 세상을 위해 기도하는 사제 역할을 할 수 있고, 그렇게 해야 한다. 이것을 가리켜 '만인사제설'이라고 부른다.

신앙은 주관화되었다. 종교개혁자들은 신의 계시가 이루어지는 곳을 교회가 아니라 개인의 내면이라고 보았다. 교회에 가는 공간적 이동이 신앙이 아니고, 마음속으로 하나님을 믿고 사는 삶이 신앙이다. 객관적 종교 행위, 곧 예배나 기도나 금식이나 헌금 등으로 구원받는 것이 아니라 각자의 마음속 신앙만이 구원의 수단으로 인정된다. 따라서 속된 세상과 거룩한 교회의 이분법은 사라졌다.

그리하여 시간과 공간이 평준화되었으니, 교회만 거룩한 곳이 아니라 집이나 직장도 거룩한 곳이요, 주일만 거룩한 날이 아니라 평일도 거룩한 날이다. 시공간의 평준화는 인간 평등을 가져왔다. 성과 속의 시공간적 차이가 사라짐으로써, 세상에서 일하며 사는 평신도와 교회에서 일하는 사제를 구분했던 신분 질서가 사라졌다. 인류의 가장 오래된 신분 체제가 무너진 것이다.

종교개혁자들은 모든 직업이 성직이라고 주장했다. 사제만 특별히 신의 소명을 받은 것이 아니고, 구두 만드는 사람이나 농사짓는 사람이나 모든 직업 활동이 신의 부름을 받은 것이다. 어떤 직업이든 서로의 필요를 채워주는 기능을 담당하는 점에서 동일하게 섬김의 가치를 갖는다. 사제가 더 중요하고 농부는 덜 중요하다고 할 수 없다. 이러한 직업 소명설(vocation theory)은 직업의 귀천을 없애는 데에 중요한 역할을 했으며, 생계유지를 위한 노동에까지 신학적 의미를 부여함으로써 일상적 삶에 높은 밀도를 부여했다.

만인사제설과 시공간의 평준화, 직업소명설 등이 모두 세속화 운동에 속한다. 그러므로 세속화는 세속적으로 산다는 의미가 아니고, 속된 곳이라고 여겼던 세상 속의 일상을 거룩한 것으로 높임으로써 평범한 개인들의 위상을 높인 것이다. 세속화는 종교적으로 평신도의 시대를 열고, 정치사회적으로는 보통 사람들의 시대와 대중의 시대를 열었다. 그 결과 시민계급이 성장하고 자유와 평등에 기초한 민주주의가 정착하게 되었다.

세속화로 인해 교회는 군림하는 기관으로서의 위상을 잃게 되었고, 교회와 국가의 역할이 분명히 나누어졌다. 그것이 근대 헌법에 명시된 정교분리의 기원이다. 종교는 신의 사랑으로 개인의 영혼과 내면을 통치하고, 정치는 법으로 몸과 물질의 세계를 통치한다. 종교는 종교의 역할이 있고, 정치는 정치의 역할이 있다. 통치의 혼동(confucio regnorum)은 인류를 멸망에 빠뜨리려는 악마의 계교이다. 정치권력이 인간의 내면과 생각을 통제하거나 종교가 정치권력을 가지려 하면 안 된다. 정치는 공공질서를 위해 법으로 사람을 다스리지만, 교회는 자유와 평화를 위해 복음으로 사람을 섬기는 곳이다.

오늘날 인류가 누리는 자유와 평등 및 인간의 존엄성과 민주주의는 기독교 신앙이 일으킨 종교개혁과 사회변화의 산물이다. 그런 가치가 정치와 법적 정의에 의해 잘 보존되는지 살피는 일은 교회의 관심사이다. 그런 가치들이 더 성숙되고 발전되도록 창조적 정의인 사랑의 영성으로 시민사회에 모범을 보이는 일은 교회의 존재 이유이다. 그런 일들로 정치를 감시하거나 권면하고 때로는 억압적인 권력에 경고하거나 저항하는 일은 사람을 섬기는 일의 연장에서 이루어지는 것이므로 정교분리를 통해 교회에

맡겨진 역할에 어긋나지 않으며, 때로는 교회의 의무이기도 하다. 히틀러 치하에서 침묵했던 교회가 비판의 대상이 되는 것도 그 때문이다.

3. 증오의 정치에 동참하는 한국 교회

이번의 탄핵 정국에 문제가 된 일부 목사들의 정치참여는 섬김의 동기에서 비롯된 것이 아니고, 권위주의 정권의 억압으로부터 자유와 인간의 존엄성 같은 기독교적 가치를 수호하기 위한 것도 아니며, 교인을 동원해 자신들의 위상을 높이려는 일탈행위로 봐야 한다. 사실 그동안 개신교 목사들은 다양한 형태로 정치권에 영향력을 행사해 왔는데, 정치참여라기보다는 부패의 문제로 봐야할 경우가 많다.

부패한 목사들의 정치 행위가 온 사회를 시끄럽게 할 수 있는 까닭은 한국 사회가 세속화 과정을 거치지 않았기 때문으로 보인다. 100여 년 전에 전해진 개신교는 한국의 근대화를 선도했다고 할 만큼 봉건적 신분 차별이나 억압적 위계질서를 타파하는 데에 공헌했다. 그러나 정작 교회 자체는 성과 속의 이분법에 근거한 권위주의 조직체계를 벗어나지 못했다. 그것은 한국 교회가 종교개혁이라는 문명사적 사건을 거치지 않았기 때문으로 보인다.

그 결과 교인들은 목사를 비판하면 벌을 받는다는 두려움을 지니고 있다. 사랑의 하나님을 믿는 기독교는 벌주는 신에 대한 두려움으로부터 인간을 해방한 종교이다. 그러나 한국 교회는 미신적인 자연종교의 유산에서 크게 벗어나지 못했다. 목사의 말을 곧 하나님의 말로 믿고 순종하는 것은 사제가 신의 계시를 독점한 것처럼 여겼던 중세교회의 특징이다.

요즈음 문제가 되는 목사들의 정치 행위는 겉으로는 보수 정치권과 개신교회가 반공의 이념에서 일치하는 형태를 띤다. 그러나 정교유착의 핵심은 권력의지의 거래에 있다. 교인들을 정치세력화해서 자신의 힘과 영향력을 교회 밖으로까지 확장하고 싶어 하는 목사들의 권력의지와 선거에서 기독교인들의 지지를 얻으려는 정치인의 권력의지가 만나 교회와 정치가 밀착되는 것이다.

목사들이 광장에서 교인들로 구성된 정치집회를 주도하며 무례하고 폭력적인 언사로 선동의 목소리를 높인다. 그들은 분열된 정치 환경 속에서 한편에 대한 강한 증오심을 불러일으키면 그 반대편 대중의 열광적 지지를 얻을 수 있다는 것을 잘 안다. 대중의 지지에 갈급한 정치인들이 머리를 숙이면 목사는 정치 지도자로서의 위상을 세우고 추종하는 교인들도 늘릴 수 있다. 미디어를 통해 드러났듯이 그런 집회에는 이권 사업도 개입되어 있다.

정치는 그럴 수 있지만 종교는 그러면 안 된다. 독일의 법 철학자 칼 슈미트(Carl Schmidt)가 말했듯이 정치는 적을 만드는 기술일 수 있다. 적을 공격하는 것만큼 지지자를 끌어 모을 수 있는 방법은 없다. 네거티브 공세는 선거에서 언제나 매우 중요한 전략이다. 군중은 증오심으로 결집되고, 정치적 반대파를 원수처럼 여기고 미워한다. 그렇게 정치는 국민을 분열시킨다.

그 점에서 기독교의 하나님 나라는 정치공동체인 국가와 다르다. "원수를 사랑하라"(마태복음 5:44)는 신약성서의 구절은 단순히 개인 윤리적 차원의 가르침이 아니다. 그것은 군중의 증오심을 향한 말씀이니, 정적을 원수로 만들고 그에 대한 증오심을 불러일으켜 지지 세력을 규합하는 정치에 대한 경고이고, 그런 정치를 후원하는 종교에 대한 경고이다.

하나님 나라의 상징인 교회는 증오의 정치에 휩쓸리지 말아야 한다. 그래야 혼탁한 세상을 정화하는 영적이고 도덕적인 권위를 가질 수 있다. 그때에 교회는 분열된 사람과 세상을 구원으로 인도하는 일을 감당할 수 있다. 그것이 정교분리를 통해 교회가 스스로 맡은 역할이다.

4. 나가는 말

오늘날 개신교 일부는 증오의 정치에 편승하여 나라를 분열시키는 일에 앞장서고 있다. 그것은 헌법의 정교분리를 통해 교회가 맡은 역할에 역행하는 일이다. 교회는 적을 만들어 지지 세력을 모으는 정치에 휩쓸리지 말고 사람을 섬기는 영성으로 더 나은 세상에 대한 희망과 믿음을 주어야 한다. 그것이 정치와 구분되는 교회의 본래 역할이다. 그리고 교회의 존재 이유도 거기에 있다.

이슈 브리핑

1. 소프트파워 강국, 하드파워 강국, 세계 선도 대한민국

표 1_ 국가별 국가경쟁력 순위

순위	U.S.News, 'Best Countries'		IMF, 소프트파워, '새 글로벌 인덱스'
	10개 부문 종합	power	
1	스위스	미국(100)	한국(1.68)
2	일본	중국(95.8)	일본(1.25)
3	미국	러시아(91.0)	독일(1.18)
4	캐나다	영국(83.3)	중국(1.17)
5	호주	독일(81.0)	이탈리아(1.10)
6	스웨덴	한국(64.3)	프랑스(1.05)
7	독일	프랑스(63.1)	미국(1.02)
-	중국(16), 한국(18)	8위 일본(62.9)	-

《U.S. 뉴스 & 월드 리포트》(*U.S. News & World Report*)는 펜실베이니아대 와튼스쿨 및 영국 런던에 본사를 둔 세계 최대 규모의 광고 및 커뮤니케이션 그룹인 WPP와 협력하여 2024년 9월 'Best Countries' 순위를 발표했다. 세계 17,000명을 대상으로 89개국에 대한 설문조사 결과로 평가했다. 10개 부문 총점에서 한국은 18위로 평가되었으며, 인구 3천만 명이상 국가로 한정하면 G7 국가, 중국 8위에 이어 9위다. 부문 평가에서는 경제적 역동성(Movers) 5위, 파워(Power) 6위, 기업가 정신(Entrepreneurship) 7위, 문화적 영향력(Cultural Influence) 7위, 민첩성(Agility) 10위, 삶의 질(Quality of Life) 25위, 유산(Heritage) 32위, 사회적 목적(Social Purpose) 42위, 모험(Adventure) 51위, 비즈니스 개방성(Open for Business) 70위로 평가되었다. 경제, 파워 등 하드파워는 높게, 사회성, 개방성은 낮게, 민첩성은 우수하나 모험성은 낮은 것으로 평가받았다. 스위스 국제경영개발대학원(IMD)의 'World Competitiveness Ranking'이나 포브스의 'Most Powerful

Countries'의 한국 평가도 대체로 위의 유사하다.

세계경제포럼(WEF)는 2024년 1월 다보스 연차 총회에서 'The Future of Growth Report 2024'를 발표했다. 이 보고서는 GDP 중심의 성장 모델에서 벗어나 질적인 성장을 추구해야 한다는 새로운 비전을 제시하면서, 미래 성장의 4 필라(Pillar)로 혁신(Innovativeness), 포용성(Inclusiveness), 지속가능성(Sustainability), 복원력(Resilience)을 제시했다. 4 필라로 100여 개 국가를 평가했으며, 국가 순위는 발표하지 않고 필라 별 점수를 공개했다. 한국을 G7 국과 비교 분석한 결과, 독일(66.04), 영국(64.02), 프랑스(63.89), 일본(63.51), 한국(63.32), 미국(63.22), 캐나다(62.82), 이태리(58.64)였다. 한국은 5위로 프랑스, 일본, 미국과 비슷한 점수를 받았다. 한국은 혁신과 포용성, 지속가능성에서 G7 평균점보다, 일본보다 높은 점수를 받았다. 한국은 양적 성장을 넘어서 질적 발전에서 G7 국가들과 어깨를 나란히 하고 있다는 WEF 평가는 우리에게 의미가 크다.

IMF는 2024년 10월 'Measuring Soft Power: A New Global Index'를 발표했다. 문화적 존재감(Cultural Presence), 디지털 역량(Digital Capabilities), 교육적 영향력(Educational Infuence), 경제적 매력(Economic Attractiveness), 글로벌 범위(Global Reach), 제도적 강점(Institutional Strength)의 6개 평가영역을 평가한 결과, 놀랍게도 한국(1.68)이 압도적으로 1위를 차지했다. 2위인 일본(1.25)보다도 1.34배 높은 점수를 받았다. IMF는 소프트파워를 단순히 문화적 매력뿐만 아니라, 다차원적 매력을 통해 다른 국가에 영향을 미치는 능력으로 정의했다.

2024년 국가경쟁력 평가에서 한국은 일본보다 낮을 때도 있으나, 한국이 일본보다 높다고 해서 놀랄 바는 아니다. 하드파워에서는 단연히 앞선다. 중국은 한국보다 하드파워에서는 앞서나, 소 에서는 한국이 앞서는 것으로 평가되고 있다. 한국은 G7 국가와 비교하면 중간 수준으로 평가되고 있다. 더우기 한국의 국제경쟁력은 갈수록 높아지고 있다는 평가이다. 이제, 대한민국은 양적으로나 질적으로, 소프트파워나 하드파워에서 명실상부한 세계 선도 국가로 자리매김하고 있다.

이슈 브리핑

2. 세계 최상위 도시로 진화 중인 서울

표 1_ 2024년 서울과 글로벌 도시 평가 비교

순위	QS	옥스퍼드 이코노믹스	모리기념재단	A.T. 커니	
				GCI	GCO
1	서울	뉴욕	런던	뉴욕	샌프란시스코
2	도쿄	런던	뉴욕	런던	뮌헨
3	런던	파리	도쿄	파리	코펜하겐
4	뮌헨	산호세	파리	도쿄	룩셈부르크
5	멜버른	시애틀	싱가포르	싱가포르	서울
6	시드니	멜버른	서울	베이징	도쿄
7	베를린(7)	시드니	베를린	LA	오사카
8	파리(7)	보스턴	멜버른	상하이	퍼스
9	취리히	도쿄	시드니	홍콩	뭄바이
10	빈	샌프란시스코	암스테르담	시카고	호치민
-		서울(15)		서울(11)	

《옥스퍼드 이코노믹스》(*Oxford Economics*)가 경제력, 인적 자본, 삶의 질, 거버넌스를 지표로 평가한 '2025 Global Cities Index'에서 세계 15위로 차지했다. 일본 모리기념재단 도시전략연구소가 "도시가 사람, 자본, 기업을 전세계로부터 끌어당기는 힘(magnetism)"의 지표인 경제, 연구개발, 문화 교류, 거주성, 환경, 교통접근성을 평가한 '2024 Global Power City Index')에서 6위를 받았다. 미국 A.T. 커니의 '2024 Global Cities Index'에서는 세계 11위, 미래 전망인 '2024 Global Cities Outlook'에서는 세계 5위로 평가되었다. 이들의 평가에서 서울은 현재 세계 5위~15위 도시이며, 가파르게 상승 중이다. 앞으로, 서울은 뉴욕, 런던, 도쿄, 뮌헨, 싱가포르, 파리 등과 최상위권을 두고 경합할 것으로 전망된다.

영국의 세계적인 대학 평가기관인 QS가 선정하는 'Best Student Cities

표 2_ QS의 '베스트 학생 도시 2026' 평가

	점수	대학순위	고용주활동	매력도	학생시점	학생믹스	물가
서울	100	100	93.3	90.2	79.3	77	51.8
도쿄	99.9	87.8	100	91	87.1	68	57.1
런던	97.1	94.7	92.9	86.2	98.3	92.7	12.6
뮌헨	96.3	60.8	90	87.4	94.8	88.3	52.1
멜버른	95.7	71.2	87.7	88.5	98.2	100	25
시드니	94.7	70.6	87.1	92	96.5	98.7	20.7
베를린	93.3	57.9	85.5	84.2	100	77.6	53.7
파리	93.3	78.3	85.6	85.6	81.2	80.9	45.4

2026'에서 서울은 국제적으로 학생들이 가장 공부하기 좋은 도시인 '세계 1위 학생 도시'로 선정되었다. 도쿄 2위, 런던 3위, 뮌헨 4위, 멜버른 5위, 시드니 6위, 베를린 7위, 파리 8위다. 6개 평가 항목에서 서울 소재 대학 순위(100), 고용주의 활동(93.3)와 매력도(90.2)에서 높은 점수를 받았으며, 물가(51.8)에서도 상대적으로 높은 점수를 받았다. 그러나 학생 시점(79.3)과 학생 믹스(77)에서는 유럽과 호주 도시에 비하여 낮은 점수를 받았다. 6년 연속 1위를 지키던 런던은 물가에서 매우 낮은 점수(12.6)를 받아서 3위로 하락했다. 유럽 도시들의 매력도는 80점 중반대로 서울이나 도쿄에 비하여 낮게 평가되었는데, 우리들에게 주목할만한 결과다. 서울이 세계 최상위 도시로서의 가능성을 보여준다.

제 2 편

외교와 통상

해양국 그리고 대륙국

6. 외교안보

트럼프 시대, 대한민국 외교 안보의 '실용과 원칙' 스마트 생존 전략

남성욱 숙명여대 석좌교수, (전)국가안보전략연구원장

현재 국제 정세는 유례없는 격동과 격량의 소용돌이 속에서 혼돈의 시기를 경험하고 있다. 이스라엘과 이란이 트럼프 대통령의 압박으로 간신히 긴급 휴전에 합의했지만, 세계는 러시아-우크라이나 전쟁, 이스라엘-하마스 전쟁에 이어 같은 시기에 3개 전쟁을 경험했다. 국제정치에서 국제 규범을 강조하는 '화려한 위선의 시대'는 가고 강대국이 자기 이익만 챙기는 '정직한 야만의 시대'가 도래했다. 미국과 동맹국 간의 관계도 '깊은 동맹(deep alliance)'의 시대는 가고 '거래 동맹(easy alliance)'의 시대가 도래했다. 세계 질서가 급변하는 지금, 한국은 모든 측면에서 실용적 접근이 불가피한 상황이나 실용이 원칙을 훼손하는 변칙의 도깨비 요술 방망이(magic)로 활용될 경우 미중 양측으로부터 견제와 압박을 초래할 가능성이 있다. 격동의 국제정치 흐름 속에서 한반도 내부 남북관계에만 정책을 집중하기보다는 글로벌 시각 속에서 동북아는 물론 인도 태평양 지역에서 힘의 균형을 잡는 것이 중요하다. 급변하는 국제정세에 적기에 대응하지 못하면 국가의 미래가 흔들리는 시대가 다가오고 있다.

숙명여대 석좌교수, 고려대 통일외교학부 특임교수, 서울시미래인재재단 이사장. (전)민주평통 사무처장(차관)·국가안보전략연구원장. 저서 『김정은의 핵과 경제』, 『김정은의 핵과 정치』, *Mysterious Pyoungyang: Cosmetics, Beauty Culture and North Korea*, Macmillan Palgrave, UK, 2020. *North Korean Nuclear Weapon and Reunification of Korean Peninsula*, World Scientific, Singapore, 2019. *South Korea's 70 years for Diplomacy, National Defense and Unification of Korean Peninsula*, Macmillan Palgrave, UK(공저), 2018. *Contemporary Food Shortage of North Korea and Reform of Collective Farm*, München : Utz, Germany, 2006. 고려대 경제학과 학사, 미국 미주리 주립대 응용경제학 박사. 남성욱(Nam, Sung-wook, 南成旭)

1. 지금은 전간기(戰間期)인가? 다중(多重) 전쟁의 시대: 3개의 전쟁

현재 국제 정세는 유례없는 격동과 격량의 소용돌이 속에서 혼돈의 시기를 경험하고 있다. 이스라엘과 이란이 트럼프 대통령의 압박으로 간신히 긴급 휴전에 합의했지만, 세계는 러시아-우크라이나 전쟁, 이스라엘-하마스 전쟁에 이어 같은 시기에 3개 전쟁을 경험했다. 세 전쟁 모두 미국이 '세계의 경찰' 역할에서 한 발 뺀 가운데 시작됨으로써 불완전한 국제 정세의 혼란이 가중됐다. 1823년 미국의 5대 대통령 제임스 먼로의 고립주의 선언(Monroe Doctrine)이 21세기에 47대 대통령 트럼프에 의해 다시 구체화되었다. 중동의 이란 핵 문제가 돌발 변수로 떠오르며 트럼프 대통령이 취임 이후 최초로 군사 개입을 시도하는 등 관세전쟁과 함께 어수선한 분위기가 지속되고 있다. AI 기술의 급속한 진전으로 드론이 핵심 무기로 부상하는 등 전쟁의 양상도 달라지고 있다. 디지털 세계와 물리적 세계가 공존하는 가운데 해킹 등의 비전투 역량의 위력이 강해지고 있다.

미국은 2025년 상반기 최초로 벙커 버스터(Bunker Buster)까지 투하하며 이란 지하 핵 시설을 파괴했지만 최종적으로 제한적 전략으로 휴전을 유도했다. 막대한 군비 지출에 부정적인 트럼프 대통령은 전쟁의 수렁으로 깊이 빠져드는 것을 자제했다. 워싱턴이 힘자랑을 초단기에 마침으로써 과거 한국전쟁, 베트남, 아프가니스탄 전쟁과 같은 장기전에 발목이 묶이는 것을 피했다.

미국의 이란 핵시설 공습은 전쟁과 전비 지출에 부정적 입장이었던 트럼프 대통령의 '신(新)고립주의' 외교 전략의 변칙 적용으로 미국과 이스라엘 간의 특수 관계에서 비롯됐다. 미국은 '테러와의 전쟁' 실패와 글로벌 금융 위기를 겪은 뒤 2010년에 "미국이 국제 문제를 혼자 해결할 수 없다"고 선언했다. 트럼프의 '이기적 고립주의(egoistic isolation)' 기조에 의한 불개입 노선까지 더해져 국제사회는 푸틴, 네타냐후 등 스트롱맨들이 벌이는 다중(多重)전쟁이 낯설지 않은 시대를 맞이했다.

이스라엘-이란과 러시아-우크라이나 전쟁이 지구 반대편 분쟁이라고 우리에게 '강 건너 불'일 수 없다. 공급망이 밀접하게 연계된 글로벌 분업 시대에 일방의 충격은 '나비효과'를 통하여 순식간에 전 세계로 확산된다. 국제 유가가 들썩이고, 원자재 가격 인상과 함께 물가 상승 압박으로 작용하는 한편 안보적 측면에서도 연쇄적인 파장이 우려된다. 미국은 일단 이란-이스라엘 휴전을 유도했지만 방위비 인상 및 무기 제공 등 동맹국들의 부담을 강하게 요구했다.

트럼프 대통령은 나토 정상회의에서는 유럽 국가들의 방위비 5% 인상을 강하게 압박해서 약속을 받아냈다. 2025년 6월 25일 네덜란드 헤이그에서 채택한 나토 공동성명에서 32개 회원국은 매년 GDP의 최소 3.5%를 직접 군사비로 배정하고, 이와 별도로 최대 1.5%를 안보 관련 간접비용으로 투입하기로 합의했다. 동맹도 거래 대상으로 간주하는 트럼프 2기의 방침에 따라 공동성명에는 "나토 조약 5조에 명시된 집단방위에 대한 철통같은 공약을 재확인한다"는 문구가 들어갔다. 나토와 미국 간에 주고받기(give and take)가 명확해졌다. 미국이 세계 질서의 경찰 역할을 내려놓고 있는 지금, 더 불안해진 국제 정세는 대한민국에게 불확실성을 가져다준다.

2. 강대국 중심의 19세기 외교의 귀환: 위선과 야만의 시대

현재 한반도 주변 및 동북아 정세는 한국 독자적으로만 헤쳐 나아가기에는 상황이 복잡하고 엄중하다. 트럼프 대통령은 마가(MAGA) 주의를 앞세워 상호관세와 보호무역주의로 유엔 헌장과 국제법을 무시했다. 푸틴 러시아 대통령, 시진핑 중국 주석 및 김정은 위원장 등 스트롱 맨들은 노골적으로 군사력을 과시했다. 마치 1차 대전과 2차 대전 사이에 전간기(戰間期)를 연상시키는 국제적 변수들이 일시에 부상했다. 지난 4월 브런슨 주한미군 사령관은 "지금 우리는 전쟁과 전쟁 사이의 기간인 전간기(interwar years)에 있다며 전간기가 얼마나 지속될지는 아무도 모른다"고 했다.

국제정치에서 국제 규범을 강조하는 '화려한 위선의 시대'는 가고 강대국이 자기 이익만 챙기는 '정직한 야만의 시대'가 도래했다. 미국과 동맹국 간의 관계도 '깊은 동맹(deep alliance)'의 시대는 가고 '거래 동맹(easy alliance)'의 시대가 도래했다. 트럼프는 영토 개입주의(engagement)에 근거하여 멕시코 만을 미국만(美國灣)으로 바꾸고 그린란드를 소유하려고 시도하며, 푸틴은 우크라이나에 대한 영토적 탐욕을 과시했다. 심지어 트럼프 대통령은 2025년 8월 한미정상회담에서 주한미군기지의 소유권 이전을 거론하기까지 했다. 국제 질서와 전통을 파괴하고 미국의 경제력 복원을 최우선시하는 트럼피즘(Trumpism)은 미국의 뉴노멀로 부상하며 편협한 신고립주의(narrow minded isolation)로 회귀했다.

영국의 정치학자 카(E. H. Carr)는 1939년에 출간된 명저, *Twenty Years' Crisis: 1919-1939: An Introduction to Study of International Relations*에서 이상주의의 근거 없는 낙관주의가 실제로 국제정치를 더 혼란스럽게 함으로써 1, 2차 대전의 원인이 되었다고 피력했다. 그의 지적은 85년이 지난 작금의 위기를 분석하는데 유용한 시각을 제공한다. 최근 권위주의 국가들의 무력 사용에 대해 자유 진영에서 근거 없는 낙관주의로 대응하는 것이 아닐까하는 우려도 적지 않다.

러시아가 우크라이나를 침공한 2022년 이후, 나토 정상회의는 그 성격 자체가 변화됐다. 나토는 한국·일본·호주·뉴질랜드 등 미국의 인도·태평양 동맹 4국을 초청하면서 '자유 민주국가 진영'의 회동으로 진화했다. 러시아와 북한의 군사동맹은 동북아에서 유럽으로 확대되며 새로운 국제적인 위협 요인으로 등장했다. 전투병 1만 1,000명을 러시아에 파병했던 북한이 2025년 하반기에 지뢰 제거 공병 1,000명과 건설 인력 5,000명을 추가로 파병한다. 확대되고 있는 러·북의 군사 결탁은 단순 동맹 관계를 넘어서고 있다.

러시아 안보 수장인 세르게이 쇼이구 국가안보회의 서기는 2025년 6월에만 두 번이나 평양에 가서 김정은을 면담했다. 북한의 병력 제공 대가로 러시아가 지원할 경제적 보상과 군사 기술을 논의했다. 러시아는 이미 북한에 방공 무기와 전자전 무기·기술, 탄도미사일 유도 기술 등을 제공함으로써 한반도의 군사적 균형이 심하게 흔들리고 있다. 북한이 러시아로부터 최신 방공시스템 '판치르 S-1'을 지원받아 평양 방공망을 보강한 정황도 포착됐다. 북·중·러와 같은 사회주의 국가의 군사적 연대 움직임에 따라 마침내 나토 정상회의는 국제 질서의 현상 변경을 막아야 한다는 공동의 인식이 확산됐다.

한편 김정은 북한 국무위원장은 다자외교에 참가하지 않는다는 전통을 깨고 2025년 9월 중국의 전승절 행사에 참가했다. 기존의 강화된 북러 외교 이외에 북중 외교를 복원하기 위해 6년 8개월 만에 시진핑과 정상회담을 개최했다. 한미정상회담으로 한미일 삼각 협력이 활성화됨에 따라 북중러 관계를 구축하여 향후 트럼프 대통령과의 미북 정상회담에서 유리한 고지를 확보하기 위한 전략으로 평가됐다.

3. 세력 전이와 각자 도생의 시대: 유엔 다자외교의 무력화

국제정치가 세력 전이(power transition)와 각자도생(各自圖生)의 시대에 들어서며 5대 유엔 안보리 상임이사국인 미·중·러 최고지도자들의 힘 자랑이 도를 넘어섰다. 미국의 경제력은 축소되어, 미국의 국제경제 비중은 1970년 기준으로 50% 선이었으나 2024년 기준으로 25% 이하로 하락했다. 반면 중국의 비중은 1%에서 15%까지 상승했다. 국제 경찰로서의 미국 역할은 한계에 직면했다. 천문학적인 재정과 무역 등 쌍둥이 적자에 시달리는 미국은 세계 경찰의 품위를 팽개치고 동맹국을 상대로 방위비 인상을 압박했다.

서방 세계를 대표했던 유엔 안보리 상임이사국인 영국과 프랑스는 겨우 나토에 의지하며 러시아의 우크라이나 침공을 방관했다. 유엔은 1930년대 무기력한 국제연맹(LN)처럼 평화유지에 제대로 된 역할을 하지 못하고 있어 위기에 직면했다. 국제연맹은 1920년 미국 윌슨 대통령의 제안으로 제1차 세계대전과 같은 파괴적 전쟁이 다시 일어나는 것을 막기 위해 결성됐다. 연맹은 1930년대 이후 일본 군국주의의 만주 침략, 무솔리니의 에티오피아 침공, 히틀러의 베르사유조약 거부를 막지 못하는 등 무력한 모습을 보였다. 결국 1946년 연맹이 해체되고 전승국들이 국제연합(UN)을 새로이 출범시켰다.

유엔 상임이사국들이 국제기구의 다자외교를 무시하는 종착역은 명약관화하다. 힘이 지배하는 정글의 국제사회가 될 것이다. 인류가 세계대전의 참상을 경험하고 설립한 국제연맹은 강대국들의 도발로 25년 만에 끝이 났다. 평화의 희망을 갖고 두 번째로 설립한 유엔조차 80년을 지나며 불길한 조짐을 보인다. 다자외교의 보루인 유엔의 역할을 정상화하는데 안보리 상임이사국들이 협력하지 않는다면 인류는 반인륜적 전쟁을 막지 못할 것이라는 반기문 제8대 유엔 사무총장의 우려는 역사의 경고다. 유엔이 지향하는 세계평화, 경제개발, 인권 3대 좌표를 재확인하고 유엔을 중심으로 다자주의를 회복하는 게 국제 평화 유지에 첩경이다. 하지만 현실은 전체주의 독재 지도자들의 마이웨이로 위기가 심화되고 있다.

4. 격동의 한미동맹, 역할과 기능 변화를 모색하며

세상에 영원하고 불변한 것이 없으니 트럼프의 국제정치 대전환 기조에서 혈맹이라던 한미동맹 역시 심하게 흔들릴 것이다. 지난 72년간 한반도의 평화와 안정의 버팀목이었던 한미동맹은 세월의 변화 속에서 변화의 바람을 피하지 못할 것이다. 동맹을 갈취의 대상으로 평가하는 트럼프 행정부 2기에서 한반도에 몰아닥칠 두 개의 폭풍은 보호무역주의 관세부과와 방위비 인상과 연계된 주한미군 철수다. 전자는 고율의 상호관세로 천문학적인 무역과 재정의 쌍둥이 적자를 축소하기 위한 치킨게임이다. 후자는 최근 전략적 유연성 전략에 따라 4,500명의 주한미군 병력 재배치 등 한반도에서 미군 병력을 줄이는 것이다. 한미동맹의 역할과 기능 변화가 다가오고 있다.

2025년 5월 말 미국 《월스트리트 저널》(WSJ)은 트럼프 2기 행정부가 주한미군 병력 중 약 4,500명을 괌(Guam) 등 인도·태평양 지역 내 다른 기지로 재배치(relocate)할 계획이라고 보도했다. 4,500명은 2025 회계연도 미국 「국방수권법(NDAA)」에 규정된 주한미군 병력 규모 2만 8500명의 16%이며 스트라이커 전투여단 병력으로 예상된다. 재배치 대상은 공군(8000여 명)과 해군(300명)보다는 육군이다. 지난 3월에는 북한 미사일 요격용으로 경북 칠곡에 배치된 미군 방공시스템 패트리엇 포대와 500여 명의 대대급 병력은 중동으로 이동했다. 미군은 순환 배치의 일환이라며 구체적인 내용은 비공개다.

병력 이동 계획의 배경은 지난 3월 발표된 트럼프 2기 행정부의 새로운 「국가방위 전략지침(DPG)」이 있다. 이 전략지침은 미국 방위력의 우선순위를 유럽 및 중동 중심으로부터 인도·태평양 전구(戰區)로 전환했고, 중국 위협 대응이 최우선 과제로 개편됐음을 시사한다. 브런슨 주한 미군 사령관은 "한국은 중·일 사이에 뜬 항공모함 같다"고 했다. 엘브리지 콜비 미 국방차관은 전작권을 한국군에 넘기고, 주한 미군은 중국 견제에 집중해야 한다는 입장이다.

요컨대, 미군은 중국을 방어하는데 주력하며 동맹국들은 각자 도생하라는 의미로서 주한미군의 축소와 역할 변화를 암시한다. 피트 헤그세스 미 국방장관은 과거와 달리 동맹국 및 펜타곤과의 실무 협의보다는 트럼프 대통령의 행정명령에 따라 미군을 운용한다.

주한미군의 역할 변화와 맞물린 복병은 방위비 인상이다. 2024년 가을 한미 간에 합의된 현행 10억 달러는 100억 달러 규모를 주장한 트럼프 대통령에 의해 사문화될 것이다. 그는 미국이 동맹들에 의해 "갈취 당했다"(ripped off)며 관세와 방위비의 대폭 인상을 강조했다. 방위비가 대폭 인상되면, 주한미군의 역할 조정은 있을지라도, 철수가 유보되지만 그렇지 않은 시나리오라면 트럼프의 강한 뒤끝이 작렬할 것이다. 인상 폭에 따라 주한미군 철수의 규모와 시기 역시 연동될 것이다. 한국은 동맹국인 미국으로부터 국력에 걸 맞는 방위비 부담을 요구받고 있다. 트럼프는 상호관세 25%에다 방위비 100억 달러 등으로 한국과의 무역 적자를 보전하겠다는 의도다.

한편 위성락 국가안보실장이 방위비 인상의 대가로 언급한 전작권 전환이 작금의 냉엄한 국제정치 현실에서 신중해야 할 이유는 다음과 같다. 우선, 엄청난 비용 부담 증가다. 우리 군이 북한군의 동향을 파악하기 위해서는 첨단 장비의 운용이 필수적이다. 지금까지 미군이 담당했던 감시 기능은 고스란히 우리 부담이 된다. 전작권을 운용하는 당사자가 지불해야 할 비용은 다양하다. 북한을 24시간 들여다보는 정지궤도 인공위성 비용, 통신 감청 비용, 기타 군사 동향 및 전략자산 운용비용 등이 포함된다. 일부 추계로는 21조 원에 이르는 천문학적인 규모다.

전작권 전환 문제는 군사주권이라는 감정적 표현이 사용되지만 실제 군사적으로 복잡한 전문적 사안이다. 전작권 환수는 이재명 대통령의 대선 공약이다. 2006년부터 추진돼 왔지만 역대 정부에서 독자적인 작전 수행 요건이 완성되지 않았다는 이유로 미뤄져 왔다. 미국에서 제기하지 않는 사안을 "자주국방"이라는 모호한 용어로 미국보다 먼저 문제를 끄집어

내서 국익을 저해하는 일은 매우 신중해야 한다.

5. 새 정부의 실용 외교의 방향과 과제

새 정부는 △한미동맹을 토대로 △한미일 협력을 다지고 △한중 관계를 안정적으로 관리하겠다는 '국익 중심의 실용 외교' 기조를 천명했다. 실용 외교(Practical Diplomacy)란 이론이나 형식적인 절차보다는, 실제 현실 속에서 외교 기술을 유연하고 효과적으로 적용하는 것을 의미한다. 말 그대로 국익에 부합하는 방향으로 융통성 있게 움직이되, 원칙은 분명히 하는 것이다. 세계 질서가 급변하는 지금, 한국은 모든 측면에서 실용적 접근이 불가피한 상황이나 실용이 원칙을 훼손하는 변칙의 도깨비 요술 방망이(magic)로 활용될 경우 미중 양측으로부터 견제와 압박을 초래할 가능성이 있다.

실용주의의 행태가 동맹에게 기회주의자라는 이미지와 인식을 심어줄 경우 실리와 명분을 모두 잃어버리는 우를 범할 가능성도 있다. 새 정부는 한미동맹도 강화하고, 중국과 관계도 개선하려 시도한다. 자주파와 동맹파가 함께하는 이런 '양손잡이 외교(ambidextrous diplomacy)'는 실제 외교 현장에서는 이분법적인 구분이 간단하지는 않다. 중국과 교류가 확대되고, 정부 간 접촉이 확대될 수 있지만 외교적 행사와 의전을 넘어서서 중국의 본질적 이익에 기여하며 미국의 국익에 부합하지 않을 정책이나 행동이 표출될 때 미국의 보복은 간단치 않을 것이다. 피트 헤그세스 미 국방장관은 "안보는 미국과 하면서 중국과 손잡고 돈 버는 시대는 갔다"고 했다. 안미경중(安美經中) 시대의 종언이다. 이제 한국은 경제에서 중국과 경쟁 관계에 들어섰고 대미흑자로 대중 적자를 보완하는 시대에 들어섰다. 부품과 소재 및 완제품의 공급망 변화로 대중 경제협력의 구조가 달라졌다.

한국 외교 안보의 기본은 무엇보다 굳건한 한·미·일 공조가 바탕이 돼야 한다. 한국과 일본 사이에 여러 문제가 있지만 현 국제정세 차원에서 보면 실로 '작은 차이'이며 북·중·러 등이 일으키는 공동의 도발과 패권주의에 대처하는 것이 우선이다.

새 정부는 대중국 및 대미 전략은 한미동맹파 외교관들에게, 반면 대북한 정책은 자주파에게 각각 맡기면서 취임 첫 주부터 대북 확성기 방송과 전단 살포를 중단시켰다. 김정은은 2022년 말부터 남북을 '적대적 두 국가'로 상정한 뒤 대남 차단 및 봉쇄에 주력하는 만큼 단기에 남북 관계 개선에 나설 가능성은 크지 않다.

이재명 대통령은 역사상 처음으로 한미정상회담보다 한일정상회담을 먼저 진행했다. 미래지향적인 한일관계를 정립하고 미국의 우려를 사전에 해소하겠다는 의도였다. 연이어 개최된 한미정상회담은 사전 조율이 여의치 않아 진통 끝에 개최됐다. 공식 실무방문(official working visit)으로 성사된 2025년 8월 한미정상회담은 『거래의 기술』의 저자인 트럼프 대통령의 리얼리티 형식으로 진행되어 상당한 압박이 있었다. 한국은 이미 관세 협상에서 3,500억 달러의 투자를 약속했으나 트럼프는 직접투자의 증가를 강조하는 등 마가(MAGA)주의 원칙의 실현에 주력했다. 미국은 조선, 원자력, 항공, 에너지 및 광물 등 5개 분야에서 2건의 계약과 9건의 양해각서(MOU)를 이끌어냈다. 지정학적 공급망의 재편을 통해서 미국 제조업을 회복하는 실리를 챙긴 것이다. 지난 관세 협상에서 투자액 3,500억 달러 이외에 추가적으로 1,500억 달러의 대미 직접투자를 챙김으로서 회담의 실리를 이끌었다. 하지만 역대 정상회담과 달리 2025년 한미정상회담에서는 공동선언문, 공동기자회견 및 합의문이 없었다. 향후 3년 트럼프의 임기 동안 언론 활용 등을 활용하여 '거래의 기술'에 기반을 둔 압박이 주기적으로 다가올 것이다. 주한미군 분담금 인상 문제, 농축산물 시장개방 문제 등은 우선순위에서 잠시 미루었다. 공동 합의문이 없어 한미

관계의 미래를 예측하기 용이하지 않다. 계속되는 백악관 폭풍에 대비해야 한다. 이 새로운 시대에는 끝없는 협상이 이어질 수 있다. 구체적인 결과와 세부 사항을 계속 합의해야 하는 과제에 직면해 있다.

한편 트럼프는 북한에 대한 구애와 요청을 통해 적절한 시기에 미·북 정상회담 성사에 주력하고 있다. 이재명 대통령은 한미정상회담에서 트럼프 대통령에게 김정은을 만나달라고 했고, 트럼프는 올해 안에 김정은을 만나고 싶다고 했다. 반면 김정은 위원장은 2024년 북·러 군사동맹조약 체결로 우크라이나에 15,000여 명의 병력을 파병하는 등 유엔 대북 제재를 교묘하게 회피하는 등 최근 국제정세의 호기를 활용하는데 집중하고 있다. 역설적으로 북한은 비핵화 회담은 없으며 자신들이 주도권을 잡는 미·북 정상회담을 구상하고 있다. 2018~2019년 트럼프와 김정은 정상 간 만남이 세 차례 진행된 만큼 2018년 문재인 정부의 운전자 전략이 2025년에 접목될 가능성은 크지 않다.

정부가 남북 화해 협력에 급속히 나설 경우 대북 유화정책으로 변질될 가능성이 있는 만큼 신중하고 단계적인 접근이 필요하다. 노벨상 수상을 갈망하는 트럼프와 대북 제재 해제를 주장하는 김정은이 정상회담을 개최할 경우 북한의 부분 비핵화(small deal) 등이 합의되는 등 불투명한 한반도 안보 상황이 전개될 가능성도 배제할 수 없다. 격동의 국제정치 흐름 속에서 한반도 내부 남북관계에만 정책을 집중하기보다는 글로벌 시각 속에서 동북아는 물론 인도 태평양 지역에서 힘의 균형을 잡는 것이 중요하다. 급변하는 국제정세에 적기에 대응하지 못하면 국가의 미래가 흔들리는 시대가 다가오고 있다.

7. 한·인태

트럼프 2기 인도·태평양 전략 환경의 복합적 압력과 한국

최윤정 세종연구소 수석연구위원

트럼프 2기 행정부 출범은 미국의 정체성과 국제질서의 작동 원리에 중대한 변화를 초래하였다. 규칙 기반 질서를 설계하고 주도하던 미국은 점차 힘과 이해득실을 앞세우는 현실주의적 강대국으로 전환했고, 이러한 변화는 인도·태평양에서 가장 뚜렷하게 나타난다. 미국은 이 지역을 중국과의 전략 경쟁의 핵심 무대로 규정하며, 동맹을 조건과 실익에 기반한 선택적 파트너십으로, 통상을 안보와 기술이 결합된 복합적 협력으로 전환하고 있다. 관세 부과, 방위비 분담, 기술·투자 규제는 서로 얽혀 동맹국들에 압박으로 작용하며, 한국 역시 경제 양보와 군사 협력이 결합된 절충안을 피하기 어렵다. 2026년 중간선거가 다가올수록 미국의 요구는 심화될 전망이며, 중국·러시아와 북한의 연대 강화, 서구 내부의 '미국 없는 세계' 구상은 국제질서의 불확실성을 키우고 있다. 한국에게는 새로운 전략적 설계 능력의 발전이 절실하다. 기술·데이터 규범 확장, 통상외교 강화, 억지 역량의 제도화 등 다방면에서의 혁신적 대응 역량을 키워 지속가능한 안보와 번영의 길을 다시 놓아야 할 때다.

세종연구소 수석연구위원. ARF EEP 공동의장, 한국국제정치학회 기획이사, 한국국가정보학회 부회장. 연구 분야 인도·태평양 외교·안보. 저서 *Order in Tension: South Korea and the Indo-Pacific*, *India, South Korea and ASEAN: Middle Power Diplomacy in the Indo-Pacific*. 이화여대 국제학 석·박사. 최윤정(Choi, Yoon Jung, 崔允瀞)

1. 트럼프 2기와 인도·태평양: 역사적 변곡점의 도래

트럼프 2기 행정부의 출범은 미국이라는 국가의 성격과 국제질서의 작동 원리에 중대한 변곡점(turning point)이라고 할 수 있다. 21세기 초반까지 규칙과 제도를 앞세워 자유주의 국제질서를 설계하고 주도했던 미국의 모습은 점차 퇴조하고, 그 자리를 힘과 이해득실을 전면에 내세우는 현실주의적 강대국의 모습이 대신하고 있다. 이 변화는 트럼프 대통령 개인의 등장이 빚어낸 일시적 현상이 아니라, 미국 정치·사회·경제 전반의 구조적 변화에서 비롯된 결과다.

미국은 이제 스스로를 자비로운 패권국(benign hegemon)으로 상정하던 20세기의 자아상에서 멀어지고 있다. 대신 19세기의 마흐트폴리틱(Machtpolitik), 곧 힘과 비용·편익 계산을 앞세우는 국가로 변모하고 있다. 2025년 9월 현재 시점의 국방전략서(NDS) 초안은 중국 억지보다 미국 본토와 서반구 방어를 우선순위에 둔 것으로 알려지고 있는데, 이는 과거 "중국 견제"라는 명분 아래 다소 가려져 있던 미국 중심적 현실주의가 보다 직접적으로 드러난 것으로 해석될 수 있다.

이러한 변화는 과거에 다소 비현실적이라고 여겨졌던 발언들, 즉 캐나다 영토 병합 가능성, 그린란드 매입 구상, 파나마 운하 회수 언급 등을 단순한 과장이나 정치적 레토릭이 아니라, 국제질서를 힘의 관점에서 재배열하려는 미국식 사고의 단면으로 이해할 필요가 있음을 시사한다. 그리고 이 전환이 가장 뚜렷하게 반영되는 무대가 바로 인도·태평양 지역이다. 인도·태평양이 전략적으로 중요해진 이유는, 미국이 중국을 명시적 경쟁자로 규정하며 이 지역을 핵심적인 전장(Indo-Pacific theater)으로 상정했기 때문이다. 이러한 인식을 현실화하기 위해 트럼프 행정부는 동맹과 파트너 국가들을 대상으로 새로운 외교 전략을 전개하고 있다.

이 과정에서 동맹은 원칙과 상징성을 중시하던 단계에서 동맹국 역량,

구체적 조건과 절차의 이행을 강조하는 '조건 연계형 전략 파트너십'으로 변화하고 있다. 또한 통상 역시 경제협력의 틀을 넘어, 안보와 첨단기술이 결합된 복합적 협력 방식으로 재편되고 있다. 예컨대 한반도 유사시 미국의 자동 개입에 의문이 제기되기 시작한 것이 대표적인 예다. 이는 개입 의지를 포기했다는 의미가 아니라, 개입의 범위와 시기, 대가가 협상을 통해 조정될 수 있는 변수로 재구성되었음을 의미한다. 그 결과 한반도에 대한 미국의 억지 신호는 과거보다 복잡해지고, 동맹 내부에서는 비용 분담과 정치적 조정이 불가피해졌다. 한국이 체감하는 거친 전략 환경의 뿌리도 여기에 놓여 있다.

2. 트럼프 2기의 작동 원리: 외교·안보, 경제·통상, 과학기술의 연계와 재정렬

트럼프 대통령은 취임 직후 2025년 4월 2일을 '해방의 날(Tariff Liberation Day)'이라 명명하며 고율 관세를 전격 단행했다. 이는 단순한 세율 조정이 아니라, 정치와 외교의 운용 방식 자체가 달라졌음을 보여준 상징적 사건이었다. 관세는 더 이상 통상 분야의 문제로만 취급되지 않는다. 대미 투자, 환율·규제 정합성, 나아가 안보 공약과 같은 다양한 의제들이 하나의 바스켓에서 동시에 교환되기 시작했기 때문이다. 한국은 자유무역협정(FTA) 체결국임에도 불구하고 무역적자 문제로 25%의 고율 관세를 부과받는 상황에 처했으며, 7월 말에는 약 3,500억 달러 규모의 대미 투자 약속을 조건으로 관세율을 25%에서 15%로 낮추는 극적 협상을 이끌어냈다. 그러나 투자 조건에서 양국 간 이견이 좁혀지지 않으면서 관세 인하뿐 아니라 미국의 확장억제의 신뢰를 둘러싼 논쟁이 심화되는 등 경제와 안보가 긴밀히 연동된 복합적 도전이 심화되고 있다.

더욱이 무역 및 투자 협상이 향후 방위비 분담 증액이나 주둔군 역외 임무 확대와 같은 안보 차원의 요구사항 뿐만 아니라, 미국의 국방전략(NDS) 및 국가안보전략(NSS) 수립 과정과 맞물려 조율되고 있다는 점도 중요한 변수다. 일본 사례에서 볼 수 있듯, 방위비 증가와 미국산 무기 구매는 경제와 안보가 복합적으로 얽힌 전략적 조정의 산물이다. 한국 역시 경제 양보와 군사 협력의 절충을 피할 수 없는 구조에 놓여 있다.

안보·군사 분야에서도 유사한 연계 논리가 적용된다. 예컨대 미국과 필리핀 간의 발리카탄(Balikatan) 연합훈련은 동맹을 인도·태평양 지역 억지력 강화의 핵심 플랫폼으로 이용하는 미국의 전략적 방향성을 드러낸다. 2025년 발리카탄 훈련은 남중국해와 대만해협을 겨냥한 해상 침투 저지, 미사일 방어 및 해상 타격 등 실전급 연합 전투 훈련으로 발전했다. 이는 한미 연합태세의 임무 범위 확대 압박과도 궤를 같이한다고 볼 수 있다. 즉, 주한미군과 한미 연합군은 한반도 억지를 유지하는 한편 대만해협과 남중국해를 포함하는 광범위한 인도·태평양 지역 억지 임무에도 점차 동참하기를 요구받고 있다.

과학기술도 패권 경쟁의 최전선으로 부상했다. 반도체, 인공지능, 6G, 양자 기술 등이 국가안보의 핵심 자산으로 자리 잡았다. 일례로 한국과 대만 기업들은 미국 내 대규모 투자를 통해 시장 접근과 규제 안정성을 얻는 대사로 본국 내 일부 생산·연구 기반을 미국 중심의 네트워크에 연계하는 부담을 안게 되었다. 기술·투자·표준 규제가 갈수록 정교해지면서 한국은 미국, 일본, 유럽연합과 심화된 결속을 유지할지, 아니면 제3국과의 다각 협력으로 포트폴리오를 조정할지 중대한 선택의 기로에 놓여 있다. 이는 단지 수출 다변화나 시장 진출 문제를 넘어, 누가 글로벌 기술 표준과 규범을 주도하느냐의 문제로 귀결되기 때문이다.

3. 2026년 전략 환경: 혼란의 증폭과 파장

2025년의 혼란은 이어질 공산이 크다. 트럼프 행정부가 단행한 여러 조치들이 제대로 작동하지 않으면서 다양한 실험을 할 가능성이 있는 데다가, 2026년 11월 미국의 중간선거가 가까워질수록 동맹과 파트너에게 비용과 역할의 분담, 요구가 강화되면서, 국면에 따라 혼선이 증폭될 여지도 있다. 관세 조정, 기술·인력·자금 요구, 그리고 연합 군사훈련 등의 다방면에서 미국의 동맹 및 파트너와의 관계를 전략적으로 재조정하는 일련의 행위들은 미국 국내 정치 긴밀히 맞물려 있다.

특히 2026년 11월 예정된 미국 중간선거가 다가오면서, 트럼프 행정부의 정책 지속 여부는 미국 내 물가 동향과 경기 상황에 크게 좌우될 것이다. 아직까지 미국의 소비자 물가지수는 안정적이며 민간 소비도 견조한 편이다. 하지만 이 지표들이 흔들리면 트럼프 행정부는 보다 다양한 실험에 나설 가능성이 있다. 또한 제조업을 회복시키겠다는 트럼프 대통령의 공약에도 불구하고 높은 관세로 인해 중간재 수입 가격이 상승하고, 이민 정책으로 인력 수급이 막히는 등 문제가 발생하면 트럼프 행정부는 이를 다시 외부로 화살을 돌릴 공산이 크다. 그동안 미국을 '잘못' 이끌어온 이른바 딥스테이트(deep state)와 고소득 복합 엘리트(homoploutic elite) 집단에 대한 반감, 그리고 이들의 정책 실패에 대한 책임을 외부 적대 세력에 전가하는 미국 중산층의 인식 전환이 이루어지지 않는 한, 트럼프식 정책 기조는 2026년 이후에도 지속될 가능성이 높을 것이다.

국제 환경의 파급효과도 무겁다. 미국발 압박은 동맹의 결속을 강화하기보다 중국·러시아의 응집을 촉발하는 역효과를 내고, 북한은 핵·미사일 역량의 레버리지를 높이며 중러에 더욱 가까이 가고 있다. 심지어 서구 내부에서도 '미국 없는 세계'를 대비하는 움직임 – 독자적 억지와 산업·공급망 재설계 등 – 이 부상하고 있다. 아직은 이를 반미 연대라기보다 불확실성 관리의 기술로 이해하는 것이 타당하겠으나, 이같은 흐름이 지속된다면 돌이키기 어려운 결과를 초래할 수도 있다.

4. 한국의 길: 복합적 압력을 넘어 전략적 설계자로

이처럼 격변하는 구조 속에서 한국은 복합적 압력에 놓여 있다. 하나는 관세·투자·통상정책의 동조 요구로 대표되는 경제적 압력이고, 다른 하나는 역외 임무 확대와 능력 분담 요구로 표출되는 안보적 압력이다. 비록 분야는 달라도 '조건 – 검증 – 갱신'이라는 동일한 거래 메커니즘 위에서 상호 연동되며, 협상 테이블에선 서로 교환 가능하다는 점에서 사실상 하나의 체제를 구성한다고 보아도 무방할 것이다. 이는 어느 한 축에 균열이 생기면 전체 균형이 흔들릴 위험이 있다는 의미다.

특히 트럼프 2기 행정부 하에서는 한미동맹의 모든 분야에서 협상이 지속되는 긴장 상태가 불가피해, 한국은 적극적인 주체로서 안보 공백을 막고 안정적인 억지 역량을 유지하는 데 책임을 다해야 한다. 이를 위해 정찰·지휘통제·미사일 경보 등 전통적 억지 핵심역량뿐 아니라, 사이버·우주·인공지능 등 첨단 분야에서 동맹 간 상호운용성과 협력 체계를 심화하는 방향으로 역량을 확장·발전시켜야 할 것이다. 이와 같은 노력이 결합될 때 한미동맹 내 한국의 위상 강화뿐 아니라, 변화하는 전략 환경에 능동적으로 대응할 수 있는 능력을 갖출 수 있을 것이다.

또한, 통상·투자·표준이 안보와 같은 바스켓에서 교환되는 현실을 반영하여 협상의 형식에 절차적 안정성을 높이는 노력이 요구된다. 자동 연장 규정이나 품목별 세이프가드 같은 제도적 장치를 도입하여, 협상의 변동 폭을 관리하는 기술이 요구된다. 보다 근본적으로 자유무역의 질서가 후퇴하는 가운데, 소규모 개방형 통상국가인 한국은 자유무역의 근간을 지켜내기 위한 통상외교에 더 많은 노력을 기울여야 할 것이다.

한편, AI 안전성, 데이터 국외 이전, 사이버 보안 인증과 같은 기술·데이터 거버넌스 분야에서 미국 외에도 유럽·아세안·인도 등 유사 입장국과 호환 가능한 규칙을 확장한다면, 국내 기업의 예측 가능성이 제고될 수 있다. 표준 경쟁은 누가 먼저 기술을 개발하느냐보다 누가 규칙을 쓰느냐에 좌우되기 때문이다.

이러한 복합적인 과제는 정부 혼자 감당할 수 없다. 정부, 기업, 국민이 한 팀이 되어야 한다. 우리는 이미 산업과 기술의 저력, 제도의 혁신 역량, 국제적 신뢰라는 자산을 갖고 있다. 대한민국 모두가 한 팀이 되어 격변기에 국가가 나아갈 길을 치밀하게 설계하고 꾸준하게 추진한다면, 오히려 새로운 기회를 맞이하게 될 수도 있다. 트럼프 2기가 만들어낸 조건부 세계 질서 속에서 한국이 얼마나 전략적 공간을 체계적으로 만들어 나가느냐가 2026년 이후 한반도와 인도·태평양의 질서를 좌우하는 중요한 요인이 될 것이다. 한국이 격변기 국제질서를 함께 써나가는 책임 있는 글로벌 강국으로 성장해 가기를 기대한다.

8. 남북협력

2026년 남북 경제 협력의 재구상: 제재와 불신 속에 '작은 시작'

최은주 세종연구소 연구위원

2026년에도 한반도 정세는 복잡성과 불확실성이 존재하며 남북관계는 경색 국면이 지속될 가능성이 높다. 이미 남북경협은 기반 약화와 신뢰 붕괴로 장기간 정체되고 있으며, 북한이 남북관계를 '적대적 두 국가 관계'로 규정하면서 개선하기 어려운 여건이 형성되었다. 국제적으로도 북중 관계 회복 및 북러 밀착으로 남북경협은 지정학 경쟁에 종속되고, 북미대화도 실질적인 진전이 없는 상황이다. 북한은 대대적 개발 사업으로 재정 부담이 커졌으나 돌파구로 중국과 러시아와의 관계에 집중하고 있다. 한국 정부는 방송 중단, 확성기 철거 등 정상화 조치를 취했으나 북한은 부정적으로 반응하고 있다. 남북 간에는 신뢰 회복이 최우선 과제이며 회복 수준에 따라 북한 주민들의 생활과 연계한 민생 기반 협력의 가능성을 모색해 볼 필요가 있다. 특히 북미관계 개선이 병행된다면 제도적 제약 완화로 이어질 수 있다. 결국 2026년 '작은 시작'을 통한 신뢰 복원이 핵심 과제가 될 것이며 남북경협은 제한적이고 시범적인 사업 위주로 모색해 볼 수 있을 것이다.

세종연구소 연구위원, 서강대학교 대우교수. 저서 『한반도 리빌딩 전략 2025』(공저), 『글로벌 정세 변화와 새로운 남북경제관계 모색』(공저), 『제재 속의 북한경제, 밀어서 잠금 해제』. (전)민주평통 상임위원·통일부 자문위원·성남시 남북교류협력위 위원. 고려대 국문학 학사, 경제학 석·박사. 최은주(Choi, Eunju, 崔銀珠)

1. 커져가는 불확실성과 흔들리는 남북경협

2026년의 한반도 정세는 어느 때보다 복잡하고 불확실할 것으로 예상된다. 남북관계는 2020년 이후부터 경색 국면이 지속되어 2023년 말 북한의 '적대적 두 국가 관계' 선언으로 더욱 악화되었고, 남북경제협력은 장기간 중단 상태를 벗어나지 못한 채 새로운 돌파구를 찾지 못하고 있다. 남북경제협력의 기반이었던 제도와 경험은 희석되었고 관련 기업과 인프라는 활용도가 크게 줄어들어 지속성을 확보하기 어려운 상황에 놓여 있다. 이러한 상황은 단순히 남북관계의 단절을 의미하는 것이 아니라, 한반도 내 교류와 대화의 구조적 토대를 약화시켜 장기적으로 남북경협 재개의 문턱을 높이고 있다. 더 나아가 주변국들의 복잡한 이해관계가 교차하면서 남북경협 재개는 단순히 남북 간 문제를 넘어 국제 질서의 영향을 강하게 받는 구조로 변화되었다.

그럼에도 불구하고 이재명 대통령은 2025년 8월 일본 언론 인터뷰와 CSIS 연설에서 "한반도 비핵화"를 일관된 정책 목표로 제시하며, 북한 도발에는 강력히 대응하되 대화 재개를 위한 노력도 병행하겠다는 입장을 밝혔다. 이러한 기조는 남북경협의 불확실성 속에서도 한국 정부가 일정한 정책 방향을 유지하고 있음을 보여준다.

2. 국제 정세와 한반도 둘러싼 역학 구조의 변화

국제 환경은 남북경제협력에 구조적 제약을 가하는 요인으로 작동하고 있다. 중국은 코로나 팬데믹 기간 동안 사실상 중단되었던 북중 무역과 인적 교류를 점진적으로 복원하면서 북한의 핵심 경제 파트너 역할을 지속하고 있다. 2024년의 북중 교역액은 21억 달러 수준으로 2019년 수준으로 완전히 회복하고 있지는 못하지만 여전히 북한의 가장 큰 교역 상대국이다. 러시아 역시 우크라이나 전쟁의 장기화 속에 북한과 전례 없는 수준의 밀착을 보이고 있다. 북러 간에는 군사협력뿐만 아니라 무역과 에너지 공급, 접경지역의 인프라 협력 등을 통해 다방면에서 협력 사업을 강화해 나가고 있다. 이러한 북중 및 북러 협력의 지속과 강화는 남북경협을 새로운 지정학적 경쟁 속에 종속시키는 요인으로 작용한다.

반면, 2025년에 출범한 미국의 트럼프 행정부는 북한과의 대화 재개를 강조하고 있으나, 가시적인 성과로 이어지지는 않고 있다. 이는 북한이 미국의 대화 제안에 미온적인 태도를 견지하고 있는 데에서 기인한 것으로, 북한은 강경한 대미 대응 전략을 유지하면서도 재개 가능성을 완전히 차단하지는 않는 이중적 태도를 보이고 있어 불확실성은 여전히 큰 상황이다. 다만, 2025년 8월 워싱턴 CSIS 연설과 한미정상회담에서 이재명 대통령은 트럼프 대통령에게 김정은 국무위원장과의 만남을 제안하며 한국이 '평화의 보조자(Peacemaker)' 역할을 자임하겠다고 밝혔다. 이는 한국 정부 또한 남북경협을 포함한 남북 관계를 남북한 양자 차원이 아니라 주요 국가들과의 공조 속에서 풀어가야 하는 현실을 명확히 인식하고 있음을 보여준다.

3. 남북 쌍방의 현실과 정책적 장벽

남북 내부 상황 역시 경협 재개의 여건을 뒷받침하기보다는 제약 요인을 강화하고 있다. 북한은 2021년부터 2025년까지 진행된 「국가경제발전 5개년 계획」을 마무리한 뒤 새로운 국가발전전략을 수립하는 과도기에 놓여 있다. 이기간 동안 대대적으로 추진된 지방발전 정책과 대규모 건설 사업은 주민 생활 개선이라는 성과와 함께 막대한 재정 부담을 발생시켜 외화와 자금 확보의 필요성은 커지고 있다. 그러나 대남 정책은 '적대적 두 국가 관계'의 규정 속에서 모든 접촉을 거부하며, 대외 전략의 중심축은 북중·북러 협력으로 이동한 상황이다.

2026년에 출범한 이재명 정부는 국내 경제 안정과 산업경쟁력 확보를 최우선 과제로 설정하면서 대북정책 추진에는 상대적으로 많은 자원을 투입하지 못하고 있다. 대외적으로는 통상 협상과 공급망 대응 등 경제안보 문제가 시급하고, 대내적으로는 물가와 고용 안정이 긴급한 현안으로 부각되어 정책 역량이 분산되고 있는 것이다. 그럼에도 불구하고 한국 정부는 제한된 정책 역량 속에서도 대북정책의 일관성과 국제 공조를 유지하려는 노력을 기울이고 있다. 정부는 대북 방송 중단과 확성기 철거 등 남북관계 정상화를 위한 조치를 취하고, 8·15 경축사에서도 남북관계 개선 의지를 표명하는 등 일정한 정책 기조를 유지하고 있다. 따라서 남북관계 정책을 일관성 없는 것으로만 평가하기는 어렵고, 제한된 환경 속에서도 정부가 취할 수 있는 조치들은 시작된 것으로 볼 수 있다. 다만 이에 대한 북한의 반응은 김여정의 담화에서 드러나듯 적어도 표면적으로는 부정적이며, 남측의 제안과 행보를 긍정적으로 수용하기보다는 경계와 불신을 표출하고 있는 상황이다. 결국 한국 정부의 정책적 의지와 북한의 부정적 태도 사이의 간극이 향후 남북관계 전개의 주요 변수가 될 것으로 전망된다.

4. 제약 속 협력 가능성과 '작은 시작'

이러한 상황 속에서 당면하여 무엇보다 중요한 제약 요인은 '신뢰의 부재'이다. 남북 간 합의가 반복적으로 이행되지 못한 경험은 상호 불신을 구조적으로 고착화시켰으며, 새로운 협력 논의를 시작하는 것 자체가 정치적 부담으로 작용하게 되었다. 더 나아가 북한이 중국·러시아와의 협력 구조를 제도화하는 과정에서 남북경협은 미국과 중국, 러시아의 전략적 이해관계에 종속되는 양상을 띠게 되었다.

그러나 이러한 제약 요인들에도 불구하고 일정한 기회 요인도 공존한다. 무엇보다 북한 내부의 경제적 수요와 주민 생활 개선에 직결되는 분야에서 협력 여지가 남아 있다. 식량, 보건, 농업기술, 기후변화 대응, 산림 복원 등은 북한이 상대적으로 대외 협력에 높은 관심을 보이는 영역으로 국제기구를 경유해 추진될 경우 남북 모두 부담을 완화할 수 있다. 또한 재해재난 공동 대응이나 환경정보 공유 같은 협력은 물자 교환을 필요로 하지 않아 제재와 정치적 제약을 최소화하면서 신뢰 형성에 기여할 수 있다. 나아가 북한이 최근 집중적으로 추진하고 있는 지방경제 활성화와 인프라 현대화 사업은 한국이 보유한 기술과 자재 지원과 접목시킬 수 있는 분야로 잠재적 협력 기반으로 경제협력의 가능성을 타진해 볼 수 있다. 이와 함께 북미 관계가 개선될 경우 국제 제재 환경에도 변화의 여지가 생기며, 이는 보다 구조적이고 본질적인 협력 기회로 이어질 수 있다.

이러한 제약과 기회 요인을 종합할 때, 2026년 남북경제협력은 대규모 재개보다는 제한적이고 시범적인 사업 위주로 진행될 가능성이 높다. 보다 구체적으로 나누어 보면 두 가지 시나리오가 가능하다.

첫째는 경색 국면이 지속되는 경우로, 남북 대화가 재개되지 않는다면 남북경협은 사실상 불가능하다. 다만 이 경우에도 보건·방역 협력, 재해재난 공동 대응, 산림 복원 사업 등 인도주의적 성격의 소규모 교류를 제안함으로써 최소한의 신뢰 확보 방안으로 활용해 볼 수 있다. 예를 들어, 남북 보건 관계자들이 제3국인 싱가포르에서 화상 회의를 열어 감염병 공동 대응 방안을 논의할 것을 제안하거나 한국의 시민단체들이 국제기구를 통해 북한의 특정 지역에 대해 산림 복원 기술 및 장비 지원을 하는 방식의 협력을 모색해 볼 수 있다. 이는 거시적 정치 관계와 무관하게 필수적인 인프라를 유지하는 역할을 할 수 있다.

둘째는 제한적으로 대화가 재개되는 경우이다. 정치·외교적 돌파구가 마련된다면 제한적으로나마 경제협력을 모색해 볼 수 있다. 이 경우 과거의 자산을 활용한 시범 사업이 우선적으로 논의해 볼 수 있다. 예를 들어, 개성공단을 즉시 재가동하는 것은 어렵지만 한국의 관련 기업들이 북한 현지 노동자들의 숙련도 향상을 위해 온라인 기술 교육을 제공하는 시범 사업을 추진해 볼 수 있다. 또한 과거와 같은 관광 협력은 어렵지만, 개별 관광의 형태로 부분적으로 허용되거나, 남북 철도·도로 연결은 물류 운송이 아닌 안전 점검 및 유지보수를 위한 인원 교류로 제한적으로 추진해 볼 수 있다. 결국 2026년 남북경협은 대규모 재개가 아닌 제한적·시범적 사업 중심으로 전개될 가능성이 크며, 국제 환경의 변화와 북한 내부 수요가 맞물릴 때에만 확대될 수 있다.

이러한 전망 속에서 한국 정부와 사회가 취해야 할 대응은 '작은 시작'을 현실화하는 것이다. 제재와 불신 속에서도 현실적으로 가능한 협력 모델을 발굴하고 이를 통해 신뢰를 복원하는 것이 핵심이다. 민생 기반의 인도주의적 협력, 다자 연계 프로젝트를 중심으로 협력 패키지를 구성할 필요가 있다. 특히 농업과 보건 분야의 교류협력은 북한 주민들의 생활에 직접적인 영향을 미치는 영역이며, 종자·비료·농기계 같은 농자재 지원이나 경공업 설비 제공은 북한의 현실적 수요에도 부합한다. 환경정보 공유, 재해재난 공동 대응 같은 협력은 물자 교환이 필요하지 않아 정치적 부담이 낮고, 신뢰 형성에도 기여할 수 있다. 또한 기후변화 대응, 환경 관리, 산림 복원과 같이 전 지구적 의제와 연계한 다자 협력 프로젝트는 국제사회의 지지와 협력을 이끌어낼 수 있다.

이 과정에서 중요한 것은 전략적 접근이다. 국제 사회의 공조가 필수적이며, 미국과 중국 및 러시아와의 전략적 조율을 통해 협력 공간을 넓히고 국제기구 플랫폼을 적극 활용해야 한다. 국내적으로는 교류와 협력 사업의 필요성과 효과에 대한 국민적 이해를 높여야 하며, 보수와 진보 간 입장차를 좁히는 사회적 합의 형성이 우선적으로 이루어져야 한다. 또한 정부와 민간, 국제기구가 협력하는 삼각 구조를 설계하여 협력의 효율성과 지속가능성을 제고하는 것이 중요하다.

결국 2026년 남북경제협력은 제재와 불신으로 인해 대규모 재개는 어렵지만, 인도적·민생기반·다자 연계 협력 같은 작은 시작을 통해 신뢰를 복원하고 미래 협력의 토대를 마련할 수 있다. 핵심 과제는 남북경협의 재개 자체가 아니라, 제한적이고 실질적인 협력을 통해 평화경제로 나아갈 기반을 다시 세우는 것이다.

참고문헌

정일영·정대진·김병연 외, 2025, 『한반도 리빌딩 전략 2025』, 서울: 선인.

9. 한·일

2026년 한일 관계의 쟁점 및 전망

조양현 국립외교원 일본연구센터장

2026년 한일 관계의 최대 관심사는 이재명 대통령의 국빈 방일, 새로운 한일 공동선언의 채택 및 한국의 CPTPP(포괄적·점진적 환태평양경제동반자협정) 가입 문제가 될 전망이다. 국제·정치·경제의 불확실성이 커지고 있는 상황에서 우리 정부는 일본 측의 적극적인 호응을 유도하여 한일협력의 선순환 구조를 정착시키는 것이 중요하다. 이를 위해서는 구조적인 갈등 요인의 축소 지향적인 관리, 소통과 실질 협력의 확대, 지역 및 글로벌 차원의 협력이 중요하다.

국립외교원 인도태평양연구부 일본연구센터장. (전)하버드대 웨더헤드센터 Academic Associate·싱가폴 국립대 동아시아연구소 Visiting Fellow·한국정치외교사학회장·현대일본학회장. 저서 『한국의 외교정책과 대외관계』(공저), 『한국안보의 이해』(공저). 조양현(Jo, Yanghyeon, 曺良鉉)

1. 한일관계의 현주소

한일관계는 지배-피지배, 선진국-개도국의 관계를 거쳐 양국이 미국 등 주요 선진국과 함께 국제정치의 주요 행위자로서 지역과 세계의 안정과 번영을 논의하는 파트너 관계로 진입했다. 20세기 전반에 일제의 식민 지배로 양국의 운명은 제국주의 국제 질서의 주체와 객체로 갈렸다. 20세기 후반에는 광복과 한국전쟁을 거치면서 단절되었던 한일관계가 정상화되었다. 한일회담 당시 일본의 10분의 1이던 한국의 1인당 GDP는 이제는 일본과 대등한 수준에 이르렀다. 이처럼 지난 120년 동안 한일관계는 극적으로 변화하였다.

역사 및 지리적 인접성 특히, 일제에 의한 한반도 식민 지배의 기억은 한일관계를 '가깝고도 먼 관계'로 만들었다. 일본은 우리에게 '청산'의 대상인 동시에 생존을 위해 손을 잡아야 할 '협력'의 상대였다. 1980년대 한국의 민주화 이후 국력과 체제 가치관의 접근, 교류 기회의 증대에 따라 한일관계는 대칭화·수평화되었다. 역설적이게도 한일의 체제 동질성의 증가에 역비례하여 한일관계에서 협력보다 갈등의 요소가 증가하였다(기미야 다다시, 2022). 그 배경에는 과거사와 국가전략을 둘러싼 '이중의 갈등 구조'가 있다.

그 대표적인 사례가 2010년대의 한일관계이다. 1965년 국교 정상화 이후 한일관계는 여러 차례의 부침(浮沈)을 겪었지만, 이 시기에는 '최악의 한일관계'로 불릴 만큼 깊고 긴 대결 국면이 이어졌다. 2012년부터 10년간 양국 정상에 의한 상대국 단독 방문이 없었다. 한일 간에 과거사 갈등이 상시화하고, 이 갈등이 경제 및 안보 등 제반 분야로 확대되었다. 2022년 윤석열 정부 출범을 계기로 정부 차원에서는 한일관계가 개선되었지만, 과거사 화해가 국민의 눈높이만큼 진전되지는 못했다.

한일 국교 정상화 60주년인 2025년에 출범한 이재명 정부는 '국익 중심 실용 외교'의 기조 위에 대일 외교의 목표를 '한일관계의 미래지향적 발전 도모'로 설정하였다. 지난 8월에 이재명 대통령은 한국 지도자로서는 처음으로 미국보다 일본을 먼저 방문하여 이시바 시게루 총리와 정상회담을 개최하고, '셔틀 외교'를 복원하였다. 두 정상은 "미래지향적이고 상호 호혜적인 공동의 이익을 위해 함께 협력"하고, "급변하는 국제정세의 흐름 속에 흔들림 없는 한일, 한·미·일 협력을 추진"하기로 합의하였다.[1] 이로써 신정부 출범에 따른 한일관계의 불확실성을 조기에 해소하고, 이재명 정부의 대일 외교가 순조로운 출발을 할 수 있었다.

현재 이시바 내각의 불안정한 정권 기반과 의회 여소야대의 상황으로 인해 한일관계의 관리에서 일본 측의 동력이 약화되어 있으며, 일본의 정치적 혼돈은 당분간 불가피할 것으로 보인다. 따라서 외무성과 내각을 중심으로 한 고위급 소통을 통해 한일관계 안정화에 대한 일본 측의 적극적인 호응을 유도하여 협력의 선순환 구조를 정착시키는 것이 중요하다. 한일관계에서 과거사 비중의 완화, 한미일 협력의 강화, 지역 및 다자 차원의 협력 확대, 경제통상, 비전통 협력 및 인적 교류 등 실질 협력의 확대를 기조로 하는 투-트랙 접근법을 일관성 있게 유지해 나가야 한다. 그리고 양국의 중장기 국가전략에서 공통분모를 확대하여 전략적 파트너십으로 나아가기 위한 공동의 미래비전 채택이 중요하다.

2. 2026년 한일관계의 쟁점 및 전망

2026년 한일 관계의 최대 관심사는 이재명 대통령의 국빈 방일, 새로운 한일 공동선언의 채택 및 한국의 CPTPP에 가입 문제가 될 전망이다. 지난 9월에 한국에 우호적이었던 이시바 총리가 사임 의사를 밝혔고, 10월

---

[1] 한·일 정상회담 결과 공동언론발표문 (2025.8.23).

에 후속 내각이 출범할 것으로 예상된다. 일본 정치 지형의 불확실성이 해소되는 대로 한일협력의 의제와 일정에 대해 조속한 정부 간 협의가 중요하다. 이재명 정부가 일본 신정부와 신뢰 관계를 구축하여 이 세 가지 과제를 달성할 수 있다면, 역대 우리 정부의 대일관계에서 가장 성공적인 사례로 평가받는 김대중 정부의 외교적 유산에 버금가는 업적이 될 수 있다.

이재명 대통령의 국빈 방일

1998년 일본을 국빈 방문한 김대중 대통령은 당시 오부치 게이조 총리와의 회담에서 "양국 간 불행한 역사를 극복하고 미래 지향적인 관계를 발전시키자"고 합의했다. 지난 8월 이재명 대통령이 한일정상회담을 앞두고 김대중-오부치 공동선언을 잇는 새로운 선언을 추진하고 싶다고 언급한 것은, 한일관계의 역사를 새로 쓰겠다는 의지의 표명으로 볼 수 있다. 이시바 총리는 동 회담에서 김대중·오부치 선언을 포함해 역사 인식에 관한 역대 내각의 입장을 전체적으로 계승해 나간다는 입장을 재확인했다.

국빈 방일은 일본 국왕 즉, 천황의 초청을 받아 방문하는 공식 행사이며, 일정 중에는 일본 의회에서 연설하는 기회도 주어진다. 그 준비에는 많은 시간과 준비가 필요한 만큼, 매년 외국 정상에게 주어지는 국빈 방문의 기회는 많지 않다. 2003년 노무현 대통령의 국빈 방일 이후 20년 이상 한국 지도자의 국빈 방일은 없었다. 이는 "앞마당을 같이 쓰는" 국가 간에 비정상적인 상황이다. 이재명 대통령의 임기 중에 국빈 방일이 성사된다면, 한일 간에 신뢰 회복과 한일관계의 정상화를 상징적으로 보여주는 사건이 될 것이다.

새로운 한일 공동선언 채택

1998년 김대중 대통령과 오부치 총리가 발표한 '21세기 새로운 한일 파트너십 공동선언'은 탈냉전 시대에 맞춰 한일관계의 새로운 방향을 제시한 중요한 문서이다.[2] 이 선언은 일본이 식민지 지배에 대해 '통절한 반성과 마음으로부터의 사죄'를 표명하고 한국이 이를 수용함으로써 공식적으로 역사 화해를 이뤘다는 점에서 획기적이었다. 또한, 양국이 민주주의와 시장경제라는 보편적 가치를 공유하고 있음을 확인하고, 정치, 안보, 경제, 문화 교류 등 포괄적인 분야에서 미래 협력의 구체적인 행동 계획을 제시했다는 점에서 기념비적인 성과로 평가된다.

이재명 정부가 한일 간에 새로운 공동선언을 추진하는 이유는 21세기에 한일 갈등이 장기화하면서 공동선언이 빛이 바랬다는 점 외에, 국제 정세와 한일 관계가 구조적으로 변화했기 때문이다. 1998년 당시 국제·정치·경제는 글로벌 냉전의 종언과 세계화를 특징으로 하였지만, 지금은 미중 간에 전략경쟁과 경제 안보가 중시되는 시대이다. 1998년에 한국은 'IMF 사태'라는 국난 극복을 위해 일본과의 협력이 절실했지만, 지금은 미중 관계의 재편에 다른 불확실성에 대응하기 위해 한일협력이 필요한 때이다. 한국과 일본의 상대적 국력 차이가 줄어들었고, 젊은 세대를 중심으로 양국 국민의 상호 인식도 크게 바뀌었다. 1998년 공동선언의 원래 취지를 되살리고 한일 간에 전략적 파트너십을 공유하기 위해서는 새로운 미래 비전을 담은 공동선언이 효과적이라고 할 수 있다

---

[2] 21세기를 향한 새로운 일한파트너십공동선언(1998.10.12).

한국의 CPTPP 가입

2026년에는 한국의 CPTPP 가입 움직임이 가시화될 가능성이 크다. 미중 패권 경쟁과 보호무역주의가 확산되는 가운데, 미국은 고율 관세를 무기로 동맹 여부를 불문하고 타국을 압박하고 있고, 중국은 제조업 기술로 한국을 빠르게 추격하면서 글로벌 무역질서가 우리에게 불리하게 재편되고 있다. 이런 상황에서 미국과 중국 시장을 보완할 대안으로 일본 시장이 재평가되고 있다. 일본은 4조 2천억 달러 규모의 경제력을 가진 성숙한 시장으로, 민주주의 및 시장경제체제를 우리와 공유하고 있다. 한국과 일본이 공동 시장을 만들어가는 효과적인 방안이 한국의 CPTPP 가입이다(김병연, 2024: 40). 지난 5월 한일경제인회의는 "한국의 CPTPP 가입을 위한 활동을 실시한다"고 선언했고, 이재명 대통령은 8월에 "동아시아 및 태평양 연안국 간 경제협력기구 설립 검토"를 언급했다. 한국이 CPTPP에 들어가려면 일본 동의가 중요한데, 일본은 과거와 달리 우리의 가입에 호의적인 태도를 보이기 시작했다.

CPTPP는 관세 철폐는 물론 디지털, 지식재산 등 무역 전반에 걸친 높은 수준의 자유무역협정으로 일본·호주·영국 등 12개국이 참여하고 있다. 미국발 관세로 한미 자유무역협정(FTA)이 유명무실해진 상황에서 한국은 교역 다변화를 위해 CPTPP를 활용할 수 있다. 우리가 CPTPP에 가입하면 사실상의 한일 FTA의 효과를 기대할 수 있다. 한일 간에 공동 시장이 형성되면 반도체, 배터리, 바이오, 양자 기술 등과 같은 첨단 산업뿐만 아니라 희토류 같은 광물 부문의 공동 공급망 구축이 용이해지고, 청년들의 공동 일자리 창출, 스타트업 지원도 강화될 것이다. 한일 간에 지난 6월 한 달 동안 사전 입국 심사 제도가 도입되어 입국 절차가 간소화된 적이 있는데, 한일이 공동경제권을 지향한다면 관광 등 민간 교류가 활성화되는 부수적인 효과가 있다.

3. 대응 방안

구조적 갈등 요인의 관리

한일관계의 구조적 갈등요인을 사전에 대비하고, 상황 발생 시 축소 지향적으로 대응해야 한다. 강제 동원(징용), 구 일본군 위안부, 독도, 교과서, 야스쿠니 신사 참배, 유네스코 세계유산 등재, 한일대륙붕협정 등과 같은 돌발 변수를 철저히 관리하여 협력의 틀이 훼손되지 않도록 해야 한다. 많은 역대 한국 정부가 출범 당시에는 한일협력을 지향하였지만, 결국은 대립과 갈등으로 막을 내렸던 것을 반면교사로 삼아야 한다. 과거사에 관한 한일 간의 인식 차이를 인정하고, 이것이 한일협력을 제약하지 않도록 관리하는 것이 관건이다. 외교 문제를 국내 정치에 이용하지 않는다는 정치 지도자의 의지와 성숙한 국민 의식이 중요하다.

과거사 문제에 대한 기존 합의와 해법을 유지하되, 부족한 부분을 보완해야 한다. 지난 8월 첫 방일을 앞둔 이재명 대통령이 일본 언론과의 인터뷰에서 "국가로서 약속을 뒤집는 것은 바람직하지 않다"라고 하여 강제 징용 문제의 '제3자 변제안'과 위안부 합의를 유지하겠다는 입장을 밝혔다. 국민에게 기존 합의 및 해법 유지의 불가피성을 설득하는 노력이 필요하다. 일본 정부와 기업의 '자발적 참여'를 기대하기 어려운 상황에서 일본 측에 강제 동원의 진상을 규명하기 위한 자료제공을 요청하는 것도 방안이다. 이외에도 국회에서 초당적인 특별법을 제정하여 강제 동원 피해자들을 포괄적으로 구제하고, 추도 위령 사업, 조사 및 연구 등을 수행할 재단의 설립을 추진하는 것도 선택지로 남아 있다. 중단된 유골 봉환을 체계적으로 이행하고, 과거사 문제에 대한 전문가 보고서를 작성하는 방안도 검토의 가치가 있다.

소통과 실질 협력의 확대

한일 간 소통을 강화하기 위해 정상회담 및 셔틀 외교를 활성화하고, 외교·재무·경제·국방 등 각료회담과 실무 협의를 정례화하고, 외교·국방 (2+2) 각료급 협의체의 신설도 적극적으로 검토해야 한다. 정당의 의석 변화와 의원의 세대교체 및 국제정세 변화를 반영한 초당파적인 의원 교류를 활성화할 필요가 있다. 의원연맹 등을 활용하여 일본의 신흥 정당, 야당 인사와의 정기적 교류를 확대하고, 방한 초청을 통해 한국에 대한 우호적 인식을 유도하는 것도 중요하다. 양국 정상이 합의하여 '제3기 한일 신시대 공동연구'를 출범시켜 지속 가능한 한일관계의 토대 구축에 대해 공동으로 연구하는 것도 건설적인 방안이다.

경제적 상호의존을 확대하기 위해 전술한 한국의 CPTPP 가입 외에 한일 통화 스왑 확대, 제3국 시장 공동진출, 민간 주도의 한일경제공동체 논의, 공동의 산학 연구, 경제 안보, 주요 광물 공급망 및 공동조달, 첨단 기술 표준, 사이버 안보, 에너지 협력, 재생 에너지와 수소 에너지 등의 분야에서 협력을 확대할 필요가 있다.

사회 및 문화 교류 분야에서는 상호 문화개방의 확대, 스포츠 공동리그의 도입, 국제행사의 공동 개최, 출입국 절차 간소화 조치와 같은 관광산업 협력도 추진해야 한다. 저출산 고령화, 외국인 노동자, 지방 소멸, 인프라 노후화, 연금 및 복지 재원 문제 등 양국의 공통 과제에 대한 공동연구를 진행하고, 일본인의 한국방문 증진방안을 마련하여 풀뿌리 차원의 상호이해를 확대하는 것도 중요하다.

지역의 안정과 번영을 위한 협력

국제 질서의 불확실성에 비례하여 한일협력과 한미일 공조의 필요성이 커졌다. 우리에게 한일협력은 원활한 한미관계는 물론 대북한 공조, 중국 및 러시아 등 주변국과의 관계 안정화, 한미일 협력과 한중일 협력 등 소다자 협력과 지역 및 글로벌 협력을 효과적으로 추진하기 위한 필요조건이다. 미국의 방위비 압박 및 관세 정책과 북-러 접근에 따른 북한 군사 기술 고도화에 대응하는 것이 중요하고, 규범 기반의 국제 질서 유지를 위한 한일협력도 강화해야 한다. 다자외교에서 한미일 협력과 한중일 협력을 상호 보완적으로 추진하고, G7 확대 및 한국의 참여에 일본이 협력하고, 국제연합, APEC 정상회의, G-20, ASEAN 회의 등 다자회의에서 상호 협력을 강화해야 한다.

참고문헌

기미야 다다시, 『한일관계사』, 서울: 에이케이커뮤니케이션즈, 2022.
김병연 외, 『글로벌 대한민국의 새로운 한일협력』, 서울: 서울대학교 국가미래전략원, 2024.
제33차 한일포럼 공동성명문, "한일 국교정상화 60주년, 과거를 넘는 미래로," 2024년 8월 20일.
한·일 정상회담 결과 공동언론발표문, 2025년 8월 23일.
21세기를 향한 새로운 한일파트너십공동선언, 1998년10월 12일.

10. 한·EU

트럼프 2기 한-EU 전략적 파트너십 강화

안병억 대구대학교 국방군사학과 교수

트럼프 집권 2기, 미국과 EU 간의 갈등은 지속될 것으로 보인다.
트럼프 발 관세 분쟁은 미 대통령의 의지에 따라 언제든지 재발할 수 있고
러-우 전쟁을 두고도 조속한 휴전을 원하는 미국과 지속가능한
정의로운 휴전을 원하는 유럽 간의 시각 차이가 크다.
자유무역을 지지하는 통상 블록 EU와 우리는 정책 선호도가 유사하다.
2010년부터 맺어온 전략적 동반자 관계를 기반으로
재생 에너지와 방산 등에서 협력을 더 강화할 수 있다.

대구대 국방군사학과 교수. (전)한국유럽학회 부회장·통합유럽연구 편집위원장. 저서 『미국과 유럽연합의 관계』(공저), 『하룻밤에 읽는 영국사』, 『셜록 홈즈 다시 읽기』, 『하룻밤에 읽는 독일사』. 한국외국어대 문학사, 영국 케임브리지대 석사, 박사(국제정치).
안병억(An, Pyeongeok, 安秉億)

1. EU 대미 관세 타결: '최악의 결과' 대 '최선의 거래'

관세 부과를 나흘 앞둔 7월 27일 EU는 미국과의 관세 분쟁에서 '최대 15%'로 전격 합의했다. 기존에 부과하던 관세율을 제외하고, 일본이나 우리의 관세율보다 낮았기 때문에 EU로서는 선방했다고 볼 수 있다. 트럼프 행정부는 8월 1일부터 유럽산 수입품에 대해 30%의 관세로 압박해 왔다. 하지만 이번 타결을 두고 '최악의 결과' 대 '최선의 거래'라는 극단적인 평가가 나왔다.[1]

EU 27개 회원국의 경제 규모는 2024년 말, 명목 GDP를 기준으로 19조 4,200억 달러로, 미국의 2/3 정도다. EU는 미국이나 중국을 제치고 세계 72개국의 제1 교역상대국일 정도로 통상 강대 블록이다. 지난해 기준, EU의 대미 상품 무역흑자는 2천 356억 달러로 중국에 이어 두 번째다. 하지만 미국이 서비스 교역에서는 대규모 흑자를 기록해 상품과 서비스를 합산한 EU의 대미 흑자는 580억 달러 정도로 줄어든다. 따라서 통상 블록 EU의 위상, 미국의 대규모 서비스 흑자를 감안하면 EU는 대미 통상협상에서 휘두를 충분한 지렛대를 보유했다. 실제로 회원국을 대표해 통상협상과 관련 조약 체결권을 보유한 집행위원회는 트럼프가 잇따라 상호관세 부과를 발표하자, 총 930억 유로(약 148조 원) 상당의 미국산 수입품에 추가 관세를 매기는 보복을 준비했다. 이 조치를 실행했더라면 미국의 양보를 얻어낼 가능성이 높아지기에 이번 타결보다 좀 더 나은 결과를 얻을 수 있었다고 일부에서는 주장한다.

반면에 '최선의 거래'라는 진영은 관세 분쟁을 단순한 통상 문제로 보지 않는다. 트럼프 집권 2기가 2025년 1월 20일 시작되면서 제2차 대전 후

---

[1] 최선의 거래라는 평가는, *Economist*, "What opponents of the EU–US trade deal get wrong," August 2, 2025. 반대로 최악의 결과로 보는 시각은 Financial *Times*, "The EU has validated Trump's bullying trade agenda," July 30, 2025.

미국이 구축하고 주도해온 자유주의적 국제질서가 무너졌다. 군사동맹조차 단기적인 경제적 이해득실에서 보는 트럼프는 유럽의 나토 동맹국들의 국방비 지출이 2%에도 미치지 못한다며 국방비를 획기적으로 올리지 않는 한 동맹국들에게 안보를 보장해줄 수 없다고 계속 밝혔다.

6월 말 헤이그 나토 정상회담에서 나토 회원국들은 2035년까지 GDP 대비 국방예산을 5%(군비 지출 3.5%, 인프라 등 지출 1.5%)까지 증액하기로 합의했다. 트럼프 집권 2기는 통상과 안보에서도 기존 틀이 무너지는 격변기이기에 관세 때문에 미국과 언제까지 분쟁할 수는 없다는 입장이다. 미국으로 하여금 유럽의 안보를 계속해서 보장하게 하고 러시아-우크라이나 전쟁에서도 우크라이나를 지속적으로 지지하게 하기 위해서는 관세 분쟁을 조속히 타결하는 게 필요하다. 휴전을 두고도 조속한 휴전을 원하는 미국과 지속가능한 정의로운 휴전을 주장하는 유럽의 정책 차이가 크다. 그렇기에 미국의 주요 교역상대국보다 유리한 관세율에 합의한 것은 지정학적인 불확실성이 고조되는 가운데 '최선의 거래'라는 것이다.

2. 분열된 EU, 대미 관세 협상력에 걸림돌

이런 극과 극의 평가에도 양 진영은 미국 우선주의를 내세운 트럼프 행정부가 보호무역 정책에 매진해 왔다는 점에 동의한다. 통상 강대국 EU는 미국에 대해서만 대규모 보복 관세 카드를 검토했다. 미국의 보호무역 대 EU의 자유무역 유지라는 대립적 시각이 계속해서 유효하다. 트럼프 발 관세전쟁이 세계 경제에 손실을 주며, 한 번 협상으로 끝나는 게 아니라 집권 2기 내 지속될 가능성이 높다. 그런데도 트럼프 발 새로운 보호무역 질서를 그대로 승인했기에 EU 통상 리더십 부재가 비판의 대상이 됐다.[2] 이런 평가는 온당하다.

EU는 2023년 교역상대국의 무리한 통상 압박에 대응하는 무역 방어 기제인 '반 강제 수단(Anti-coercion Instrument, ACI)'을 만들었다. ACI 카드는 미국의 서비스 교역을 제한하고 지식재산권 보호도 완화할 수 있는 가장 강력한 정책 수단이다. EU는 트럼프의 관세 부과에 대해서도 ACI 카드를 검토했으나, 일부 회원국만 ACI 적용에 찬성해 이 카드를 쓸 수 없었다.[3]

특히 27개 회원국 경제의 20%를 차지하는 최대 경제 대국 독일은 자동차 등에서 대미 무역 흑자 규모가 커 조속한 협상 타결을 선호했다. 반면에 프랑스는 미국 의존도를 탈피한 유럽의 전략적 자율성을 강조해왔기에 ACI 사용도 불사해야 한다는 입장이었다.[4] 이처럼 유럽통합을 주도해온 독일과 프랑스의 대미 입장이 상이하고 다른 회원국들도 양 진영으로 나뉘지면서 EU는 분열했다. EU는 내부 분열을 극복하지 못해 세계에 이런 취약성을 고스란히 드러냈다.[5]

3. EU-중국의 제한된 협력과 EU-한국 재생에너지와 방산 등 협력 확대

보호무역을 앞세운 트럼프 행정부에 맞서 EU는 자유무역을 계속해서 이행 중이다. 올해 7월 말 EU와 중국은 수교 50주년 정상회담에서 규칙에 기반한 다자주의 질서 유지에 협력하고 기후변화와 같은 글로벌 이

---

[2] 앞의 *Economist* 분석 참조.
[3] Alan Beattie, "Donald Trump's hard tariff deadline dissolves into whirl of endless confusion," *FT*, July 27, 2025.
[4] Alan Beattie, "Brussels should not be shocked by Trump being Trump," *FT*, July 17, 2025.
[5] Marc De Vos, "Europe's summer of humiliation," *FT*, July 31, 2025.

슈에서도 협력을 강화하기로 합의했다.⁶ 트럼프 발 관세전쟁이 시작된 후 EU는 중국의 대미 수출품이 유럽에 범람할 것을 우려해 양자 협의기구를 만들었다. 중국의 대규모 보조금 지급에 따른 전기차 등에서 통상 분쟁, 중국의 유럽의회 의원들에 대한 제재의 지속 등을 감안할 때에, EU는 중국과 제한적 분야에서만 협력을 확대하려 할 것이다.⁷

2024년을 기준으로 중국은 우리의 두 번째, 유럽연합은 네 번째 교역 상대국이다. 미국은 대중국 첨단 반도체 수출을 통제하면서 우리에게도 동참을 요구하기에 EU의 중요성은 커질 것이다. GDP에서 무역 비중이 80~90%인 한국에게 자유무역은 경제성장에 필수다. 무역의존도가 높은 EU 역시 자유무역 유지에 안간힘을 써왔으며 미국발 통상 분쟁 속에서도 보호무역 정책을 시행하지 않았으며 앞으로도 그럴 것이다.

이재명 정부 출범 후 7월 중순에 윤여준 전 환경부 장관을 단장으로 하는 EU 특사단이 브뤼셀을 방문해 유럽이사회 상임의장 등을 만났다. 한국과 EU는 2010년부터 지속중인 한-EU 전략적 동반자 관계의 강화 방안을 논의했고 경제 및 안보, 과학기술 분야 등에서 협력을 한층 더 강화하기로 합의했다.

EU는 2050년까지 온실가스 배출량을 제로로 만들겠다는 '그린 딜'을 추진 중이다. 재생에너지 확대가 필요한 우리는 그린 딜에서 유럽연합과 협력을 확대할 수 있다. 또 K-방산의 경우 유럽과 협력이 크게 늘 것으로

---

6   European Council, "25th EU-China summit - EU press release," July 24, 2025. https://www.consilium.europa.eu/en/press/press-releases/2025/07/24/25th-eu-china-summit-eu-press-release/(2025.8.4. 인출).

7   Reuters, "China to lift sanctions on members of European Parliament," May 17, 2025. https://www.reuters.com/world/china/china-lift-sanctions-eu-parliament-members-official-says-2025-04-30/(2025.8.4. 인출). 2021년 말 유럽의회 의원들이 신장지구의 강제수용소 설치와 인권탄압을 규탄하자, 중국은 10명 의원들을 제재하고 이들의 중국 방문과 이들 및 가족의 중국과 기업 거래도 금지했다. 2025년 4월, 10명 중 4명의 제재가 해제됐다. 당시 유럽의회는 중국의 제재에 대응해 중국과의 쌍무투자협정 비준을 중단함.

보인다. 트럼프 행정부의 국방비 증액 압박에 따라 EU는 '유럽산' 무기 구매 우선 원칙을 정하고 EU 차원의 무기 공동개발과 공동구매를 대폭 지원한다.[8] 폴란드에 K-2 전차 9조 원 정도를 판매한 국내 기업은 현지 생산도 계획 중이다. 국내 방산업체들의 EU 현지 생산이 잇따를 것으로 보인다. 지정학적 불확실성이 지속적으로 높아지는 가운데 자유무역과 기후위기 대응에서 선도적 역할을 수행 중인 유럽과 우리는 전략적 동반자 관계를 심화시킬 수 있다.

---

[8] European Commission, "Acting on defence to protect Europeans," March 28, 2025. https://commission.europa.eu/topics/defence/future-european-defence_en(2025.8.4 인출)
안병억, "'바이 유러피언', 유럽정치 변수 될까," 이투데이(2025.8.7).

11. 한·러

러시아의 동북아 경제권 협력 강화와 한국의 대응

박지원 대한무역투자진흥공사 전문위원

러시아의 동북아시아 지향적인 정책은 2010년대 초반 극동지역 개발로 본격화되었고, 이후 2014년 러시아의 크림반도 합병과 2022년 우크라이나 전쟁의 발발로 인한 탈서구화로 가속하고 있다. 러시아가 동북아시아 국가들에 경제적으로 기대하는 것은 △에너지 분야에서의 수출과 협력을 위한 파트너의 역할, △극동지역 개발의 주요 조력자, △러시아가 추진하는 산업 다각화와 경제 현대화에서 필요한 역량 제공 등이다. 한국과 일본은 서방의 대(對)러 경제제재에 동참하면서 최근 러시아와의 협력이 축소되었으며 러시아는 현재 에너지, 산업 등의 분야에서 중국을 가장 중요한 협력 대상으로 삼고 있다. 하지만 향후 국제정세 변화에 따라, 러시아에 대한 제재 해제 및 관계 정상화를 준비해야 하며 주요 산업 분야에서 한국의 입지를 강화해 나가야 한다.

대한무역투자진흥공사 전문위원, 한-러 대화(KRD) 경제분과 전문위원, 서울대학교 아시아연구소 초빙연구원. (전)한국외국어대학교 연구교수·대통령 직속 북방경제협력위원회 경제분과 전문위원. 저서 『유라시아와 동아시아: 통합, 협력, 갈등』(공저), 『포스트코로나 시대 한러 혁신 스타트업 협력 방안』(공저). 연구 "중앙아시아 역내 협력 강화의 경제적 배경과 추진 방향", "타지키스탄의 아프간 난민: 정책과 환경에 의한 경제적 문제 고찰", "우크라이나 사태 이후 러시아의 에너지 안보 상황과 중앙아시아의 보완적 요인". 한국외국어대 학사(러시아어, 국제통상), 한양대 국제학대학원 석·박사(러시아지역학). 박지원(PARK, Jiwon, 朴智園)

1. 2010년대 초반부터 동북아국과 협력 강화

러시아는 소비에트 해체 이후 아시아보다는 유럽을 지향하는 정책을 지향해 왔다. 하지만, 경제적인 측면에서 중국과 같은 아시아 국가들이 성장하고 이와 인접한 극동지역의 개발이 필요한 상황에서 2010년대 초반부터 아시아 국가와의 협력에 무게를 두는 정책으로 선회한다. 이후, 2014년 러시아의 크림반도 합병과 2022년 우크라이나 전쟁의 발발 및 서방의 러시아에 대한 제재 도입은 러시아의 탈(脫) 서구화를 가속하는 중요한 계기가 되었다. 특히 최근의 우크라이나 전쟁을 계기로 EU 등 서방 국가들은 러시아에 대해 과거보다 강화된 경제제재를 부과하며 러시아를 크게 압박하고 있는데 EU의 천연가스 수입에서 러시아산 비중은 제재 이전인 2021년 45%에서 2024년에는 19%까지 감소한 상황이다.[1] 러시아 역시 서방에 대한 반(反) 제재를 도입하면서 EU의 영향력을 최소화하고 아시아와의 협력 강화를 위해 노력하고 있다. 그리고 아시아 국가 중에서도 경제 규모가 큰 동북아시아 국가들은 러시아에 큰 의미가 있다.

2. 러시아의 대(對)동북아 경제적 지향점

러시아 정부의 동북아시아에 대한 경제정책은 크게 3가지로 구분할 수 있다. 첫째, 에너지 분야에서의 수출과 협력을 위한 파트너의 역할이다. 에너지 분야에서 기존 유럽 중심의 에너지 협력을 아시아 중심으로 전환하고자 한다. 게다가, 러시아에서 새롭게 발견되거나 개발 예정인 원유·가스전의 경우 시베리아, 북극, 극동지역에 있는 경우가 많아, 개발 이후

---

1 "Security of gas supply," https://energy.ec.europa.eu/topics/energy-security/security-gas-supply_en(25.6.30. 인출).

의 수출은 아시아 지역과 연계되는 것이 경제적인 관점에서 유리하다. 최근 러시아의 EU에 대한 에너지 수출이 급격하게 감소함에 따라, 대안 지역으로 중국에 대한 수출은 많이 증가해 왔다.

러시아는 중국에 EU 판매가격 대비 할인된 가격으로 원유와 천연가스를 판매하였으며 중국은 저렴한 가격으로 러시아산 에너지 수입을 확대하면서 현재는 양국 모두에게 이익이 되는 상황이다. 다만, 중국에 대한 에너지 수출량과 금액이 EU의 그것을 대체할 정도로 크지 않다는 점과 러시아가 중국에 대해 에너지 수출을 확대할수록 중국에 대한 에너지 의존이 커진다는 점에서 한계가 있다. 러시아가 이러한 상황을 타개하기 위해서는 에너지 소비가 큰 한국과 일본의 에너지 수입이 중요하다.

한국과 일본은 우크라이나 전쟁 이전까지 러시아로부터 천연가스 수입을 적극적으로 확대해 왔는데 한국의 경우, 한 때 국내 수급량의 약 10%에 달하는 물량을 러시아로부터 수입하기도 했으며 일본도 사할린 등지에서 천연가스 개발과 수입을 적극적으로 해왔다. 천연가스 소비가 큰 두 국가는 제재 해제 이후 러시아로부터의 수입 물량을 확대하고 자원개발에 적극적으로 참여할 가능성이 높다는 점에서 러시아에는 잠재적인 파트너로서 의미가 있다.

둘째, 극동지역 개발에 있어서 동북아시아 국가들의 협력은 필수적인 요인이다. 초기 러시아 극동 개발 정책의 목표는 투자유치를 통해 극동지역을 동북아 경제권으로 빠르게 편입시키는 것이었으며 러시아 정부는 극동지역 개발을 위해 경제특구나 자유항과 같은 기업 유치 제도를 도입해 왔다. 현재의 제재 상황에서는 주요 대상인 한국 및 일본과의 협력이 어렵게 되었지만, 기본적으로 극동 개발에 동북아 국가들을 연계하려는 러시아의 전략은 분명하며 당분간 중국과의 협력을 중심으로 전개될 것이다.

한국의 토지주택공사(LH)와 러시아의 극동 북극 개발공사는 극동지역에 공동 산업단지를 조성하여 입주 기업에 대해 세제 혜택을 제공하는 한편, 한국 제조업 기업의 산업단지 입주를 통해 극동지역의 제조업 발전을 추진하는 정책을 추진하였으나 현재는 좌초된 상황이다. 산업단지 개발 과정에서 다수의 한국기업이 극동지역 진출에 관심을 보였으나 프로젝트가 중단됨에 따라, 한국은 물론 러시아로서도 경제적으로 손실을 보았으며 현재는 한국기업들의 극동지역에 관한 관심이 줄어들고 일부 기업만이 사업을 지속하고 있다. 일본 승용차 생산기업인 마쓰다(Mazda)는 극동지역에 러시아 기업인 솔러스(Sollers)와 합작으로 자동차 생산공장을 운영해 왔으나 2022년 11월, 자사 지분을 1유로(Euro)에 매각하고 러시아 시장에서 철수한 상황이다. 향후 한국 및 일본과의 관계가 정상화되고 직접투자가 활발히 유입된다고 가정할 경우, 러시아 극동지역은 성장을 위한 추동 요인을 갖게 된다.

셋째, 러시아가 추진하는 산업 다각화와 경제 현대화에서 동북아 국가들은 러시아가 필요한 역량을 제공해 줄 수 있다. 동북아 주요 국가인 한국, 중국, 일본은 모두 제조업과 첨단기술을 발전시켜 온 국가들로, 러시아가 해당 분야 발전을 위해 조력을 받을 수 있는 역량을 갖추고 있다는 점에서 의미가 있다.

러시아가 중점적으로 육성하고자 하는 조선산업 분야에서 한국은 러시아의 가장 중요한 협력국이었다. 국내 주요 선사들은 러시아가 필요로 하는 LNG 운반선이나 쇄빙선 등의 제작에 참여하였고 기술이전도 추진한 바 있다. 특히, '한-러 혁신플랫폼'이라는 기제를 통해 상호 필요로 하는 기술협력과 이의 상용화에 함께 협력하였다. 또한, 최근 러시아 정부가 추진하는 △디지털 기술, △빅데이터 시스템, △인공지능 △신재생 에너지, △의·생명공학 등의 분야에서 동아시아 국가들과의 협력은 필수적이다. 서방의 제재 하에서 러시아 정부는 '기술 주권(technological sovereignty)' 확립을 최우선 과제로 삼고 있으며 이를 위해 부족한 분야에서 대외협력을 적극적으로 추진하고 있다. 현재로서는 한국과 일본과의 협력은 어려운 상황에서 러시아는 중국 등과 우선 협력 분야를 지정하고 과학기술 협력에도 나서고 있다. 러시아는 인공지능 분야에서 중국과의 협력에 기대를 걸고 있는데, 푸틴 러시아 대통령은 2025년 1월, 자국 최대의 기술기업인 스베르(Sber)에게 인공지능 분야에서 중국과의 협력을 강화할 것을 지시한 바 있다.[2] 다만, 현재의 대내외적 상황에서 한국과 일본은 러시아에 의해 비우호국으로 구분된 상항이며 적극적인 정책보다는 수동적이고 현상 유지적 정책을 펴고 있다고 볼 수 있다.

3. 지정학적 강점을 극대화한 중장기 전략 모색

최근 수년간, 한국은 러시아에 대해 경제제재를 부과해 왔으며 이 과정에서 수출과 투자, 기존의 많은 협력체계는 약화했다. 현재로서는 러시아와 밀접한 경제협력을 펼치기는 어려운 상황이다. 다만, 협력을 제약하는 다양한 걸림돌들이 앞으로 제거된다면 양국 관계는 제재 이전의 상황으로 복원할 수 있다고 볼 수 있다. 이는 한국에 대한 러시아의 경제적 필요로 추동되며, 그리고 이에 상응하는 한국의 전면적인 협력 태도가 성패를 결정지을 것으로 보인다. 이를 위해 현재 한국이 추진해야 하는 전략은 다음과 같다.

먼저, 지금의 '제재국-비우호국'의 프레임에 지나치게 함몰되어서는 안 된다. 글로벌 환경의 변화에 따라, 제재에 대한 유연한 시각을 가져야 하며 이는 러시아가 요구하는 우선적인 제재 해제를 일정 부분 수용하는 것에서 시작된다. 제재에 따라, 한국의 주요 수출품인 자동차, 자동차 부품, 기계류 등에 대한 수출이 타격을 받고 있는 상황에서 3~4차 제재를

---

[2] "Putin orders Russian government and top bank to develop AI cooperation with China," https://www.reuters.com/technology/artificial-intelligence/putin-orders-russian-government-top-bank-develop-ai-cooperation-with-china-2025-01-01/(2025.7.3. 인출).

먼저 해제하고 국내 금융 기관의 무역금융 및 외화 송금 기능을 정상화해야 한다.

교역과 투자 등의 경제교류를 위한 기본적인 인프라가 손상된 현 제재 국면에서 협력의 논의는 사실상 공염불과 같다. 한국의 제재 해제에 따라, 러시아도 한국에 대해 시행 중인 반(反) 제재의 해제 가능성도 기대할 수 있다. 또한 제재 해제 이전까지는 1.5 채널 및 민간 부문을 통한 협력의 끈을 계속 유지하면서 소통해야 할 것이다. 현재 러시아의 소비자 시장은 우리 제품이 부재한 기간, 중국의 승용차와 가전제품, 핸드폰 등이 시장을 크게 잠식하고 있다. 시장 진입이 더 이상 늦어져서는 안 될 것이다.

둘째, 동북아시아에서 러시아와 중국의 이율배반적인 관계를 적절히 활용해야 한다. 현재 상황에서 러시아는 에너지 수출이나 산업화 등에서 중국에 의존할 수밖에 없으나 이는 중장기적으로 러시아가 원하는 바가 아니다. 이미 서방은 러시아를 중국의 '하위 파트너(junior partner)'로 폄훼하면서 러시아의 상황을 조롱하고 있다.[3] 러시아는 이러한 상황에서 탈피하고자 향후 여러 분야에서 한국과의 협력을 더 강화하고자 할 것이다.

특히, 한국은 중단된 러시아로부터의 에너지 수입을 재개하면서 반대급부로 극동지역 개발에서 한국의 이익을 극대화할 방안을 모색해야 한다. 러시아에 있어 이 지역 개발은 양보할 수 없는 과제이며 한국과의 협력을 통해 완수될 수 있다. 이 지역에서 희토류를 포함한 주요 광물의 공동 개발도 우리에게는 중요한 분야가 될 것이다. 인공지능, 디지털, 생산 자동화, 첨단 제조업 등의 기술 개발 역시 한국의 강점을 잘 활용할 수 있는 분야로, 유럽과 러시아의 협력이 장기적으로 와해한 상황을 잘 이용할 필요가 있다.

---

[3] "Meet China's 'junior partner'," https://www.politico.com/newsletters/politico-nightly/2023/03/21/chinas-new-era-with-its-junior-partner-0088193(2025.7.3. 인출).

"오래 웅크린 새가 높이 난다"라는 말이 있다. 최근 수년간 계속되어 온 어려운 한-러 관계는 멀지 않은 시기에 개선되고 도약할 수 있을 것이다. 그때를 위해 지금 잘 계획하고 준비할 필요가 있다.

이슈 브리핑

3. 북한 인식과 통일 여론이 바뀌고 있다, 할 수 있는 것부터

표 1_ 통일연구원 통일의식조사

질문 내용	전체			1991년이후 출생		
	동의	보통	비동의	동의	보통	비동의
북한도 하나의 국가다.	61.1	24.1	14.8	58.3	24.6	17.1
북한 지도부는 어리석거나 비이성적이지 않다.	41.2	37.0	21.9	38.9	37.9	23.2
북한은 적화통일보다 체제안정과 경제발전을 원한다.	44.9	31.9	23.3	40.8	34.6	24.6

통일연구원은 2024년 4월에 성별, 연령별, 지역별 전국 표본 대상 1,001명을 설문조사 방식으로 2024년 KINU 통일의식조사를 진행했다.[1] 이번 설문에는 통일관, 북한 인식, 북핵과 남한의 핵무장 등이 포함되었다. 표 1은 표본 전체와 1991년이후 출생(Z세대)을 구분해서 정리했다.

첫째, "북한도 하나의 국가"에 전체 응답자 동의 비율은 61.1%로 비동의한 비율 14.8%의 4.12배였다. Z세대의 동의 비율은 58.3%로 비동의 비율 17.1%의 3.4배였다. 응답자의 과반이상이 북한을 하나의 국가로 인정하고 있으며, Z세대는 응답자 전체 평균에 비하여 약간 부정적 성향을 보여주고 있다. 헌법 3-3조 "대한민국의 영토는 한반도와 그 부속도서로 한다."와 남북기본합의서 상[2]에는 "잠정적으로 형성되는 특수관계"와는 거리가 있는 인식이다. 북한은 UN 동시 가입으로 국제법상 독립된 주권 국가다.

둘째, 북한 지도부는 어리석거나 비이성적이지 않으며, 북한은 적화통일보다 체제안정과 경제발전을 원한다는 설문에 대해서는 동의가 비동의에

---

1 통일연구원은 2014년부터 매년 4월에 통일의식조사를 실시하여 12월에 최종보고서를 발표함.
2 1991년 남북기본합의서, 남북관계를 "나라와 나라 사이의 관계가 아닌 통일을 지향하는 과정에서 잠정적으로 형성되는 특수관계"로 정의함.

비하여 약 2배 많았다. 이에 반하여 남한이 틈만 보이면 북한은 공격할 준비되어 있다는 설문에 대한 응답은 동의가 비동의에 비해 4배 높다.

셋째, 통일에 대한 찬성의 전체 응답자 비율이 반대 비율보다 5.8% 높으나, Z세대는 반대가 찬성보다 7% 높다. '통일'보다 '평화공존'을 지지하는 비율이 2배 높다. 통일 이익은 '북한〉 국가〉 나' 순으로 '북한 이익'이라는 응답자가 '나 이익' 응답자에 비하여 3배 많았다.

북한은 2023년 12월에는 남북관계를 '동족, 동질이 아닌, 전쟁 중에 있는 적대적인 교전국 관계'로 규정하고 있다. 국내외 주요 군사전문기관의 보고에 의하면 북한은 2025년 현재 50~150개의 핵탄두를 보유하고 있는 것으로 추정되고 있으며, 매년 6개의 핵탄두를 생산하고 있다는 분석도 있다. 그동안 대북 정책의 핵심인 핵 억제 정책은 결과적으로 실패했고, 북한은 군사 강국으로 자리를 잡아가고 있다. '천만 이산가족' 시기가 있었다. 1976년 이북5도위원회는 실향민 1세대를 123만명, 2,3세대를 포함하면 767만명으로 추산했다. 이제 세대가 바뀌었다. 2025년 통일부의 자료에 따르면, 이산가족 생존자는 약 3만 5천명이며 평균 연령은 83.3세에 달한다.

내년은 국가 우선주의를 강압적으로 밀고 나가는 트럼프 대통령의 중간평가, 실용 노선을 강조하는 이재명 대통령의 임기 2년 차, 군사 강국에 매진하는 북한과 러시아, 중국의 관계 강화 등 과거 어느 때보다 초 불확실한 환경이다. 세대가 바뀌고 있다. 미래에서 현재를 보고, 상호 호혜의 원칙에서 할 수 있는 것부터 시작하는 것이 중요할 것이다. 큰 주제는 큰 대로, 작은 사업은 작은 대로.

제 3 편

과학 혁신력

산업안보와 기술주권

12. 산업안보

'국가 전략적 산업안보' 재설계 원년, 2026년

박찬수 과학기술정책연구원 부원장

전 세계적으로 안보 이슈가 확대되고 있다. 기존 국방을 넘어, 에너지, 자원, 식량, 공공 인프라 등이 안보의 영역이며, 국민의 생활과 직결되는 경제와 산업 또한 안보의 대상으로 인식된다. 산업안보 정책의 핵심 목표는 기술주권과 전략적 자율성 확보에 있다. 특히 2025년 미국 트럼프 행정부의 강력한 산업개입에 대응하여, 우리나라 역시 국가 전략성을 충분히 고려한 상호보완적인 산업안보 정책의 재설계가 필요한 시점이다. 이를 위해 정부와 민간이 함께 하는 산업안보 생태계 구축을 지원해야 하며, 외국인투자심의 등을 체계화하여 해외 자본에 의한 우리 기술 경쟁력 유출을 제도적으로 방지해야 한다. 나아가 R&D 수행 과정 중 기술 유출을 막기 위한 연구 보안 정책의 구체화가 필요한데, 국가연구개발사업 중 보안과제 관리 강화, 해외로부터 지원받는 연구과제에 대한 신고 의무, 글로벌 공동 R&D의 성과 관리 규정 확립 등이 여기 해당될 것이다.

과학기술정책연구원 부원장·선임연구위원. 한국혁신학회 부회장, 한국산업보안연구학회 이사, 기술경영경제학회 이사, 과기부/중기부 자체평가위원, 국가재정성과평가위원. (전)삼성경제연구소 수석연구원·성균관대학교 시스템경영공학과 겸임교수·국과심 전문위원·기초연구진흥협의회 위원. 산업기술보호 유공 산업부 장관 표창, 정부출연연구기관 유공 대통령 표창. 서울대학교 경제학과 학사, 동 대학원 공학박사(기술정책 전공).
박찬수(Park, Chansoo, 朴贊秀)

1. 국가의 보루, '산업안보'

전 세계적으로 안보(安保) 이슈가 확대되고 있다. 이제까지 안보란 보통 국방을 중심으로 군수, 방산 등 군사적 안전보장의 의미로 사용되었으나, 점차 에너지, 식량, 자원, 공공 인프라 등 국민의 생존에 필수적인 분야까지 넓어지고 있다. 안보는 국민의 생명 및 안전과 직결되기 때문에, 시장에 전적으로 맡겨둘 수 없으며, 정책 개입이 정당화되고 또 필요한 영역이다.

더불어 경제안보 또는 산업안보의 키워드도 주목받고 있다. 산업안보는 기존 주력산업 또는 미래 신산업의 경쟁력을 유지 또는 선점하기 위한 활동과 관련된다. 기업이 흥망성쇠가 있듯이 국가 경제도 성장과 역성장이 있으며, 국가 수준에서 미래먹거리에 대한 고민의 핵심은 산업경쟁력 유무에 있다. AI, 양자, 바이오 등 각국의 산업정책이 강하게 동조화 경향을 보이고 있는 것도, 산업경쟁력의 유출 위험이 커지는 원인인 동시에 산업안보 정책에 주목하게 하는 요인이다.

산업안보 정책의 핵심 목표는 기술주권(technology sovereignty)과 전략적 자율성(strategic autonomy) 확보라고 할 수 있다. 초기 기술주권 개념을 제안한 독일 프라운호퍼 연구소에서는 기술주권을 "외부 환경의 변동에 충격을 최소화하는 핵심 기술 분야 역량"이라고 정의한 바 있다.[1] 즉, 핵심 기술 또는 그 기술이 내재된 물자의 확보가 특정 국가에 종속되지 않아야 한다는 것이 산업안보 정책이 지향하는 목표인 것이다.

---

[1] Jacob Edler et al., 2020, Technology sovereignty : From demand to concept. Karlsruhe, Germany: Fraunhofer ISI.

2. 트럼프 2기 미국이 주도하는 산업안보와 산업정책

2025년 초 출범한 트럼프 2기 행정부에서는 미국 우선주의(America First)를 내세우면서 주요 산업 분야에서 보호무역주의와 자국 중심주의 강화 기조를 선언한 바 있다. 이는 AI, 바이오와 같은 신산업 영역뿐만 아니라 철강, 조선, 반도체 등 전통 제조업을 보호하기 위한 산업정책으로 나타나고 있다. 대표적으로, AI 분야에서 미국의 글로벌 기술 리더십을 확보하기 위해 전방위적인 수출통제를 활용하고 있는데, 2022년 AI 칩 통제를 신설한 이후 국가별 수출 한도를 제한하는 수준까지 AI 반도체의 수출통제를 강화하였다.[2] 이에 대응하여 중국은 AI 칩의 우회 조달을 시도했으나, 미국은 제3국을 통한 재수출까지도 통제하고 있다.

또한, 미국 행정부가 2025년 1월 일본제철의 US스틸 인수에 대한 불허 행정명령이 발표했던 것과, 이후 미국 정부가 주요 경영 문제에 대해 거부권을 행사할 수 있는 "황금주 1주"를 부여하는 방식으로 인수를 승인한 것도 국가안보를 위해 산업에 개입하는 정부의 모습을 보여준다. 우여곡절 끝에 US스틸을 인수한 일본제철이 미국정부와 국가안보협정을 체결할 수밖에 없었던 것은, 기간산업이 국가안보에 심각한 영향을 미칠 수 있음을 보여주는 단적인 예라고 할 수 있다. 이같이 세계 각국은 자국의 핵심 산업과 기술을 보호하기 위해 공급망을 재편하고 수출통제를 강화하는 등 강력한 산업 보호 정책을 경쟁적으로 추진하고 있다.[3]

---

[2] Gregory C. Allen, 2025, "DeepSeek, Huawei, Export Control, and The Future of the U.S.-China AI Race", *CSIS(Center for Strategic and International Studies)*.

[3] 박찬수, "동맹보다 우선, 기술주권은 국가안보의 필요조건", 중앙일보(2025.2.3).

3. 산업안보 정책의 고도화 방향 :
기술안보 생태계, 외국인투자심의, 연구보안

급변하는 글로벌 경제환경 속에서, 2026년은 우리 산업안보 정책의 고도화가 필요한 시점이다. 여러 부처에 흩어져 있던 기존 보안 정책을, '국가 전략적 산업안보'라는 키워드로 재구조화시키는 큰 틀의 조율을 의미한다. 정책 고도화의 방향성은 크게 기술안보 생태계 구축, 외국인투자심의 내실화, 연구보안 제도개선 등으로 볼 수 있다.

먼저, 국가전략기술, 국가핵심기술 등 국내 주요 기술의 유출을 방지하기 위한 산학연 생태계 구축이 필요하다. 그간의 정부 R&D 양적 확대를 통해 전략적 기술개발 노력은 지속적으로 강화되어 왔다면, 이제는 우리 산업과 기술을 지키는 노력이 공동의 책임이라는 사회적 공감대가 생기고 있다. 기업에게 단순히 관리비용으로 생각되던 기술 보호 활동이, 미래를 위한 투자와 기회의 영역으로 적극적으로 인식되는 것이다. 따라서, 민간의 자발적 안보 노력과 함께 산업보안 전문기업을 육성하고 이를 위한 보안 투자를 지원하는 방안이 필요하다. 이때 중요한 것은 각 요소기술과 함께 기술이 내재화된 제품(물자)을 포함한 통합적 안보 정책의 설계이다. 국가적 산업안보가 각 부처 또는 기술 보유기관의 개별적 노력만으로는 이루어질 수 없기 때문에, 산업보안 전문기관을 중심으로 국가 전략 방향을 설정하고 대응체계 구축과 생태계 지원이 이루어져야 할 것이다.[4] 미국의 수출통제를 개별 기업 차원에서 대응하는 것은 불가능하고 실효성도 없기 때문이다.

둘째, 산업스파이(espionage)에 의한 불법적 기술 탈취를 막는 것과 함

---

[4] 산업보안 생태계의 허브역할을 맡아야 할 기관을 묻는 질문에, 정책 지원/관리기관이 47%로 나타났다는 설문조사 결과가 이를 뒷받침함. (박찬수 외, 2019, "글로벌 기술환경 변화에 따른 산업보안 생태계 구축 방안", 『정책연구 2019-22』 서울: 과학기술정책연구원).

께, M&A나 투자에 의한 합법적 기술유출 방지 노력도 정비되어야 한다. 미국은 CFIUS(외국인투자심의위원회)의 활동을 통해 "외국인 거래가 국가안보에 위협을 가할 수 있는 '신뢰할만한 증거'가 있는 경우 대통령이 거래를 직접 중지 또는 차단"할 수 있도록 규정하고 있다. 2010년 이후 CFIUS의 활동은 급격히 증가했으며, 그 결과 해외자본의 거래를 막은 사례도 다수 있다. 2017년 원전 설비업체 웨스팅하우스의 중국 매각 불허, 2018년 반도체회사 브로드컴의 퀄컴 인수 금지 명령 등이 대표적이며, "철강산업이 국가안보 관점에서 가지는 중요성 때문"에 US스틸이 인수되는 것을 반대했던 2024년 말의 사례도 같은 이유였다(그림). 우리나라도 국가안보에 위해가 될 수 있는 해외 자본투자, 특히 국가 기간 인프라의 경쟁력과 관련된 경제활동에 대해서는 적극적인 방어가 필요하다. 다만, 시장의 의사결정에 반하는 정책적 판단을 할 수 있기 위해서는, 이에 걸맞은 책임성을 부여할 수 있는 거버넌스 및 인력 구성이 선결 조건이다.

마지막으로, R&D 과정상 기술정보 보호, 즉 연구안보(research security) 정책의 구체화가 필요하다. 이는, 기술적 불확실성은 상당히 해

표 1_ 미국 CFIUS의 통보 / 조사 건수 (2009~2023)

출처: Congressional Research Service. "Committee on Foreign Investment in the United States", 각 년도.

소되었으나 아직 완성되지는 않은 R&D 성과물이 보안책임의 공백 영역이라는 현장의 우려에 대한 대응을 의미한다. 국내외 협업 증가로 연구인력의 참여범위를 특정화하기 곤란하다는 점, 외부 접속에 의한 성과 노출 우려, 연구 과정의 연속성 증대로 중간 산출물의 범위가 확장되었다는 점 등 최근의 연구환경 변화는 기술개발 과정에 대한 보다 정밀한 관리를 요구한다. 그 결과, 산업안보의 대상 범위는 개발 중인 기술과 암묵지(tacit knowledge)까지 확대되었으며, 전통적 연구관리의 영역에 안보를 위한 투자가 포함되기에 이르렀다.

한편, 연구안보가 가지는 또 다른 중요한 의미는 연구안보 규범이 연구 데이터 개방 등을 통해 기술개발의 투명성과 책임성을 높이는 제도적 기반이 된다는 점이다. 글로벌 표준을 선도하는 체계적인 연구안보 시스템은, 국제 공동연구 생태계 내 신뢰 기반이 될 뿐만 아니라 과학기술 국제협력에서 우리의 협상력을 높일 수 있는 근거가 되기도 한다. 기술 선도국들이 연구보안을 글로벌 연구 협력의 활성화와 기술 경쟁력 유지 사이 균형을 위한 필수 조치로 인식하고 있는 것도 같은 맥락이다.

4. 2026년은 '국가 전략적 산업안보'를 재설계하는 원년(元年)이 되어야 할 것

2025년의 경제환경의 가장 큰 특징은, 기존 신봉되어 오던 WTO 체제 하 자유무역 질서가 실질적으로 붕괴되고 있다는 점이다. 그 중심에는 미국이 있는데, 미국은 관세나 수출통제 등의 정책 수단을 활용하여 산업경쟁력의 재건을 시도하고 있으며, 우리 산업과 기업이 직접적인 영향을 받고 있다. 4월 미국 에너지부(DOE)의 민감 국가 지정 이슈는 한·미 공동 R&D 등 과학기술 분야 협력에 실질적인 부담을 주는 동시에, 타 부처 확산에 따른 수출 통제 강화, 다자 체계 내 연동된 추가 규제 발생 가능성 등의 우려를 제기하고 있다. 또한, 미 상무부가 인텔의 지분 10%를 확보한 것도 기업 운영에 대한 정부의 간접적 통제를 강화하는 조치로 해석되며, 향후 파운드리 사업 매각 등 국익에 저해되는 경영상의 변화를 묵인하지 않겠다는 메시지로 볼 수 있다. 8월 한·미 정상회담에서는 국익 수호 및 안보 협력 강화를 위해 양국 산업의 구체적 협력방안이 논의되었는데, 한·미간 포괄적 전략동맹의 전제조건은 대체 불가능한 비교우위와 조선·반도체 등 핵심 품목의 안정적 공급망이라고 할 수 있다. 요컨대, 기술주권과 산업안보는 최근 글로벌 산업정책 이슈의 가장 중요한 키워드가 되고 있다.

산업안보 정책은, 내부적으로는 그간의 R&D 투자와 AI 등 신기술분야 투자 계획이 내실있는 성과로 발현되기 위한 필요조건이며, 외부적으로는 기술 패권 경쟁에 따른 강대국의 산업지원에 대한 우리 나름의 선제적이고 적극적인 대응을 의미한다. 미·중 패권 싸움 속에서, 우리 산업과 기술을 지키기 위한 노력은 불가피한 동시에 최선의 정책 수단이기 때문이다. 우리나라는 국가전략기술 및 첨단전략산업, 국가핵심기술 등 주요 기술과 산업의 보호가 이미 제도화되어 있으며, 외국인 투자심의 절차와 연구보안 규정도 이미 존재하고 있다. 하지만, 개별 정책들이 전략적 조율(alignment) 없이 산재되어 있다는 지적 또한 다수 제기된다. 더 나아가, 국가연구개발사업의 보안과제 관리 체계화, 해외로부터 지원받는 연구자금에 대한 신고 의무, 글로벌 공동연구의 성과 관리 규정, 전략물자 관리 강화 등 기존 제도의 실효성을 높이기 위한 세부적인 보완과 함께, 국가전략성을 충분히 고려한 상호보완적인 산업안보 정책 재설계가 필요한 시점이다.

13. 과학기술

기술추격을 넘어서 기술주권으로, 국가혁신체계의 대전환

최병삼 과학기술정책연구원 혁신성장실 선임연구위원

기술주권은 경제와 안보, 국민의 삶을 지키기 위한 국가의 핵심 역량이다. 기술주권에 대한 위협은 의도적 또는 우연적 위협, 국지적 또는 광역적 위협으로 구분할 수 있다. 2026년에는 의도적·광역적 위협인 트럼프 2기 행정부의 글로벌 무역전쟁 강화, AI 기술 고도화로 국가간 경쟁력 격차 확대 등 다양한 위협이 발생할 수 있을 것으로 전망된다. 현재 우리나라의 기술주권 확보 전략의 핵심은 국가전략기술 육성이다. 하지만 기술주권 전쟁에서 생존하려면 그 한계를 보완해야 한다. 전략의 범위는 선택과 집중 투자에서 전방위 문제 해결로 바뀌어야 한다. 소수 분야를 육성하는 것만으로 다양한 분야의 기술주권을 지키기는 어렵다. 전략의 주체는 부처 단위 사안별 대응에서 통합 플랫폼 기반 협업으로 전환되어야 한다. 과거 일본 수출규제 대응 사례처럼 부처와 부처, 정부와 민간의 유기적 협력이 필수적이다. 이를 통해 우리나라의 국가혁신체계를 기술추격 패러다임에서 기술주권 패러다임으로 대전환해야 한다.

과학기술정책연구원 혁신성장실 선임연구위원. (전)과학기술정책연구원 신산업전략연구단장·삼성경제연구소 산업전략실 수석연구원·경제사회노동위원회 플랫폼산업위원회 위원, 저서 『플랫폼, 경영을 바꾸다』(공저). 연구 『대한민국 과학기술 미래전략 2045』, 「한국형 발전모델의 탐색과 성장동력 정책의 전환」, 「플랫폼 경제의 부상과 혁신적이고 공정한 산업 생태계 조성 방안」. 부총리 겸 기획재정부 장관 표창, 과학기술정보통신부 장관 표창. KAIST 기계공학 학사, 경영학 석사, 경영학 박사. 최병삼(Choi, Byong-Sam, 崔炳三)

1. 기술주권은 국가 생존의 문제

기술주권의 대두: 일본 수출규제 사례

2019년 7월 1일 일본 정부는 불화수소, 포토레지스트, 불화폴리이미드 등 3개 품목에 대해 수출규제를 발표했다. 한국 대법원의 일제 강점기 강제징용 피해자에 대한 배상 확정판결에 반발하여 자국에 수입을 의존하고 있는 반도체 및 디스플레이의 핵심 소재를 통제하여 우리나라 산업을 마비시키고자 한 것이다. 더 나아가 8월 2일에는 우리나라를 백색국가에서 제외하여 수출규제 품목을 1,194개로 확대했다. 2023년 3월 일본이 수출규제를 해제하고 우리나라가 세계무역기구 제소를 철회하면서 4년여의 갈등은 일단락되었지만, 우리 산업의 핵심 소재를 특정 국가에 의존하는 것이 얼마나 위험한지를 국가적으로 인식하는 계기가 되었다.

과학기술은 자연과 우주에 대한 인류의 지적 탐구의 산물이다. 최근에는 발전 속도가 가속화되고 영향력이 확대됨에 따라 국가 경제의 성장과 국민 삶의 질 향상에 점점 더 중요한 역할을 하고 있고 더 나아가 국가 생존을 좌우하는 요인으로 부상하고 있다. 기술주권(technological sovereignty)이란 한 국가가 자국의 경제, 국민 복지, 안보에 필수적인 과학기술을 스스로 또는 국가간 협력을 통해 확보하고 관리할 수 있는 능력을 말한다. 기술주권은 경제안보, 국민안전, 국가안보와 밀접하게 연결되어 있다. 국가가 기술주권을 확보하지 못한다면 국민의 삶, 우리 산업, 나아가 국가의 생존이 위협받게 되고, 이를 우리 스스로의 힘으로 해결할 수 없어서 다른 국가에 의존해야 하는 처지가 된다. 몇 가지 사례를 더 살펴보자.

기술주권에 대한 다양한 위협

2011년 3월 11일 일본 동북부 태평양 연안에서 일본 역사상 최대 규모인 진도 9.0의 지진이 발생했다. 이로 인해 초대형 쓰나미가 발생하여 도호쿠(東北) 연안 지역에 후쿠시마 원자력 발전소 사고 등 막대한 인적·물적 피해를 가져왔다. 일본 공장의 생산이 중단되면서 국내 자동차, 전자, 반도체, 디스플레이 산업에도 영향을 미쳤다. 일본 부품·소재 비중이 큰 기업은 생산 차질이나 매출 감소를 피할 수 없었다.

기술주권에 대한 위협은 우리나라와 그 주변국에 그치지 않는다. 2018년 7월 미국은 중국산 제품에 25% 관세를 부과하며 무역전쟁을 개시하였고, 중국도 보복 관세로 맞대응했다. 미국은 이에 그치지 않고 중국 기업을 블랙리스트에 올려 미국 기업과의 거래를 중단시켰고, 「반도체및과학법(CHIPS and Science Act)」, 「인플레이션감축법(Inflation Reduction Act)」 등을 통해 해외 우려국(중국, 러시아, 북한, 이란)과의 협력을 금지시켰다. 반도체, 자동차 등 우리나라의 첨단·주력 산업은 생존을 위해 전략적 선택을 하지 않을 수 없는 상황에 놓이게 되었다.

2019년 12월 중국에서 시작된 COVID-19는 세계보건기구가 국제 공중보건 위기 상황 해제를 발표한 2023년 5월까지 약 3년 반 동안 인류를 위기에 몰아넣었다. 전 세계적으로 누적 확진자는 7억 명 이상, 누적 사망자는 공식 집계 기준 7백만 명 이상을 기록했다. 국내에서도 3천 4백만 명 이상의 누적 확진자와 3만 5천 명 이상의 사망자가 발생했다. 우리나라는 과거 중동호흡기증후군(MERS)의 경험을 바탕으로 방역 및 의료 체계를 정비하고 진단키트를 개발하는 등 팬데믹 대응에 대체로 성공적이었다는 평가를 받았다. 하지만 화이자, 모더나 등 선진국 기업이 개발한 백신을 선진국이 초기에 독점하자 국내 확보에 어려움을 겪게 되어 바이오 분야의 기술력 부족의 한계를 절감하기도 했다.

표 1_ 기술주권 위협의 유형화 및 주요 사례

위협의 범위 \ 위협의 성격	의도적 (국가, 집단, 기업)	우연적 (자연재해, 사회재난)
국지적 (국내, 주변국)	일본 수출규제 (2019~2023)	동일본 대지진 (2011)
광역적 (전 세계)	미중 패권경쟁 (2018~)	COVID-19 (2019~2023)

일본 수출규제, 동일본 대지진, 미중 패권 경쟁 및 COVID-19는 우리나라의 기술주권이 위협받았던 대표적인 사례다. 위협의 성격을 보면 일본 수출규제와 미중 패권 경쟁은 특정 국가에 의한 의도적 위협이고, 동일본 대지진과 COVID-19는 자연재해로 인한 우연적 위협이다. 위협의 범위를 보면 일본 수출규제와 동일본 대지진은 우리나라 주변의 국지적 위협에 해당하고, 미중 패권 경쟁과 COVID-19는 전 세계 많은 국가가 영향을 받는 광역적 위협에 해당한다.

2. 2026년 기술주권 위협 전망

이처럼 기술주권 위협을 유형화하는 것은 과거를 이해하는 데도 필요하지만 미래를 체계적으로 전망하는 데에도 활용될 수 있다. 2026년 또는 가까운 미래에 발생할 가능성이 있는 기술주권 위협으로는 '중국의 자원 수출 통제(희토류 등)', '적대 세력(북한 등)의 국가 단위의 사이버 공격'(이상 의도적·국지적 위협), '국내 자연재해로 인한 국가 인프라(인터넷, 전력 등) 가동 중단'(이상 우연적·국지적 위협), '트럼프 2기 행정부의 글로벌 무역전쟁 강화', 'AI 기술 고도화로 국가 간 경쟁력 격차 확대'(이상 의도적·광역적 위협), '넥스트 팬데믹 발생', '해외 자연재해로 인한 우리나라의 해외 의존 인프라(GPS, AI, 클라우드, 파운드리 등) 가동 중단'(이상 우연적·광역

적 위협) 등을 생각해 볼 수 있다.[1]

이 중에서 가장 발생 가능성이 높은 위협은 '트럼프 2기 행정부의 글로벌 무역전쟁 강화'와 'AI 기술 고도화로 국가 간 경쟁력 격차 확대'라고 할 수 있다. 트럼프 2기 행정부가 2026년 11월 중간선거에서 하원과 상원의 다수당 지위를 유지하려면 가시적인 성과가 필요하기 때문에 현재 진행 중인 글로벌 무역전쟁 기조를 한층 강화할 것으로 보인다. AI의 경우 최근 2016년 AlphaGo, 2022년 ChatGPT, 2025년 딥시크, 멀티모달 AI 등 기술 개발과 사회 확산이 빠르게 진행되면서 기술을 가진 자와 갖지 못한 자의 경쟁력 격차가 지속적으로 확대될 것으로 보인다. '중국의 자원 수출 통제', '국내 자연재해로 인한 국가 인프라 가동 중단', '넥스트 팬데믹 발생' 등도 과거 사례를 볼 때 발생 가능성이 충분한 위협이라고 예상된다. 마지막으로, '적대 세력의 국가 단위의 사이버 공격'과 '해외 자연재해로 인한 우리나라의 해외 의존 인프라 가동 중단'은 발생 가능성은 높지 않지만 지속적으로 상황을 관찰하고 대비해야 하는 위협이다.

3. 국가혁신체계(NIS), 기술추격 패러다임에서 기술주권 패러다임으로

기술주권 확보라는 국가적 도전과제는 어느 한 주체의 노력만으로 해결될 수 없다. 패권국과 주변국, 자연재해 등으로부터 불시에 발생하는 다양한 위협으로부터 우리 국민의 삶과 다양한 산업을 지켜내야 하기 때문이다. 따라서 기업, 대학, 연구기관, 정부, 국민 등 과학기술 및 혁신의 수요자와 공급자로 구성된 "국가과학기술혁신체계", 줄여서 "국가혁신체계(National Innovation System, NIS)"의 역할이 관건이다. 하지만 아직 우리

---

[1] 여기서는 과학기술과 직접적으로 관련된 '기술주권 위협'만을 언급한 것이며, 국가의 안보, 경제, 사회 측면에서 미래에 발생할 수 있는 모든 위협을 망라한 것은 아님.

나라 국가혁신체계는 기술추격 시대의 패러다임에 머물러 있다.

　현재 우리나라의 기술주권 확보 전략의 핵심은 '국가전략기술 육성'이다.[2] 반도체·디스플레이, 이차전지, 첨단 모빌리티, 차세대 원자력, 첨단 바이오, 우주항공·해양, 수소, 사이버 보안, 인공지능, 차세대 통신, 첨단 로봇·제조, 양자 등 12개 분야를 국가전략기술로 선정하고 육성한다는 것이다. 국가전략기술 정책은 명칭은 다를지라도, 2000년대 초부터 "차세대 성장동력", "신성장동력", "미래성장동력", "혁신성장동력" 등을 통해 정부가 추진해 온 성장동력 정책의 연장선에 있다. 이처럼 소수 분야에 선택과 집중하여 투자하는 전략은 국가의 제한된 자원을 효과적으로 활용하기 위해 불가피한 측면이 있으며 향후에도 우리나라 과학기술혁신 정책의 한 축을 담당할 수밖에 없다. 하지만 기술주권 전쟁에서 생존하려면 선택과 집중 전략의 여백을 채울 '국가전략기술 + α' 전략이 필요하다.

전략의 범위: 선택과 집중 투자에서 전방위 문제 해결로

　12개 분야를 육성하는 것만으로 국민의 삶과 다양한 산업에서 기술주권을 확보하기는 어렵다. 분야가 많아질수록 선택과 집중의 취지가 흐려지고 분야가 적어질수록 더 많은 분야가 정책 시야에서 사라지게 되는 선택과 집중 전략의 근본적인 한계 때문이다. 또한 미래사회의 급변하는 과학기술 환경에서 정부 주도로 선정한 '유망' 분야가 언제까지 유효할지도 미지수다.

　국가 기술주권 전략은 국가전략기술의 범위에 따른 한계를 보완하기 위해 다양한 대안들을 고려해야 한다. 국가전략기술 분야를 대폭 확대하

---

[2]　관계부처 합동(2024.8.26), 『대한민국 과학기술주권 청사진: 제1차 국가전략기술 육성 기본계획 ('24~'28)』

여 일종의 국가전략기술 풀(pool)을 구성하고 기업 및 전문가 수요를 반영하여 주기적으로 업데이트하는 방안, 현재와 같이 소수 분야를 유지하되 다른 폭넓은 분야에 대한 투자를 확대하여 환경 변화에 대응할 수 있는 기초체력을 기르는 방안, 육성 관점에서는 소수 분야를 유지하되 보호 관점에서는 분야를 사전에 선정하지 않고 국가적으로 가장 시급한 문제를 우선적으로 해결하는 방안 등이다. 논의의 차원도 추상적인 '기술'에 한정하지 말고 구체적인 소재, 부품, 장비, 제품 및 서비스, 인프라, 그리고 디지털 시대의 핵심 자산인 데이터와 디지털 인프라 등을 망라해야 한다.[3] 즉 기술주권 확보의 대상을 현재의 국가전략기술에 한정하지 말고 우리나라 미래 유망산업 및 현재 주력산업 전반으로 확대해야 한다.

전략의 주체: 부처 단위 사안별 대응에서 통합 플랫폼 기반 협업으로

기술추격 전쟁에서는 부처별로 유망 분야에 R&D 투자를 추진하는 방식이 유효했다. 일부 중복 투자의 비용도 있지만 부처 간 경쟁을 통해 성공 가능성을 높일 수 있는 편익도 있었다. 하지만 기술주권 전쟁에서는 모든 부처가 외부 위협에 대해 R&D 투자, 세제 지원, 클러스터 조성, 공공조달, 규제 최적화, 인재 양성, 외교 등 모든 수단을 총동원하여 공동으로 대응하는 체계가 필요하다. 하지만 현실은 그렇지 않다. 과학기술정보통신부가 '국가전략기술'을 담당하고 있는 상황에서 산업통상자원부, 기획재정부, 국방부도 명칭이나 취지가 유사한 '국가핵심기술', '국가첨단전략기술', '국가전략기술', '신성장·원천기술', '방위산업기술'을 추진하는 등 정부 부처 간 정책 연계 및 조정이 부족하다.

---

[3] 정부는 2024년 6월 『공급망 안정화 추진전략』, 2024년 12월 『제1차 공급망 안정화 기본계획(2025~2027)』을 발표하는 등 구체적인 분야에 대한 위협에 대응하기 위한 노력을 추진하고 있음.

표 2_ 부처별 국가전략기술 유사 정책 현황

소관 부처 근거 법률	기술명	내용
과학기술정보통신부 「국가전략기술육성법」	국가전략 기술	12대 기술 50개 세부기술 (반도체·디스플레이, 이차전지, AI 등)
산업통상자원부 「산업기술보호법」	국가핵심 기술	13개 분야 76개 기술 (반도체, 로봇, 생명공학, 원자력 등)
산업통상자원부 「국가첨단전략산업법」	국가첨단전략 기술	4개 분야 15개 기술 (바이오, 반도체, 디스플레이, 이차전지 등)
기획재정부 「조세특례제한법」	국가전략 기술	7개 분야 71개 기술 (반도체, 백신, 이차전지, 디스플레이 등)
기획재정부 「조세특례제한법」	신성장·원천 기술	14개 분야 273개 기술 (미래차, 지능정보, 바이오·헬스 등)
국방부 「방산기술보호법」	방위산업 기술	8대 분야 128개 기술 (센서, 제어전자, 추진, 화생방 등)

출처: 최병삼·오윤환·전수경(2025. 6. 19), 「국가 성장동력 정책의 방향 재정립을 위한 5대 제언: 위상, 비전, 내용, 체계, 관리」, STEPI Insight 346: 24, 과학기술정책연구원. 에서 발췌하여 정리.

기술주권 확보라는 도전과제에 대응하기 위해서는 새로운 체계가 필요하다. 일본 수출규제에 대응해 대통령을 중심으로「소부장 경쟁력 강화 대책」을 추진한 사례, COVID-19을 극복하기 위해 전 부처가 협력한 사례 등 정부 부처 간 단절(silo)을 극복했던 과거 모범 사례를 참고하여 정부 부처 간, 정부와 민간의 협력 체계를 구축해야 한다. 예를 들어 대통령 직속으로 기술주권 정보를 즉시 공유하고 부처 간 협업을 통해 종합적 대응 전략을 신속히 도출하는 '기술주권 워룸(War Room)'을 운영할 수도 있다.[4]

정부의 협력 체계를 '플랫폼화'하는 것도 필요하다. 플랫폼의 핵심은

---

[4] 최종현학술원 과학기술혁신위원회(2025. 5. 29), 「기술패권 시대, 흔들리지 않는 과학기술 국가 전략」.

운영자의 비전과 리더십, 참여자의 활동을 장려하고 규율하는 운영 규칙, 플랫폼이 운영되면서 얻어지는 데이터의 축적이다. 현재 전통적인 안보와 재해·재난 상황에 대해서는 국가 위기관리 체계가 구축되어 있다. 예를 들어 전통적인 안보에서는 경계 태세를 진돗개, 워치콘, 데프콘, 인포콘 등으로 구분한다. 기술주권 관점에서도 이와 유사한 국가 위기관리 체계를 구축하여 누가 어떻게 위험을 감지하고 누가 언제 어떻게 대응할 것인지를 사전에 결정하여 상시적으로 운영해야 한다.

    요약하면, 기술추격 시대에는 선진국이 투자하는 분야를 벤치마킹한 뒤 부처별로 소수의 분야를 선택해 집중적으로 투자하여 육성하는 구조였다면, 기술주권 시대에는 국가 경제와 국민 삶에 대한 중대한 위협을 선제적이고 전방위적으로 예측하고, 정부의 리더십 아래 관련 주체들이 공동으로 대응하며 경험을 축적해 나가는 구조로 변화해야 한다. 2026년은 기술추격 시대의 국가혁신체계에서 기술주권 시대의 국가혁신체계로 대전환하는 원년이 되어야 한다.

14. 핵심광물

2026년 핵심광물 리스크와 대응 전략

오수현 대외경제정책연구원 북미유럽팀 연구위원

리튬, 코발트, 희토류 등 핵심광물은 전기차, 에너지저장장치, 반도체 산업의 급속한 성장으로 수요가 지속적으로 확대되고 있다. 그러나 생산과 가공이 일부 국가에 집중되어 있어 가격 변동성과 공급망 충격이 상존하며, 중국을 비롯한 일부 국가는 핵심광물을 전략적 자원으로 활용하여 무기화하고 있어 글로벌 경제안보의 불확실성이 심화되고 있다. 2026년 핵심광물 시장은 지정학적 긴장과 가격 변동, 공급망 리스크가 겹친 구조적 불안정이 지속될 것으로 전망된다. 이에 따라 한국의 핵심광물 전략은 해외자원개발과 공급망 다변화, 재자원화를 핵심축으로 하는 산업생태계를 조성하는 것, 광물·에너지 협정 확대를 통해 안정적인 공급망을 확보하고 산업 경쟁력 강화를 도모하는 것이 관건이 될 것이다.

대외경제정책연구원 북미유럽팀 연구위원. (전)무역통상안보실 연구위원·Johns Hopkins University SAIS 강사. 저서 『핵심광물협정의 주요 내용과 정책시사점』, 『국제사회의 온실가스 감축 목표 상향과 한국의 대응방안』(공저), 『역내포괄적경제동반자협정(RCEP)의 주요 내용과 시사점』(공저). 서울대 경제학 학사, 위스컨신대 경제학 석사, 펜실베이니아주립대 농업 및 자원경제학 박사. 오수현(Oh, Soo Hyun (Catherine), 吳秀炫)

1. 핵심광물 시장 현황

우리나라는 경제안보를 위해 전략적으로 중요하다고 판단하는 33개 광물을 핵심 광물로 선정해 관리하고 있다. 이런 광물들이 핵심광물(Critical Minerals)로 불리는 이유는 첨단기술산업에 꼭 필요한 원료임에도 가격 변동이 심하고 공급망 위험이 크며, 공급에 차질이 생기면 국내 산업과 경제 전체에 큰 충격을 주기 때문이다. 특히 배터리 제조에 핵심적인 리튬, 코발트, 니켈, 망간, 흑연과 반도체 및 영구자석 생산에 필요한 희토류 원소인 네오디뮴, 디스프로슘, 터븀, 세륨, 란탄 등 5개 희토류를 포함해 총 10개 광물을 핵심전략광물로 따로 지정하여 관리하고 있다(산업통상자원부, 2023: 4) 여기에 더해 전통적인 기초 핵심광물인 구리에 대한 관심도 높아지고 있다. 구리는 반도체, 항공기, 선박 등을 비롯해 산업 전반에서 쓰이고, 특히 전력망과 재생에너지 설비 같은 전자·전력 시스템에서 필수적이다. 이에 따라 2030년대까지 구리 수요가 크게 늘 것으로 예상되면서 글로벌 구리 확보 경쟁이 치열해지고 있다. 2025년 2월 중국이 자국 내 구리 공급량 확대와 재활용률 제고 정책을 발표했고, 이어 미국 트럼프 대통령도 구리 및 구리 파생상품 수입 상황에 대한 「무역확장법」 제232조 조사를 시작하는 행정명령을 내렸다. 232조 조사 결과 트럼프 대통령은 2025년 7월 구리에 대한 50% 관세 부과를 발표했다.

희토류를 제외한 핵심광물 시장은 2021년부터 2023년 초까지 가격이 폭등했다가 공급 확대와 시장 불확실성으로 다시 가격이 내려가며 변동성이 큰 모습을 보였다. 배터리 광물인 코발트, 니켈, 흑연 가격은 수요 증가에 비해 공급이 빠르게 늘면서 2024년 중 10~20% 하락했고, 리튬 가격은 2023년 이후 80% 이상 급락했다. 핵심광물에 대한 수요는 전기차, 에너지저장장치(ESS), 재생에너지 등 에너지 부문 산업수요 증가로 폭발적으로 늘었다. 리튬 수요는 2024년에도 약 30% 증가했고, 니켈, 코발트 등 배터리 광물과 희토류 수요도 6~8% 증가한 것으로 나타났다. 하지만 이러한 수요 증가에도 불구하고 중국, 인도네시아(니켈), 콩고민주공화국(코발트)을 중심으로 한 공급 증가가 배터리 광물 가격의 하락을 가져왔다.(IEA, 2025: 24-25)

반면 구리, 알루미늄, 아연 같은 전통 광물 가격은 산업수요 확대 전망에 따라 2024년 다시 오르는 추세다. 구리의 경우 'Dr. Copper'라고 불릴 만큼 전반적인 경기 전망에 따라 가격이 움직이는 경향을 보인다. 2024년 중국의 경기부양책 발표에는 가격이 올랐다가 2025년 미국의 상호관세 부과 이후 경기 둔화 우려로 다시 떨어지는 모습이 관찰됐다.(IEA, 2025: 103)

2. 미중 관세전쟁과 희토류의 전략적 무기화

핵심광물의 수요공급이 경제안보에 큰 영향을 미치는 것은 핵심전략 광물의 생산이 특정 국가에 몰려 있기 때문이다. 원광의 편재성도 있지만 그보다도 가공과 정제 단계에서 소수 국가에 대한 의존도가 높은 것이 문제이다. 니켈과 코발트의 경우 상위 3개국 시장점유율이 2024년 86%를 차지했다. 흑연과 희토류의 경우 중국의 가공 비중이 90%를 넘어서, 중국이 수출을 통제하면 산업과 경제에 미치는 영향이 매우 크다.(IEA, 2025: 6) 대외경제정책연구원의 최근 연구에 따르면, 게르마늄 수출통제로 인한 분절화는 우리나라 실질 GDP를 0.15%(23.14억 달러) 감소시키고, 흑연과 희토류 공급망 분절화는 각각 실질 GDP를 0.14%와 0.89% 감소시킬 것으로 추정된다.(김영귀 외, 2024: 7)

앞서 중국은 2010년 일본과의 센카쿠(댜오위다오) 열도 분쟁 당시 희토류 수출을 중단했고, 그 결과 전세계 희토류 가격이 폭등했다. 2014년 일본, 미국, EU는 중국을 WTO에 제소했다. 이 사건을 계기로 세계는 높은 수입의존도가 경제안보에 큰 위협이 될 수 있다는 걸 깨달았다.

중국의 이런 전략은 이후 미국과의 갈등에서 더욱 체계적이고 단계적인 형태로 발전했다. 핵심광물 공급망에서 자신의 위치를 파악하고 가장 타격을 줄 수 있는 광물을 골라 무기화하기 시작했다. 2023년 8월에는 반도체 제조에 필수적인 갈륨과 게르마늄에 대한 수출 허가제를 도입했고, 같은 해 12월에는 배터리 음극재 소재인 흑연에 대해 수출통제를 시행했다. 2024년에는 반도체와 방위산업에 쓰이는 안티모니 수출을 제한했으며, 2024년 12월에는 갈륨, 게르마늄, 안티모니, 초경재료(Carbide materials)의 대미 수출을 전면 금지한다고 발표했다.

트럼프 대통령 취임 이후 미중 관세전쟁에서도 중국은 희토류를 반격과 협상의 카드로 활용해왔다. 2025년 4월 상호관세 부과가 발표되자 중국은 바로 보복관세 부과를 발표하고 영구자석 제조와 방위산업에 필수적인 7대 중희토류에 대한 수출통제를 발표했다. 5월에는 텅스텐, 비스무트 등 5개 품목으로 수출통제 범위를 넓혔다. 격화되던 관세전쟁은 6월 미중 무역합의를 통해 휴전하게 됐는데, 양국은 서로 관세를 낮추고 중국은 희토류 및 자석류 수출을 미국 기업에 재개하기로 했다.

미국은 폐쇄했던 캘리포니아의 마운틴패스 희토류 광산을 다시 재개했고 관련 기업인 MP Materials의 주가는 크게 올랐다. 국내에서는 고려아연 등 일부 기업이 생산 규모는 아직 크지 않지만 인듐, 비스무트, 텔루륨 등 일부 희토류를 가공하여 생산하고 수출하고 있다. 2025년 8월 한미 정상회담 계기로 열린 비즈니스 라운드테이블에서 고려아연은 록히드마틴과 게르마늄을 공급과 핵심광물 공급망 협력을 위한 MOU를 체결했다.(오수현 외, 2025: 14)

3. 전망과 시사점 : 핵심광물 공급망 불확실성 지속

2026년에도 핵심광물 공급망의 불확실성은 계속될 것으로 보인다. 트럼프 2기 행정부의 초반 강경 정책추진력은 시간이 지나면서 다소 누그러지겠지만, 미중 간 지정학적 긴장과 무역분쟁의 기조는 계속 이어질 것이고, 이에 따라 핵심광물 확보를 둘러싼 국가 간 경쟁은 더욱 치열해질 것이다.

한국이 직면한 리스크는 크게 두 가지다. 첫째, 희토류를 비롯한 자원이 지정학적 무기로 활용되는 상황에 대한 대비다. 자원 무기화와 자원민족주의가 확산되는 가운데, 한국은 희토류 공급망 다변화를 시급히 추진해야 한다. 중국 외에도 주요 자원 보유국들이 광물 수출 규제와 내수 우선 정책을 강화하고 있어 공급망 리스크가 커지고 있다. 인도네시아의 니켈 원광 수출 금지, 중남미 국가들의 리튬·구리 자원 국유화 움직임이 대표적 사례다. 미중 무역분쟁 전개 양상에 따라서는 특정 광물의 공급이 단기간에 급격히 줄어들 가능성도 있다.

이에 미국은 자국 내 희토류 생산을 촉진하는 동시에 자원외교를 통해 공급망 안정화를 추진하고 있다. 한국도 호주, 베트남, 브라질 등 희토류 보유국과의 전략적 협력을 강화하고 안정적인 대안 수입선을 확보해야 한다. 동시에 희토류의 대체 소재 개발과 재자원화 기술 고도화를 통해 장기적으로 수입의존도를 근본적으로 낮춰나가는 전략이 필수적이다.

둘째, 핵심광물을 주요 소재로 사용하는 전기차 배터리 시장의 급속한 구조적 변화다. 가격 경쟁이 치열해지면서 고성능 NCA와 NCM 배터리에서 가격 경쟁력이 우수한 LFP 배터리로 시장 선호도가 바뀌고 있다. 한때 전 세계 배터리 시장의 34.8%를 차지했던 한국 배터리 3사의 시장점유율은 2025년 16.9%까지 급락했으며, 2026년에는 더욱 격렬한 경쟁에 노출될 전망이다.(IEA, 2025: 215)

배터리 시장 변화는 전기차 시장 성장 둔화와 맞물려 복합적 영향을 미치고 있다. 배터리 광물의 공급 증가율이 수요 증가율을 상회하면서 광물 가격이 하락하고 있으며, 이는 광물수요 패턴 변화와 함께 해외 자원개발 투자의 불확실성을 높이고 있다. IEA(2025) 보고서에 따르면, 실제로 배터리 광물 가격 하락기인 2024년에는 신규 자원 개발 투자가 5% 증가하는 데 그쳤으며, 이는 2023년 14% 증가했던 것과 비교하면 크게 감소한 수치이다.(IEA, 2025: 63)

이러한 구조적 불안정 속에서 정부는 핵심광물 공급망 내재화를 위한 핵심 전략으로 재자원화 산업 육성을 추진하고 있다. 2030년까지 10대 전략 핵심광물의 재자원화율을 20%까지 끌어올린다는 목표 하에, 재자원화 산업생태계 조성, 산업 육성, 규제 합리화, 인프라 구축 등 4대 전략과제를 체계적으로 추진할 계획이다. 구체적으로는 사용 후 배터리 이력 관리·인증제도 도입, 공급망 안정화 기금 지원, 글로벌 협력 네트워크 확대 등이 핵심 실행 과제로 정해졌다. 특히 FTA 추진 시 공급망 및 광물·에너지 챕터를 포함하여 자원 확보를 제도적으로 뒷받침한다는 방침도 제시하였다.(산업통상자원부, 2025: 3)

2026년 핵심광물 시장은 가격 변동성과 공급망 불확실성이 겹친 구조적 불안정이 계속될 것으로 전망된다. 이후 한국의 핵심광물 전략은 해외 자원개발과 공급망 다변화에 더해 재자원화를 핵심으로 하는 산업생태계 조성과 광물·에너지 협정 확대가 관건이 될 것으로 예상된다.

참고문헌

김영귀 외, 2025, 『공급망 분절화의 경제적 영향 분석방법론 연구: 핵심광물에 대한 적용』, 대외경제정책연구원.
산업통상자원부, 2023, 「첨단산업 글로벌 강국 도약을 위한 핵심광물 확보전략」.
산업통상자원부, 2025, 「핵심광물 재자원화 활성화 추진방향」.
오수현, 2024, 『핵심광물협정의 주요 내용과 정책 시사점』, 대외경제정책연구원.
오수현 외, 2025, 「한미정상회담 주요 내용과 시사점」, 대외경제정책연구원.
IEA, Global Critical Minerals Outlook 2025.

15. 한·중

중국식 피지컬 AI(具身智能) 전략과 K-제조의 길

조은교 산업연구원 중국연구팀장

미·중 경쟁의 핵심 전장은 관세가 아닌 AI 패권으로 옮겨가고 있다.
미국은 대규모 AI 투자 계획을 통해 주도권 강화를 노리고 있다.
반면 중국은 미국의 수출 통제로 인한 칩 제약과 자본 부족 속에서도
위기를 혁신으로 전환하며 딥시크(DeepSeek)라는 저비용·고성능 모델을
내놓았다. 나아가 '구신지능(具身智能, 피지컬 AI)'을 국가 전략으로 채택해
휴머노이드 로봇을 집중적으로 육성하고 있다. 유니트리와 유비테크 같은
기업은 저가이면서도 고성능 로봇을 대량 생산하고, 전기차 기업들도 보유
기술을 로봇에 접목하며 산업 간 경계를 허물고 있다. 중앙과 지방정부의
정책적 지원은 과거 전기차 산업처럼 로봇 생태계 확산을 가속화한다.
이처럼 중국은 위기를 기회로 바꾸며 피지컬 AI 시대를 선도하고 있다.
반면 한국 제조업은 규모와 속도의 한계 속에 거센 도전에 직면해 있다.
따라서 K-제조는 단순히 AI 기술을 추격하는 것이 아니라 '새로운 길 찾기'로
방향을 설정해야 한다. AI-제조 융합 생태계를 조기에 구축해,
미래 글로벌 공급망에서 필수 파트너로 자리매김해야 한다.

산업연구원 중국연구팀장, 연구위원. (전)외교부 한중 미래발전위원회 자문위원·산업통상자원부 FTA 활용촉진위원회 자문위원·산업통상자원부 사무관. 저서 『글로벌 AI 경쟁에 대응하는 중국의 전략과 시사점』, 『한중 첨단산업 공급망 구조 변화와 대응전략』, 『미국의 대중 반도체 수출통제에 따른 중국의 공급망 영향과 시사점』, 『중국 반도체 산업의 공급망 현황과 자립화 전략』. 중국 베이징대학교 경제학박사. 조은교(Cho, eunkyo, 趙恩嬌)

1. 미중 AI 패권 경쟁의 심화

트럼프 2기 출범과 함께 미·중 간 무역 분쟁이 재점화되었지만, 이제 핵심 전장은 단순한 관세가 아닌 인공지능(AI) 기술 경쟁으로 옮겨가고 있다. 트럼프 대통령은 취임 직후 '스타게이트(Stargate)' 프로젝트를 통해 대규모 AI 인프라 투자를 선언했으며, 중국은 같은 날 '딥시크(DeepSeek)' 모델을 공개하며 저비용·고성능 AI로 대응했다. 이는 미국의 원천기술 독점 체제에 균열을 내고, 중국이 '속도와 대중화' 전략으로 새로운 혁신 모델을 제시했음을 보여준다.

이 같은 충격 속에서 2025년 7월 미국 백악관은 「AI 행동계획(America's AI Action Plan)」을 발표하며 본격적인 AI 패권 경쟁의 불씨를 지폈다. 트럼프 대통령은 "미국이 AI 경쟁에서 승리할 것"이라고 선언하며 AI 데이터센터 인허가 단축, 반도체 공급망 강화, AI 모델 수출 촉진 등 구체적 조치 들을 본격 추진하겠다고 밝혔다. 미국은 규제 완화와 이념적 편향 배제를 통해 AI 혁신의 생태계를 조성하고, 글로벌 공급망에서 동맹국을 활용하여 우위를 점하려 한다. 반면 중국은 칩 제약과 자본 한계를 돌파하며, 오히려 위기 상황을 혁신의 기회로 전환하는 실용주의적 전략을 취하고 있다.

2. '위기에서 혁신으로' 중국 AI 딥시크

중국의 AI 도약은 '위기에서 혁신으로(from Crisis to Innovation)'의 대표적 사례로 읽을 수 있다. 미국의 반도체 수출 통제로 인해 편안한 환경에서는 해외 수입에 의존하며 정체되었던 산업이, 제재라는 실존적 위협 앞에서 단기간에 국산화를 이루고 경쟁력을 강화하게 되었다. 화웨이가 강도 높은 제재를 딛고 재부상한 것도 같은 맥락이다. 역사적으로도 나폴

레옹의 대륙 봉쇄령이 영국 산업혁명을 촉발했듯, 외부 압력은 오히려 혁신을 가속화하는 계기가 되었다.

딥시크 사례는 이를 상징적으로 보여준다. 첨단 GPU 확보가 어려운 상황에서, 중국 연구진은 단순히 하드웨어 확보에 매달리기보다 효율적 알고리즘 혁신으로 컴퓨팅 부족을 극복하는 전략을 택했다. 즉, 모델 구조 최적화, 연산 효율 개선, 파라미터 활용 극대화 등을 통해 제한된 자원에서도 고성능을 발휘할 수 있는 방법론을 개발한 것이다. 이는 단순한 대체재 마련이 아니라, "제약 조건을 기회로 전환"한 창의적 대응으로 평가된다. 또한, 딥시크는 효율성과 속도를 무기로 삼아 AI 모델을 산업과 일상에 빠르게 심고 있다. BYD·지리자동차 등 20여 개 완성차 업체에 차량용 스마트 어시스턴트를 탑재했으며 헬스케어 분야에서도 수백 개 병원이 딥시크를 영상진단에 활용하고 있다.

이처럼 중국의 빠른 적용과 확산을 통한 혁신전략은 세 가지 구조적 요인에 기인한다. 첫째, 중국의 칩 부족은 효율성 중심의 연구개발을 촉진했다. 둘째, 자본 부족은 기업으로 하여금 신속히 시장성과 사용자 기반을 입증하도록 압박했다. 셋째, 플랫폼 분산이 심한 미국과 달리, 중국은 위챗·알리페이 등 소수 플랫폼에 집중된 구조 덕분에, 모델 배치가 폭발적으로 확산될 수 있었다. 즉, 시장성과 실용성을 최우선하는 중국식 기업가 정신이 이제는 AI에서 구현되고 있다.

결국 딥시크의 등장은 중국이 제재라는 위기 속에서도 비용 효율성과 산업화 속도라는 강점을 살려 새로운 혁신 경로를 개척했음을 보여준다. 이는 미·중 AI 경쟁이 단순히 자원과 기술력의 총합이 아니라, 위기에 대응하는 창의력과 혁신 방식의 차이에서 판가름 날 수 있음을 시사한다.

3. 피지컬 AI(具身智能)로 향하는 중국의 휴머노이드 로봇

2025년 중국 기술 업계에서는 피지컬 인공지능(AI)을 뜻하는 '구신지능'(具身智能, Embodied Intelligence)이 최대 화두로 떠올랐다. 피지컬 AI란 휴머노이드 로봇과 자율주행차처럼 물리적 기기에 AI를 통합하는 기술로, 미국에서는 엔비디아 CEO인 젠슨 황이 CES2025에서 피지컬 AI를 "AI의 다음 단계"이자 "차세대 AI의 핵심"으로 지목한 바 있다. 중국이 2025년 3월 양회(전국인민대표대회 및 전국인민정치협상회의) 업무보고에 처음으로 제시한 '구신지능'이라는 중국식 피지컬 AI가 국가전략으로 부상하고 있다.

이 중에서도 중국이 최근 가장 힘을 쏟고 있는 분야 중 하나가 바로 휴머노이드 로봇이다. 불과 십여 년 전만 해도 일본과 한국, 미국이 산업용·서비스 로봇에서 세계를 이끌었지만, 지금은 중국이 국가 차원에서 '로봇굴기'를 선언하며 빠른 속도로 판을 흔들고 있다. 흥미로운 점은 이 흐름이 단순히 몇몇 스타트업의 혁신으로 이뤄지고 있는 것이 아니라, 민간 대기업과 스타트업, 중앙정부의 육성전략, 지방정부의 보조금 경쟁 등이 맞물려 움직이는 전방위적 생태계의 산물이라는 것이다.

먼저, 로봇 스타트업 중 가장 주목받는 기업은 항저우에 본사를 둔 유니트리(Unitree Robotics)다. 젊은 창업자 왕싱싱(王兴兴)이 이끄는 유니트리는 이미 사족보행 로봇으로 세계 무대에서 이름을 알렸다. 저비용, 대량생산이 가능한 로봇을 선보이며 2025년 춘절 무대에서 수십 대의 로봇이 동시에 춤을 추는 장면은 중국 대중문화의 상징적 장면으로 자리 잡았다. 최근에는 H1과 R1 같은 휴머노이드 모델을 내놓으며 본격적인 휴머노이드 로봇 시장으로 진입하고 있다. 유니트리는 저렴하면서도 성능이 뛰어난 로봇을 대량 생산할 수 있다는 점이 특징인데, 이는 중국식 '실용주의적 혁신'을 잘 보여준다.

또 다른 주자는 유비테크(UBTECH)이다. 선전에 본사를 둔 이 회사는 교육용 로봇에서 시작해 지금은 서비스·산업용 로봇까지 영역을 넓혔다. 특히, 세계에서 가장 많은 휴머노이드 로봇 관련 특허를 출원하며 '중국의 보스턴 다이내믹스'라는 별명을 얻었다. 최근에는 화웨이, 차이나모바일 같은 대기업과 손잡고 5G 통신망을 활용한 실시간 제어 로봇을 내놓으면서, 로봇을 하나의 '스마트 기기'처럼 다루는 새로운 길을 열고 있다.

아울러, 중국 휴머노이드 굴기의 가장 큰 특징은 산업 간 융합이다. 전기차 기업들이 로봇에 뛰어들고, 로봇 기업이 다시 배터리·자율주행 기술을 흡수하면서 경계가 허물어지고 있다. XPeng, BYD, NIO 같은 자동차 회사들은 자율주행에 쓰던 센서·AI칩·제어 알고리즘을 그대로 로봇에 적용하고, 대규모 공장을 '로봇 테스트베드'로 열어 스타트업과 협업한다. 전기차의 모터, 배터리 관리 시스템, 열 제어 기술은 로봇의 관절과 움직임, 내구성 문제를 해결하는 데 거의 그대로 이식된다. "전기차는 바퀴 달린 로봇"이라는 인식이 중극 휴머노이드 확산에도 강력히 작용하고 있다.

중국 중앙정부는 2023년 「휴머노이드 로봇 혁신 발전 지도의견(人形机器人创新发展指导意见)」 등을 발표하면서 본격적으로 휴머노이드 로봇 산업 육성 방향을 제시했다. 베이징, 상하이, 선전 등 10여 개의 지방정부는 각기 산업펀드를 설립하여 보조금을 통해 지역 내 로봇산업 육성을 지원하고 있다. 과학기술 혁신의 전초기지인 선전 시는 10억 위안 규모의 산업 육성 기금을 마련했으며, 인공지능과 로봇공학 분야의 핵심 인재를 영입하는 기업에는 인재 1인당 연간 최대 20만 위안의 소득세 감면 혜택을 부여하고 있다. 항저우 시는 로봇 기업과 대학, 연구기관의 장기 협업 모델, 공동 실험실, 인재 양성 플랫폼 구축을 장려하고 있다.

이처럼 중국 휴머노이드 로봇 산업은 과거 중국이 전기차 산업을 전략적으로 육성했던 사례와 마찬가지로, 중앙정부 주도의 정책 지원과 지방

정부의 보조금 경쟁, 민간기업의 투자 확대로 빠르게 성장 동력을 확보해 나가고 있다.

4. 피지컬 AI 전쟁 속 K-제조의 길

중국은 휴머노이드 로봇 산업을 피지컬 AI 시대 차세대 산업의 중심축으로 삼고, 정부의 지원 정책하에 빅테크와 스타트업이 동시다발적으로 투자와 연구를 확대 중이다. 이는 단순한 기술 트렌드를 넘어 국가 산업 전략의 핵심으로 자리 잡고 있으며, 향후 미중 AI 패권 경쟁에서 중국의 중요한 돌파구가 될 가능성이 크다. 아울러, 중국의 휴머노이드 로봇 산업 육성과 피지컬 AI 전략은 단순히 신기술의 부상만이 아니다. 이는 중국 전기차 산업 육성의 복사판이자, 한국 제조업에도 직접적인 큰 도전이 되는 중국의 국가 프로젝트다. 중국이 정부 주도의 산업 육성과 막대한 보조금, 대기업·스타트업의 전방위 생태계 조성으로 빠른 상용화에 나서는 동안, 한국 제조업은 '규모의 한계'와 '속도의 압박'이라는 현실 앞에 서 있다. 그렇다면 K-제조는 어디에서 돌파구를 찾아야 할까?

먼저, 우리는 우리의 강점을 바탕으로 핵심 부품에서 니치(niche) 마켓을 찾고, 미·중 양국이 필요로 하는 초크 포인트 기술을 보유해야 한다. 단순한 기술 추격이 아니라, 글로벌 공급망의 병목을 쥘 수 있는 전략적 기술을 확보해야 한다는 의미다. 반도체 장비·소재, 초정밀 모터, 감속기, 센서, 배터리 관리 시스템 등은 이미 한국 기업이 일정한 기술적 우위를 갖고 있는 분야다. 이러한 영역에서 특화 역량을 더욱 강화해 '없어서는 안 될 기술'을 확보하는 것이 중요하다.

둘째, 중국이 전방위적 보조금과 규모의 경제를 무기로 삼는 만큼, 우리는 '규모로 맞붙는 경쟁'이 아니라 속도와 품질로 차별화해야 한다. 즉, 산업계 전반에 걸친 민첩한 협력 구조, 신속한 시제품 개발, 글로벌 파트너와의 오픈 이노베이션을 통해 작은 시장이라도 빠르게 점령하는 전략이 필요하다.

셋째, 정부 차원에서는 특정 기업 중심의 단기 보조금이 아니라, 산업 생태계 전체를 지탱하는 플랫폼적 지원이 요구된다. 테스트베드 제공, 국제 표준 선점, 전문 인재 양성, 규제 샌드박스 등이 그 핵심이다. 특히 로봇과 피지컬 AI의 경우, 실증 환경과 안전 규제가 시장 확산을 결정짓는 만큼 정부가 먼저 제도적 틀을 마련해야 한다.

마지막으로, K-제조는 미중의 AI 기술을 추격하는 것이 아니라 '새로운 길 찾기'로 방향을 설정해야 한다. 전기차, 반도체, 로봇 등 모든 산업이 AI와 융합되는 국면에서, 한국은 개별 산업을 넘는 AI-제조 융합 생태계를 조기에 구축해야 한다. 이는 단순히 한 산업의 경쟁을 넘어, 한국 제조업 생태계 전체가 미래 글로벌 공급망에서 필수 파트너로 자리매김하기 위한 전략적 선택이 될 것이다.

16. 에너지

신 에너지 안보 시대, 지속가능발전의 길

이성규 에너지경제연구원 해외에너지동향분석실장

세계 각국은 저렴하게 에너지 자원을 수입하는 것보다 국가 안보를 위해
안정적인 공급망을 통해 수입하는 것을 더 중요시하게 되었다.
우리나라와 같은 에너지 다소비국가들은 해외 화석연료 수입 의존도를
낮추기 위해 신재생에너지 개발에 적극적으로 나서고 있다. 그러나 에너지
시스템에서 변동성이 높은 재생에너지 공급이 점차 증대하는 상황에서
시스템 유연성을 높이는 투자가 적기에 이루어지지 않으면,
에너지 시스템의 불안정성이 심화될 수 있다. 또한, 에너지 시스템의
디지털화는 사이버 공격에 노출될 위험을 증대시킬 수 있다.
앞으로 이전에 전혀 경험하지 못했던 다양한 에너지 안보 위협요인들이
복합적이며 대규모로 발생할 수 있다. 국가 안보와 에너지 취약층 보호를 위해
정부의 역할이 그 어느 때보다 중요하게 되었다. 그리고 탄소중립 달성이라는
장거리 경기에서 성공적 완주를 위해
국가역량의 적절한 안배와 속도 조절도 요구된다.

에너지경제연구원 해외에너지동향분석실장, 선임연구위원. (전)미국 National Bureau of Asian Research 초청연구원·한국외국어대학교 겸임교수. 저서 『글로벌 지정학적 위험요인과 에너지 안보』, 『유럽 국가의 변동적 재생에너지 비중 증가와 국가간 전력거래의 연관성 분석』, 『동북아 슈퍼그리드 구축사업과 관련 해외 사례분석과 시사점』 등.
모스크바 국립대 경제학 박사. 이성규(Lee, Sungkyu, 李聖揆)

1. 에너지 전환과 에너지 시스템의 불안정 위험

에너지 안보 개념은 시기에 따라 그리고 국가마다 다양하게 정의된다. 고도 경제성장 시기에는 화석에너지를 저렴한 가격으로 장기간 중단되지 않게 공급하는 것이 에너지 안보의 핵심과제였다면, 현재와 같은 에너지 전환과 디지털 시기에는 자국 내 재생에너지 개발과 보급을 빠르게 확대하고, 안정적인 공급망을 구축하며, 청정에너지 제품의 국제경쟁력을 높이며, 그리고 사이버 위험으로부터 에너지 시스템을 보호하는 것이 더 중요하게 되었다. 물론 에너지 전환 과정에서도 석유와 가스는 상당기간 동안 에너지 시스템에서 중요한 역할을 하게 될 것이다. 선박, 항공, 철강, 석유화학 부문은 단기간 내에 화석연료를 신재생에너지로 대체하기 어렵다. 또한, 사회경제적 측면에서 조기에 좌초자산으로 될 수 있는 화석연료 기반의 공급시설을 탄소포집·저장·활용(CCUS) 기술을 활용해서 좀 더 오래 가동해야 될 수도 있다.

탄소중립 이행 과정에서 에너지 안보를 위협하는 새로운 요인들이 여러 부문에서 복합적이며 대규모로 나타날 것으로 예상된다. 일사량과 풍속에 따라 발전량이 변화하는 태양광 및 풍력 발전설비들이 대규모로 전력망에 연결되면 전력시스템의 안정성과 신뢰성이 저하된다. 이러한 문제를 해결하려면 적기에 송전용량과 유연성 자원(에너지 저장설비, 수요반응 자원 등)을 증가시키고 관련 제도를 개선시켜야 한다. 그러나 송전선 확충은 지역 주민과의 길고 긴 합의 과정을 수반하고, 유연성 자원 증가는 대규모 비용지출과 이로 인한 전력요금 인상을 초래한다.

또한, 폭염, 가뭄, 산불과 같은 이상기온 현상은 매년 반복적이며 집중적으로 발생하고 있는데, 이는 에너지 공급망에 대한 물리적 피해뿐만 아니라 재생에너지 발전량을 감소시켜 전력공급 위기를 발생시킬 수 있다. 풍력, 태양광, 수력 등 재생에너지 발전설비의 비중이 높은 국가에서 이상

기온으로 전력생산이 급감하거나 설비가 파손되면, 전력공급 시스템이 갑자기 불안정해지고, 상황이 더 악화되면 대정전 사태로까지 확대될 수 있다. 우리나라도 지난 4월 말에 스페인과 포르투갈에서 발생한 대규모 정전사태를 반면교사로 삼아야 한다.

2. 에너지 시스템의 디지털화와 사이버 위험

세계는 신재생에너지와 디지털 혁신이 주도하는 새로운 전력시대를 맞이하고 있다. 에너지 소비구조에서 화석연료의 비중은 감소하고 전력 비중이 빠르게 증가하고 있다. 휘발유 자동차는 전기 자동차로, 가스보일러는 히트펌프로 점차 대체되고 있다. 또한, 에너지 시스템에서 디지털화와 AI 기술이 다양한 부문에서 빠르게 확산되고 있다. 세계적인 빅테크 기업들은 서로 경쟁적으로 AI 기술 개발과 데이터센터 확장을 추진하고 있다.

에너지 시스템에서 디지털화, 전기화, 그리고 AI 활용은 에너지소비 효율 향상, 비용 절감, 탄소배출 감축 등의 기회와 혜택을 제공하지만, 반면에 에너지 공급 및 소비 설비들이 디지털 기술 기반으로 상호 통합되면서 사이버 공격에 노출될 위험도 높아진다. 디지털 전문가와 관련 연구기관들은 오래전부터 해커에 의한 전력망 운영시스템 침투와 정전 발생 가능성을 경고해 왔다. 이는 최종 에너지 사용시설에서 광범위하고 밀도 있게 해킹이 이루어질 경우에 전력망 운영 중단이 발생할 수 있음을 의미한다. 우리나라에서는 아직까지 이러한 사태가 없었지만, 유럽 국가들과 미국에서는 이와 유사한 사고가 여러 차례 발생했었다. 전문가들은 사이버 공격을 완전히 예방하는 것은 사실상 거의 불가능하기 때문에 핵심 시설과 시스템이 사이버 공격으로부터 잘 견뎌 내고 피해 발생 시에 신속하게 복구할 수 있도록 예방해야 한다고 말한다.

또한, AI는 전력, 산업공정, 수송, 건물 등 에너지 시스템 전반에서 다양한 목적을 위해 활용되고 있다. 전력 부문에서 AI는 시스템 운영 및 유지보수의 최적화, 정확한 전력수급 예측 등에서 활용되고 있다. 건물 부문에서는 아파트와 상업용 건물에 디지털 솔루션 도입이 증가하고 난방 및 취사 부문에서 전기화가 가속화되면서 AI 기술이 빠르게 확산되고 있다. 그러나 이러한 디지털화와 AI 기술 확산은 엄청난 전력수요 증대를 유발한다. 빠른 수요증대에 맞춰서 발전 및 송전 설비의 확충이 이루어지 않으면, 심각한 전력수급 불안정 상황이 발생할 수 있다.

3. 지정학적 안보 위험 증가로 에너지 시장 불확실성 심화

최근 들어 세계 각국이 화석연료에서 신재생에너지와 원자력으로의 전환을 가속화함에 따라 새로운 지정학적 상황이 형성되고 있다. 중동지역의 화석연료 공급국들은 글로벌 에너지 시장에서 영향력을 당분간 계속 유지하게 될 것이다. 이와 함께 수소에너지, 에너지 저장설비, 탄소 포집·저장·활용, 스마트 전력망, 그리고 소형모듈 원자로 등에서 글로벌 기술 표준을 확보하고 생산역량을 갖춘 국가들이 글로벌 에너지 시장에서 새로운 강자로 부상하고 있다. 주요 핵심광물 및 청정에너지 기술의 국가 간 불균형 문제는 세계적 불평등을 심화시켜 새로운 지정학적 긴장을 야기할 수 있다. 또한, 에너지 자원 공급국들은 자원을 무기화하고, 정부의 통제를 강화하고, 글로벌 공급망을 장악하려고 한다.

지정학적 위험이 에너지 안보에 미치는 영향은 수입국의 해외 에너지 의존도, 에너지 공급구조, 그리고 에너지 시장의 자유화 정도에 따라 다를 수 있다. 핵심광물과 청정에너지 제품의 글로벌 공급망은 상호 우방국들을 중심으로 블록화되고 있다. 미국은 글로벌 공급망에서 중국을 제외시키려 하고(Decoupling), 유럽연합(EU)을 비롯한 다른 선진국들은 중국을 완전히 배제시키지 않고 국제적 기준 하에서 중국 위험을 완화

(Derisking)시키려 한다. EU는 중국과의 핵심광물과 청정에너지 제품의 교역 단절은 사실상 불가능하다고 판단하고 있는 것 같다. 그러나 중국은 서방에서 요구하는 국제적 기준보다는 자국 중심의 외교전략을 견지하려고 한다. 이러한 전략과 더불어 대부분의 국가들이 공급망 다변화, 재활용 증대, 자체적인 가치사슬 구축, 그리고 자원 부존국과 ESG(환경, 사회, 지배구조)에 기반한 공동개발 등을 추진하고 있다.

4. 정부의 역할 증대와 실용주의적 에너지 전환 추진

국가안보와 경제안보가 최우선시되는 상황에서 에너지 안보 증대를 위한 정부의 역할은 그 어느 때보다 중요해졌다. 정부는 글로벌 에너지 시장과 자원외교 무대에서 자국 에너지 기업의 경쟁력을 보호·증대시키며, 국가안보에 중요한 에너지 및 핵심광물을 안정적으로 확보하며, 그리고 대내적으로 탄소중립을 실현하는데 주도적인 역할을 하며, 탄소중립 이행과정에서 어려움을 겪는 취약계층과 중소기업들을 적극적으로 보호해야 한다. 세계 주요 경쟁국들은 청정에너지 산업을 새로운 경제성장 동력으로 삼아 정부 주도로 자국 기업의 가격 및 기술 경쟁력을 강화하는 정책을 적극적으로 추진하고 있다.

에너지안보 위험회피와 관련해서 경제주체들은 상이한 접근을 할 수 있다. 정부는 에너지 시스템 전반의 안정성과 지속가능성을 확보를 최우선시하겠지만, 기업은 투자 위험회피와 원자재의 저렴하고 안정적인 조달을 중시할 것이며, 가계는 과도한 에너지 비용부담의 경감과 에너지 빈곤 해소를 중요하게 생각할 것이다. 특히, 민간 기업은 경제성보다 안보를 우선시하는 투자에 소극적일 수 있기 때문에 정부와 공기업이 더 많은 역할을 할 수밖에 없다. 다만, 정부는 시장 역할을 제한하고 가격을 과도하게 통제해서 효율성을 떨어뜨릴 수 있다는 점을 경계할 필요가 있다.

마지막으로 탄소중립 달성은 마라톤 경기와 비슷하기 때문에 적절한 속도 조절과 체력 안배가 중요하다. 러-우 전쟁으로 에너지 위기 상황을 경험하고 있는 유럽을 비롯한 주요 선진국들은 최근 들어 경제주체들의 오랜 에너지 전환 피로감을 경감시킬 목적으로 실용적인 접근방식을 도입하고 있다. EU는 재생에너지 보급 촉진을 위해 한시적으로 과도한 환경규제를 완화하고 행정절차를 간소화하는 조치들을 시행하고 있다. 그동안 ESG 경영을 내세웠던 미국의 제조기업과 금융기업은 기후정책을 압박하는 트럼프 정부에서 실용주의와 현실주의에 입각한 친환경·기후 경영전략을 강조하고 있다.

참고문헌

이성규·김수인·서민영 외, 2024, 『글로벌 지정학적 위험요인과 에너지 안보』, 에너지경제연구원.

이성규, 2024, "주요국의 에너지부문 사이버공격 유형과 대응 및 시사점", 《세계 에너지시장 인사이트》, 24(9): 20-31, 에너지경제연구원.

이성규, 2025, "AI의 에너지부문에서 활용 현황 및 전망", 《가스산업 인사이트》, 5(Summer): 9-11, 한국가스공사.

IEA(International Energy Agency), 2025, *Energy and AI*.

IEA, 2025, "Summit on the Future of Energy Security: Background paper."

이슈 브리핑

4. 모바일 앱 안보와 데이터 주권

표 1_ 2025년 상반기(1월~6월) 대한민국 모바일 앱 순위

	1위	2위	3위	4위	5위
MAU (단위: 만)	YouTube 4,768	카카오톡 4,611	네이버 4,459	Google 3,981	G. Chrome 3,862
	6위	7위	8위	9위	10위
	쿠팡 3,308	네이버 지도 2,712	삼성 인터넷 2,365	Instagram 2,353	배달의 민족 2,230
신규 설치 누적 수 (단위: 만)	1위	2위	3위	4위	5위
	ChatGPT 1012	네이버플러스 스토어 698	Temu 656	Instagram 486	TikTok Lite 368
	6위	7위	8위	9위	10위
	쿠팡이츠 362	배달의 민족 330	넷플릭스 324	TikTok 304	당근 283

자료: 모바일인덱스 INSIGHT, https://www.mobileindex.com/home(2025. 7. 15. 검색)

　Statista에 따르면, 전세계 소매 전자상거래 매출액은 2021~2026년 매년 9% 성장하여 2026년에는 7.4조 달러 이상으로 전체 소매 판매의 21.8%로 추정하고 있다. 2023년 국가별 총매출액 중 전자상거래 비중은 중국 47%, 인도네시아 31.9%, 영국 30.6%, 한국 30%다. 한국의 전자상거래 매출액은 1,400억 달러로 세계 4위로 매우 높은 수준이다. 중국의 도시에 공실이 넘쳐나고 거리에 인적이 끊긴 주요인이 바로 전자상거래 비중 47%에 있다. 한국도 상가 공실이 심각한 사회 문제화하고 있다. 앞으로 전자상거래 비중이 더 커지면서 그 정도는 더 심화될 것이다.

　2025년 상반기 모바일 앱의 평균 MAU(월간 활성 사용자 수)는 YouTube, 카카오톡, 네이버, 구글, 구글 크롬, 쿠팡, 네이버 지도 순이다. OTT는 YouTube가, SNS 앱은 카카오톡과 Instagram이, 검색 앱은 네이버와 구글(크롬), 삼성 인터넷 브라우저가, 쇼핑 앱은 쿠팡이, 지도 앱은 네이

버 지도가, 음식 주문 앱은 배달의 민족이 주도하고 있다.

신규 설치 누적 수는 MAU와는 다른 새로운 양상이 나타난다. 1위는 생성형 AI인 ChatGPT이며, 2, 3위는 쇼핑 앱인 네이버플러스 스토아와 중국 온라인 쇼핑몰인 Temu가 차지했다. Temu(MAU 674만)의 신규 누적 수는 656만으로 AliExpress(MAU 695만)의 신규 누적수 190만를 압도하고 있다.

중국은 강력한 통제 시스템인 "만리장성 인터넷 방화벽(Great Firewall of China)"으로 정보를 제재하고 사회를 통제하고 있다. 중국 내에서는 세계적인 페이스북, 트위트, 인스타그램, 유튜브 등 접속이 불가능하다. 중국인들은 위챗(텐센트), QQ(텐센트), 틱톡(바이트댄스) 등 중국산 모바일 앱을 사용한다. 북한도 모바일 앱을 자체 개발하여 운영 중이다. 한국은 그동안 'V3', '한글 워드프로세서', '네이버', '다음' 등이 자리를 굳건히 지켜오면서 한국의 데이터를 구축해 오고 있다. 데이터가 국가 생존인 시대다. 모바일 앱은 국가 안보의 핵심이다. 2026년엔 'AI 주권(Sovereign AI)' 구축 움직임과 함께 모바일 앱의 안보가 쟁점화할 것으로 전망된다.

이슈 브리핑

5. 급성장 중국 유통 플랫폼의 안보 이슈화

표 1_ 2023년 세계 온라인 마켓플레이스 총 상품 거래액(GMV) (단위:억달러)

Amazon 7287	Pinduoduo 5898	Taobao 5504	Tmall 5348	JD.com 5097
Kwai Shop 1478	Walmart 1364	Shopee 785	Coupang 496	Naver 280

자료: Statista(2024. 6. 16)

　2023년 전세계 1위 온라인 플랫폼은 미국의 아마존으로 약 7,287억 달러를 거래했으며, 2위~5위는 중국 4대 공룡 플랫폼인 핀둬둬(Pinduoduo), 타오바오(Taobao), 티몰(Tmall), 진동닷컴(JD.com)이다. 이 4대 공룡의 총 거래액은 21,847억 달러로 아마존의 3.0배다. 핀둬둬는 테무의 모회사로 2022년 9월부터 미국에서 서비스를 시작하여 초저가로 아마존을 위협하고 있다. 타오바오는 알리바바 그룹이 운영하는 오픈 마켓이며, Tmall은 타오바오에서 분사된 C2C 플랫폼이다. 쿠팡과 네이버의 총거래액은 776억 달러로 중국 4대 공룡 플랫폼의 3.5%에 해당한다.

　Temu, Aliexpress, Shein 등 중국 전자상거래 플랫폼이 글로벌 영향력을 급격히 확대하면서, 전세계적으로 글로벌 전자상거래 생태계를 위협하고 있다. 이 플랫폼들은 공격적인 마케팅과 초저가 상품을 기반으로 국내에서도 급성장 중이다. 국내 빅데이터 분석 기업인 모바일 인덱스에 따르면, 2025년 5월 쇼핑 앱 신규 설치 순위는 1위 네이버플러스 스토어(151만), 2위 Temu(105만), 3위 당근(45만), 4위 쿠팡(44만), 5위 AliExpress(30만)다. 테무와 알리익스프레스의 약진이 두드러진다. 패션·의류에서는 1위가 중국 Shein(40만)이다. 2026년 한국의 모바일 앱 시장에서 중국 업체들이 급성장할 것으로 전망된다.

　중국의 「국가정보법」은 공안과 국가보안기관이 민간기업에 관련 업무를 수행하면서 개인정보를 요구하면 언제든지 제공하도록 되어 있다. 호주전략정책연구소는 테무와 핀둬둬 등 중국 유통 플랫폼을 통해서 수집된 다량의 이용자 데이터 및 개인정보가 중국공산당 체제 선전에 이용되고 있다고 조사 내용을 공개했다. EU는「디지털 서비스법」에 의거하여 2024년 3월부터 틱톡, 알리익스프레스, 쉬인, 테무를 '초대형 온라인 플랫폼'으로 지정하고 별도의 규제를 적용하고 엄격히 관리하고 있다.[1]

 물론, 우리는 세계 온라인 유통망에서 지배력을 강화하는 중국 온라인 플랫폼을 통해서 전세계의 다양하고 저가의 상품을 구매할 수 있고, 또한 K 상품을 널리 판매할 수도 있다. 그러나 급성장하고 있는 중국 온라인 플랫폼은 경제적으로나 안보적으로 위협이다. 알리바바그룹은 신세계그룹과 전자상거래 부문에서 전략적 파트너십을 맺고 합작법인을 설립하기로 했다. 두 그룹이 이 합작법인을 통하여 목표한 경제적 성과를 달성하기를 바라면서도, 한편으로는 과연, 중국 정부가 한국인 데이터를 요청할 때에 지켜낼 수 있는지 우려가 된다. 2026년에는 틱톡, 테무, 알리익스프레스, 쉬인 등 중국 쇼핑 플랫폼을 이용하는 한국인의 개인정보 보호가 이슈화될 것이다. 국가적 안보를 지키면서 경제적 이익을 공유하는 지속가능한 해법을 본격적으로 구하는 해가 되길 바란다.

---

[1] 김성옥, 장신재, 손가녕 외(2025), 『중국 유통 플랫폼의 글로벌 확장과 대응 방안』, 정보통신정책연구원.

이슈 브리핑

6. 중국의 스파이 활동과 국가 안보

표 1_ 중국 스파이 유형

유형		사례
아지트	시설물	• 서해 한중 잠정조치수역에 설치한 부표가 한국 함정이나 잠수함 탐지 등 군사적 목적 우려
	건물	• 스위스 공군 비행장 인근에 중국인 운영 호텔이 중국 정보기관의 감시 초소
	차량	• 영국 국방부는 도청 방지 위해 군기지나 주요 정부 건물 인근에 전기차 주차 금지(최소한 2마일 이상) • 필리핀 국가안보회의는 대통령 궁 등 주요 건물의 반경 1~3km 내에서 주차한 중국 간첩 차량의 도청 활동을 증언함
사람	중국인	• EU는 EU본부와 나토 본부가 있는 브뤼셀에 약 250명의 중국 스파이 활동을 경고 • 독일 시민권자인 Jian Guo는 독일대안당 의원실 보좌관으로 유럽의회 500건 이상 민감 문서를 중국 정보기관에 전달 • 프랑스 해군 핵잠수함 기지 직원과 중국 여학생 결혼 급증(허니팟 공작)
	대리인	• 벨기에 상원의원, 영국 의회 연구관이 중국 스파이
사이버	전자기기	• 미국에는 중국 CCTV 등 통신 장비 사용 제한법이 있음 • 일본과 호주는 중국산 부품의 사용 금지 규제를 준비중
	플랫폼	• 한국에서 오픈 채팅방을 통해 현역 군인을 매수하여 군사기밀을 넘겨받는 등 여러 사례가 적발됨

　중국은 2018년부터 서해 한중 잠정조치수역(PMZ)에 10기 이상 부표를 설치한 것으로 알려져 있다. 중국은 높이 6~13m의 등대형 부표를 해양 및 기상 관측용이라고 주장하지만, 상대국 함정 혹은 잠수함 등 군사적 탐지용으로 우려되고 있어, 국방부는 예의주시하고 있다.

　스파이 활동은 미국과 중국 등 전세계 대부분의 국가가 상대국의 정보를 획득하기 위하여 수행하고 있다. 국제적 규범이 무너지고 각자도생의 국가 우선주의 시대, 미중 패권 전쟁의 와중에서 지정학적으로 핵심 강국으로 부상하고 있는 한국에 대한 스파이 활동은 더욱 첨예해질 수 있다.

중국의 스파이 활동은 아지트 형(시설물, 건물, 차량), 사람 형(중국인, 대리인), 사이버 형(전자기기, SNS, 유통 플랫폼)으로 구분할 수 있으며, 전세계에 분포하고 있는 화교는 든든한 배경이다. 중국이 2017년에 제정한 「국가정보법」 제7조는 "모든 조직, 공민은 국가의 정보 작업에 지원·협력·협조해야 하며, 국가 정보 업무의 비밀을 타인에게 알려서는 안된다."[1]라고 규정하고 있다. 권위주의 국가에서나 있을 수 있는 매우 위협적인 조항이다. 중국은 전 세계에 수출하는 전기차, 통신 장비, 첨단 기기에 불법적 정보 수집용 백도어(backdoor)를 설치하는 등 사이버 기반 정보 활동은 그 규모나 범위를 예측하기 어려울 정도다.[2]

미국, EU, 영국, 독일, 호주, 일본 등은 중국의 스파이 활동을 차단할 수 있는 법적 체계를 갖추어 가고 있다. 「미국 연방법」 제18편 37장(Espionage and Censorship)에는 외국을 위해 정보를 수집, 전달, 사용하는 사람에게 최대 사형을 처할 수 있도록 하는 등 간첩행위에 대해 매우 엄격히 다스리고 있다. 한국에서도 관광, 유학, 비즈니스 등 출장 목적으로 입국한 중국 간첩이 군사시설과 정부종합청사를 촬영하거나 드론 촬영하다가 체포되는 사례들이 발생하고 있다. 한국도 국가 안보 차원에서 스파이 활동을 방어할 수 있는 통합적 법·제도와 관련 체계를 시급히 구축해야 한다. 중국의 스파이 활동으로부터 군사 안보, 정치 시스템, 산업 기술, 커뮤니케이션 공간을 지켜내야 한다. 특히, 한국인 스파이 활동을 철저히 단속해야 한다.

1　第七条: 何組和公民都应当法支持、助和配合国家情工作, 保所知的国家情工作密。国家对支持、助和配合国家情工作的个人和組給予保护.
2　송태은 (2025.5), 『최근 중국과 러시아의 하이브리드전 전술과 스파이 활동: 실내와 대응』, IFANS FOCUS, 외교안보연구원.

제**4**편

경제 활력

AI 대전환, 혁신과 감원

17. 산업

글로벌 산업 대전환기, 대한민국 산업 대도약 전략

김천곤 산업연구원 연구부원장

수출 주도형 제조업을 기반으로 그동안 눈부신 성장을 이룬 우리나라 산업은 최근 대내외 경제·산업 환경 변화 속에 장기 저성장 국면을 맞이하고 있다. 그린·디지털·AI 전환이라는 글로벌 산업 패러다임의 변화, 미국 등 주요국의 보호무역 강화, 글로벌 공급망 불안정, 중국의 제조업 고도화와 시장 지배력 확대 속에 우리 산업은 생산성 둔화 및 글로벌 시장에서의 경쟁력 약화에 따른 성장 기반의 위기에 직면하였다. 한편, 정부의 '진짜 성장' 전략 하에 AI 강국 도약, 성장률 제고, 세계 5강 진입을 이루기 위한 산업 대도약 전략이 필요하다. 단기적으로는 글로벌 통상 환경 변화에 따른 피해 산업의 지원 조치 마련, 한미 협력 산업의 투자 구조 및 집행 방식 세부 설계, 비교우위를 확보하기 위한 선제적 전략 수립과 효율적인 산업정책 추진이 필요하다. 산업 대전환기 대도약을 위한 중장기 전략은 산업 구조의 고도화와 미래 유망 신산업 발굴 및 육성 전략 마련이 병행되어야 한다.

산업연구원 연구부원장·선임연구위원. (전)기획조정본부장·서비스산업연구본부장, 서울대 농경제학과, 서울대 환경대학원(도시계획석사), 미국 캘리포니아대(UC Irvine) 경제학 박사. 김천곤(KIM, Chun Kon, 金天坤)

1. 2026년, 복합적 불확실성이 짙은 경제·산업 환경

　우리나라는 세계 경제 질서 속에서 수출 주도형 제조업 국가로서 그동안 놀라운 성장을 이루어냈다. 그런데, 2010년대에 성장률이 감소하며 2020년대에 들어서면서 2% 내외의 장기적인 저성장 추세를 보이고 있다. 대외적인 산업환경의 변화 요인과 함께 고령화, 저출산, 노동력 감소, 가계부채 증가 등 국내 구조적 문제들이 겹치면서 수출 및 내수 부진의 영향을 받으며 그 추세는 개선되지 않는 상황이다. 최근 KDI는 2026년 우리나라 경제성장률을 1.6%로 전망하였다.[1] 올해에 이어 2026년도에는 트럼프 관세정책의 영향으로 수출은 대체로 다소 감소할 것이지만, 내수가 완만하게 회복되면서 전체적인 경제성장률이 다소 증가하는 것으로 전망했다.

　2021년~2025년 동안 World Bank, IMF 및 산업연구원(KIET), KDI, 한국은행 등 국내외 주요 기관들이 전망한 글로벌 경제·산업의 키워드는 장기 저성장, 글로벌 불확실성, 공급망 리스크, 탄소중립, 디지털 전환, 인구구조 변화, AI, 무역 분쟁 등이다. 2026년에도 한국의 경제·산업 환경은 글로벌 산업 패러다임 전환, 주요국들의 보호무역주의 강화 움직임, 지정학적 리스크 등으로 여전히 복합적 불확실성이 높을 것으로 전망된다. 우리나라의 산업은 전통적인 제조업 강국으로서 쌓아온 역량이 여전히 유효하지만, 높은 불확실성과 급변하는 대내외 환경 속에서 다가오는 새로운 위기를 극복해야 하는 도전에 직면해 있다.

---

[1] 정규철 외(2025). 한편, IMF는 2026년 세계경제 성장률을 3.1%로 전망함.

2. 글로벌 산업 대전환기의 위협 요인들

글로벌 산업구조의 재편에 따른 대한민국 산업의 총체적 위기

AI 대전환기의 시작점에서 등장한 생성형 AI 등은 생산성 향상, 새로운 제품 및 서비스 창출, 비즈니스 모델의 혁신을 넘어서 사회 전반의 변화를 주도하고 있다. 동시에 데이터 활용, AI 윤리 등 첨단 기술 분야에서의 유연하고 예측가능한 규제 환경 조성이 요구되면서 산업구조 재편이라는 도전에 직면하고 있다.

또한, 반도체, 바이오, 청정에너지 등 미래 전략기술을 둘러싼 기술 패권 경쟁은 경제안보와 산업정책의 경계를 허물고 있다. 그린 전환, 디지털 전환 등 글로벌 산업 패러다임의 변화 속에 주요국들의 산업정책 경쟁이 심화되고 있다. 글로벌 산업환경 불확실성이 확대되면서 글로벌 경제는 저성장 고위험 구조로 재편되고 있다.

한국 산업은 구조적 저성장, 생산성 둔화 및 글로벌 시장에서의 경쟁력 약화에 따른 성장 기반의 위기에 직면하였다. 아울러, 산업 부문별 혁신 역량의 하락, 신산업 창출 부진, 산업 전반의 역동성(dynamics) 하락 등으로 복합적이면서도 총체적인 위기 양상을 보이고 있다.

불확실한 통상환경 속에 위협받는 대한민국 무역구조

2000년대 이후 세계 경제는 글로벌화의 진전과 자유무역 확대 기조를 바탕으로 성장하였다. 최근 미국을 비롯한 주요 국가들이 자국 우선주의를 내세우며 보호무역 기조로 선회하고 있으며, 글로벌 통상 질서는 다자주의(Multilateralism)에서 블록화(Bloc formation)로 이동하고 있다. 트럼프 정부가 각국을 대상으로 벌이고 있는 관세율 협상이 진전되면 관세 불확실성은 일부 해소되겠지만, 투자 구조 등 후속 협의가 필요한 상황이기 때문에 다른 불확실성이 발생할 수 있다. 미국과 주요국 간의 통상 갈등이 격화되거나 반도체 등 품목 관세가 변하면, 우리나라의 대외 수출 여건은 더욱 악화될 가능성도 있다.

또한, 수출 의존도가 높고 특정 국가에 편중된 무역구조를 가진 우리나라는 글로벌 경기 둔화, 보호무역주의 확산, 글로벌 공급망 불안정 등으로 인하여 취약성이 크게 부각될 수 있다. 글로벌 산업환경의 불확실성 증가의 부정적 영향을 직접적으로 받을 것이다.

그리고 ESG(환경·사회·지배구조) 규범 및 디지털 무역·경제 관련 통상 규범 등 글로벌 통상 규범의 다변화와 환경규제 강화 등 새로운 요소들이 새로운 형태의 비관세 장벽으로 작용하며 글로벌 통상환경을 빠르게 변화시키고 있다.

중국의 제조업 고도화와 세계 시장 장악력 확대

중국 정부는 2025년 중국 양회(兩會)에서 미·중 갈등 속에도 경제성장률을 5%로 제시하며 내수 확대 및 경기부양 정책을 확대하겠다는 정책 기조를 표명하였다. 그리고 휴머노이드 로봇, 커넥티드카, AI 스마트폰 등 피지컬 AI(embodied intelligence, 具身智能) 기술 경쟁력을 강화하여 제조업을 중심으로 AI 응용산업을 육성한다는 계획을 발표하였다. 향후 중국의 주요 산업정책은 소비 촉진, 수요 확대, 전통산업의 업그레이드, 신흥산업과 미래산업의 육성, 디지털경제의 혁신발전 촉진 등으로 요약할 수 있다.[2]

이처럼 중국은 제조업 기반 고도화와 내수시장 강화 전략을 통해 글로

---

2 조은교 외(2025) 내용에서 인용하여 재정리함.

벌 공급망에서 영향력을 확대하면서 우리나라의 수출에 부정적인 영향을 미치고 있다. 특히 반도체, 전기차, 배터리, 태양광 분야에서는 가격 경쟁력과 규모의 경제를 앞세워 세계 시장을 장악하며, 한국 기업들에게 위협이 되고 있다. 우리나라 기술 기업들은 중국과의 경쟁 심화 속에 기술 격차를 유지하고 새로운 기술혁신을 선도해야 하는 무거운 과제를 안고 있다.

3. 글로벌 위기에 대한민국 대도약 모색

새로운 산업정책 시대, '335 비전'

최근 주요 국가들은 글로벌 경제산업 환경의 빠른 변화에 대응하여 국가 차원의 전략적 개입과 자국 산업 보호·육성을 강조하는 '새로운 산업정책 시대'를 열고 있다. 미국「IRA(인플레이션 감축법)」,「CHIPS Act(반도체법)」, EU의「Green Deal」, 중국의「제조2025」등은 핵심 기술과 전략 산업의 자국 역량을 확보하기 위하여 국가 차원의 대규모 정책 지원을 통해 글로벌 기술 패권 확보와 국가안보 확보 등을 목표로 하고 있다.

우리 정부도 적극적인 산업정책과 산업 육성 의지를 표방하고 있다. 이재명 정부 국정기획위원회는 경제 분야 국정과제로 "진짜 성장"을 강조하며「경제·산업 대도약 335 비전」(AI 3대 강국, 잠재 성장률 3%, 국력 세계 5강)를 제시하였다. 이를 달성하기 위한 전략으로는 기술(T) 선도 성장, 국민 모두의 성장(G), 공정한 성장(F)을 제시하였다.[3] 경제, 산업 분야의 주요 전략으로는 AI 3대 강국 도약, 산업 르네상스, 에너지 전환, 금융 혁신 등을 제시하였다. 주요 세부 추진과제로는 신성장동력 발굴·육성, 주력산

---

3 자세한 내용은 국정기획위원회 국민보고대회(2025.8.13) 자료 참조

그림 1_ 이재명 정부의 경제·산업 성장전략

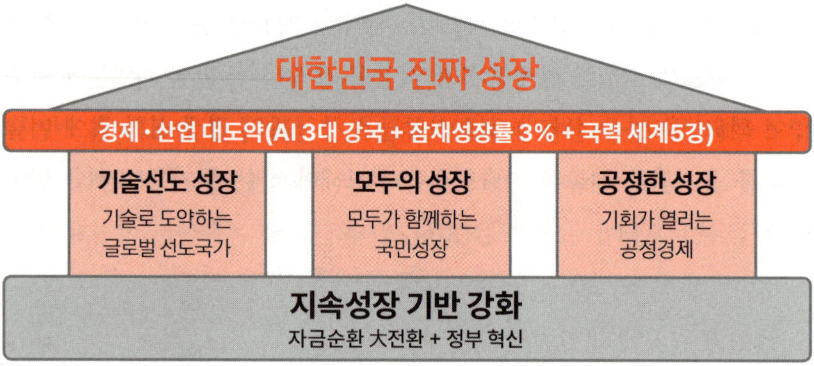

대한민국 진짜 성장

경제·산업 대도약(AI 3대 강국 + 잠재성장률 3% + 국력 세계5강)

기술선도 성장	모두의 성장	공정한 성장
기술로 도약하는 글로벌 선도국가	모두가 함께하는 국민성장	기회가 열리는 공정경제

지속성장 기반 강화
자금순환 大전환 + 정부 혁신

출처: 국정기획위원회(2025.8), "국민보고대회" 발표자료(p.32)

업 혁신, 탄소중립을 위한 경제구조 개혁 등이 있다. 또한, K-컬처를 활용한 전략과 과제도 제시하고 있다. 이를 위해 AI 3대 강국(25조원), 산업 르네상스(22조원) 등 혁신경제에 54조원, 민생경제(33조원)를 포함한 균형성장에 60조원 등 대규모 재정투자계획(2026~2030)을 수립하였다.

이러한 정책 기조 속에 AI 반도체 개발, AI 인재 양성, 데이터 경제 활성화 등 초거대 AI 생태계 조성을 위한 정책 지원이 확대될 것으로 전망된다. 그리고 반도체, 이차전지, 바이오 등 첨단 전략 산업 분야에 대한 R&D 투자 확대, 세제 지원, 인프라 구축 등 전폭적인 지원을 통해 글로벌 초격차를 유지하고 선도 기술을 확보하고자 하는 노력이 전망된다.

위기 극복을 위한 주요 산업별 선제적 단기 전략

우선 단기 전략으로 주요 산업별 대책에 집중해야 한다. 미국과의 관세협상 결과에 따라 부정적인 영향이 클 것으로 전망되는 자동차, 철강산업 등에 대해 피해지원 조치 마련이 필요하다. 한편, 조선산업처럼 한미 정상회담 이후 한·미 산업협력이 기대되는 분야는 투자 구조 및 집행 방식의 세부 설계가 필요하다. 또한, 대미 수출에 있어서 우리나라가 상대적으로 비교우위를 확보하기 위한 선제적 전략 수립이 필요하다.

AI 전환, 디지털 전환, 그린 전환 등 산업전환 대응 역량 강화 및 미국과 중국의 AI 기술 블록화에 대응하기 위한 AI 응용산업 생태계 구축에 힘써야 한다. 선제적 디지털 전환 역량 강화를 통해 산업 전반적으로 혁신 기반 마련과 핵심 기술 분야에서 초격차를 유지하고 새로운 기술을 선도해야 한다. 그리고, 산업기술, 인력, 규제, 투자, 기업생태계 측면에서 R&D 투자 확대, 인재 양성 등 효율적인 산업정책 마련과 추진이 필요하다.

아울러, K-팝을 비롯하여 전세계로 확산되고 있는 K-컬쳐 소프트파워를 활용해 콘텐츠와 첨단 기술의 융합을 통해 문화 산업뿐만 아니라 연관 산업의 동반 성장을 이끌어내고 새로운 부가가치를 창출하는 노력이 필요하다. 규제개혁 차원에서는 신기술 및 신산업의 등장을 저해하는 규제를 지속적으로 발굴하여 개선하고, 예측가능하고 유연한 규제 환경을 조성하여 기업의 혁신 활동을 장려해야 한다.

산업구조 고도화와 미래 유망 산업 육성 중장기 전략

산업 대전환기에 대한민국 산업 대도약을 위한 중장기 전략은 산업 구조의 고도화와 미래 유망 신산업 발굴 및 육성으로 요약할 수 있다. 즉, 주력산업 고도화를 위한 업종별 업그레이딩 전략과 더불어 특정 주력산업에 대한 의존도를 낮춰 산업의 회복탄력성과 지속가능성을 높이는 것이다. 그리고 유망 신성장 산업 발굴 및 육성을 통해 우리나라 산업의 포트폴리오를 다변화하는 전략이다. 신기술을 기반으로 한 미래산업을 위한 장기적이고 통합적인 국가 주도의 전략 수립이 필요하다. 그리고 대외 리스크를 상시 모니터링하고, 기업들이 이에 선제적으로 대응할 수 있도록 정보를 제공하고 지원하는 대외 리스크 관리 시스템을 구축하고, 수출

다각화를 통한 경제 영토확장을 모색해야 한다.

    대외 의존도가 높은 한국 산업은 외부 환경의 급격한 변화에 취약한 구조이다. 주력·첨단 산업이 산업 선도국과의 직접 경쟁이 심화되면 중장기적으로는 전반적인 산업경쟁력의 약화 위험이 높다. 따라서 국내외 산업환경의 급격한 변화라는 구조적 도전 속에서 산업구조의 선제적 재편, 기술혁신과 인재 양성, 그리고 지속가능한 산업 생태계 조성을 위해 긴 호흡을 가지고 노력해야 한다. 그리하여 세계적 산업 대전환기의 위기를 오히려 대한민국 산업의 대도약 기회로 만들어야 할 것이다.

참고문헌

국정기획위원회, 2025, 「국민보고대회」, 2025년 8월 13일.

정규철 외, 2025, 『KDI 경제전망 (수정)』, 한국개발연구원.

조은교 외, 2025, "2025 중국 양회(兩会), 산업정책 키워드는 AI", 『i-KIET 산업경제이슈』, 180:1-8, 산업연구원.

조재한 외, 2025, "한국 산업의 도약을 위한 전략과 과제 (Ⅰ-Ⅳ)", 『i-KIET 산업경제이슈』, 189-192:1-12, 산업연구원.

홍성욱 외, 2025, 『2025년 하반기 경제·산업 전망』, 산업연구원.

18. AI 경영

2026년 AI 발 대량 감원, '실업 대재앙 전조'냐 '새로운 번영 출발점'이냐

문형남 숙명여자대학교 한류국제대학 학장

2026년부터 AI 확산이 임계점을 넘어 전 세계적으로 대량 실업 사태가 발생할 전망이다. 제조업 40%, 금융업 45%, 운송·물류업 50% 이상의 일자리가 AI로 대체되며, 특히 청년층과 중소기업이 큰 타격을 받을 것으로 예상된다. 각국 정부는 직업 재훈련, AI 규제, 로봇세 등으로 대응하고 있지만, 한국은 준비가 부족한 상황이다. AI 확산은 소득 양극화와 정치적 불안정을 야기할 수 있으나, 동시에 AI윤리 전문가, 데이터 트레이너, 케어 서비스 등 새로운 직업 기회도 창출한다. 2026년은 인류가 AI와 공존할 새로운 질서를 마련할 분수령이 될 것이다. 정부의 선제적 정책, 기업의 사회적 책임, 개인의 평생학습이 조화를 이룰 때 위기를 기회로 전환할 수 있다.

숙명여대 한류국제대학 학장·교수. 한국AI교육협회 회장, ESG메타버스발전연구원 대표이사, (사)지속가능과학회 회장, K-헬스케어학회 회장. (전)한국생산성학회 회장·대한경영학회 회장·매일경제 기자. 저서 『나는 AI ESG 융합 전문가』(공저), 『인더스트리 5.0』(공저), 『대한민국을 선진국으로 이끈 K-경영』(공저), 『4차산업혁명과 ESG혁명』, 『세상을 바꾸는 메타버스』(공저). 근정포장 수훈. 성균관대 경영학과 학사, 고려대 경영학 석사, 한국과학기술원 공학박사 수료, 성균관대 경영학 박사학위, 북한대학원대 북한학 박사수료.
문형남(Moon, Hyung Nam, 文炯南)

1. 거대한 전환의 서막, 기술 발전의 속도와 자동화의 확산

역사적으로 기술혁명은 언제나 생산성 향상과 고용 불안을 동시에 가져왔다. 18세기 산업혁명은 인류에게 풍요를 안겨줬지만 농민과 수공업자의 일자리를 대거 사라지게 했고, 20세기 정보화 혁명은 사무직 노동의 상당 부분을 자동화했다. 그러나 AI가 몰고 올 혁명적 변화는 그 어느 때보다 빠르고, 깊고, 광범위하다. 특히 2026년은 AI 확산이 임계점을 넘어 노동시장을 근본적으로 재편하는 해로 전망된다. 이미 2020년대 중반 들어 AI는 단순 반복 업무를 넘어 전문지식, 창의성, 심지어 의사결정 영역까지 침투하며 노동의 미래를 송두리째 바꾸고 있다. 과거 기술혁명이 수십 년에 걸쳐 일자리를 대체했다면, AI 혁명은 불과 몇 년 안에 수천만 명의 생계를 위협할 가능성이 크다.

세계 각지에서 이미 그 전조 현상이 나타나고 있다. 실리콘밸리 테크기업들은 'AI 퍼스트' 전략을 앞세워 대규모 인력 감축을 단행하고 있으며, 유럽과 아시아의 제조업체들도 스마트팩토리 도입과 함께 공장 인력을 대폭 줄이고 있다. 이러한 변화의 파도가 2026년경 전 세계로 확산되면서 인류는 이전과는 차원이 다른 고용 위기에 직면하게 될 것이다.

AI는 2020년대 들어 기계학습(ML), 딥러닝(DL), 생성형 AI(Generative AI) 기술의 비약적 발전을 기반으로 폭발적인 성장을 이루었다. 2025년 현재 GPT-5, Claude 4, Gemini Ultra, LLaMA 5 등 초거대 언어모델(LLM)은 인간의 언어 이해와 추론 능력을 상당 부분 재현하고 있으며, 영상·음성·이미지 인식까지 결합된 멀티모달 AI가 본격 상용화 단계에 진입했다.

더 주목할 점은 AI의 발전 속도가 기하급수적으로 가속화되고 있다는 사실이다. 무어의 법칙을 뛰어넘는 컴퓨팅 파워의 증가, 클라우드 인프라의 대중화, 그리고 오픈소스 AI 모델의 확산은 중소기업도 손쉽게 고도화된 AI 시스템을 활용할 수 있는 환경을 조성했다. 이는 곧 AI 도입의 진입 장벽이 급격히 낮아지면서 전 산업에 걸친 동시다발적 자동화가 가능해졌음을 의미한다.

특히 자율 AI 에이전트(Autonomous AI Agent)의 등장은 인간 개입 없이 기획·분석·실행이 가능한 시스템을 만들어내며 일자리 감소를 가속화할 전망이다. 이러한 에이전트들은 24시간 무휴로 작동하면서 인간보다 빠르고 정확한 의사결정을 내릴 수 있어, 관리직과 전문직마저 위협하고 있다.

2. 2026년 대량 실업 사태의 전개 양상

국제노동기구(ILO)와 세계경제포럼(WEF)은 2026년부터 본격적인 대량 실업이 시작될 것이라고 경고한다. 그 시나리오는 다음과 같이 구체화되고 있다.

첫째, '대기업의 AI전환 가속화'로, 글로벌 빅테크와 제조·금융 대기업들은 AI 시스템을 대규모 도입하며 생산성 극대화와 비용 절감을 동시에 추진할 것이다. 예를 들어 한 다국적 금융회사는 2026~2028년 사이 인력의 30% 감축을 목표로 AI전환(AX) 프로젝트를 이미 진행 중이다. 이들은 주주 가치 극대화라는 명분 하에 인건비 절감 효과가 입증된 AI 시스템 도입을 주저하지 않을 것이다.

둘째, '중소기업과 자영업의 위기'로, 대기업이 AI전환으로 경쟁력을 강화하는 동안, AI 인프라를 구축할 여력이 부족한 중소기업과 자영업은 생산성 격차로 인해 시장에서 밀려날 가능성이 크다. 이는 고용 축소와 지역 경제 침체를 초래할 것이다. 특히 한국의 경우 전체 고용의 80% 이상을 차지하는 중소기업이 AI 도입에 뒤처질 경우 대규모 도산과 실업이 불가피해질 것으로 예상된다.

셋째, '청년 고용 절벽 심화'로, 대학 졸업생들이 진출하던 초급 사무직·관리직은 대부분 AI로 대체될 것이며, 청년 실업률은 사상 최고치를 기록할 수 있다. 이는 사회적 불평등과 세대 갈등을 더욱 심화시킬 가능성이 높다. 현재도 한국의 청년 실업률이 9%대에 머물고 있는 상황에서, AI 확산은 이를 15% 이상으로 끌어올릴 수 있다는 전망이 나오고 있다.

넷째, '지역별 격차 확대'로, AI 인프라와 기술력이 집중된 수도권과 그렇지 못한 지방 간의 격차도 더욱 벌어질 전망이다. 서울과 경기도는 AI 산업 클러스터로 발전하며 새로운 일자리를 창출하는 반면, 제조업과 전통 서비스업 중심의 지방은 대량 실업에 직면할 가능성이 높다.

3. 일자리 감소와 신종 직업

산업별 일자리 감소 전망

2026~2030년 사이 AI 확산이 산업별로 미칠 고용 충격은 다음과 같이 전망된다.

제조업 분야는 자동화 로봇·AI 품질관리 시스템 도입으로 생산직 인력의 40% 감소가 예상된다. 세계경제포럼(WEF)은 2030년까지 약 2,000만 개 제조업 일자리가 사라질 것이라 분석했다. 특히 단순 조립과 검사 업무는 거의 완전히 자동화될 것으로 보인다.

물류·운송업 분야는 자율주행 트럭·드론 배송 확산으로 트럭 기사·택배 기사·창고 관리 인력의 대량 감축이 불가피하다. 아마존과 FedEx는 이미 무인 배송 시스템을 단계적으로 도입하고 있으며, 이로 인해 전세계 물류업 종사자 1억 명 중 절반 이상이 일자리를 잃을 것으로 예측된다.

금융·보험업 분야는 신용평가·리스크 분석·자산관리 업무의 50% 이상이 AI로 대체될 가능성이 높다. 맥킨지 보고서는 금융권의 43% 직무가

표 1_ 한국 AI 일자리 충격 전망(2026-2030)

산업	2025 고용 (만명)	AI 충격률	예상 실직 (만명)
제조업	450	40%	180
금융·보험	80	45%	36
유통·서비스	650	25%	163
운송·물류	160	50%	80
법률·회계	45	60%	27
교육	180	30%	54
의료·보건	150	20%	30
건설·부동산	200	15%	30
문화·예술	85	10%	8
전체	2,000	31%	608

주) 핵심 메시지: 전체 고용 2,000만 명 중 608만 명(31%)이 AI로 인해 일자리를 잃을 위험
고위험(40% 이상) | 중위험(20-40%) | 저위험(20% 미만)

출처: 한국고용정보원의 '산업별 고용 현황'과 국제노동기구(ILO)의 '글로벌AI 실업 전망' 등을 종합하여 필자 작성

자동화될 수 있다고 예측한다. 특히 투자 상담사, 보험 설계사, 대출 심사원 등의 직업군이 가장 큰 타격을 받을 것으로 보인다.

법률·회계업 분야는 계약서 검토·세무 신고·감사 보고서 작성 등 표준화 업무는 AI가 인간보다 빠르고 정확하게 처리한다. 이미 글로벌 로펌들은 AI 리서치 시스템을 도입해 주니어 변호사의 채용을 크게 줄이고 있다. 회계 분야에서도 AI 기반 세무 처리 시스템이 공인회계사의 업무 영역을 급속히 잠식하고 있다.

교육·의료업 분야는 AI 튜터·AI 진단 시스템이 보편화되며 교사·의사의 업무 중 상당 부분이 대체될 전망이다. 다만 인간의 공감 능력이 필요한 상담·돌봄 영역은 여전히 인간 중심적일 것이다. 온라인 교육 플랫폼의 AI 강사들은 이미 수백만 명의 학습자들에게 개인 맞춤형 교육을 제공하고 있으며, 의료 분야에서도 AI 진단 시스템의 정확도가 전문의를 뛰어넘

는 사례가 늘고 있다.

미래 신종 직종군

AI 확산은 동시에 새로운 기회도 창출한다.

AI의 투명성과 책임성을 관리하는 직업인 'AI 윤리·보안·감독 전문가'가 부상할 것이다. AI 알고리즘의 편향성 검증, 보안 취약점 분석, 윤리적 가이드라인 수립 등의 업무가 새로운 전문 영역으로 자리잡을 것이다. AI 학습 데이터를 설계·검증하는 직종인 '데이터·AI 트레이너'가 새롭게 생겨난다. 고품질 데이터셋 구축, AI 모델 훈련 최적화, 성능 평가 등의 업무가 핵심이 될 것이다.

인간의 창의성과 공감 능력을 AI와 결합한 새로운 형태의 직업군인 '하이브리드 직업 모델'이 증가할 전망이다. AI 디자이너, AI 콘텐츠 크리에이터, AI 상담사 등이 대표적인 예다. 재교육·업스킬링 시장이 급성장하며 '평생학습 산업'이 새로운 도약 기회를 맞이할 것이다. 온라인 교육 플랫폼, 마이크로러닝 서비스, VR/AR 기반 직업 훈련 등이 주요 성장 동력이 될 것이다. 또한, 인간의 감정과 공감이 필요한 돌봄 서비스, 정신건강 상담, 노인 케어 등의 영역인 '케어 경제' 일자리가 오히려 증가할 것으로 예상된다.

4. 사회·경제적 파장

AI 실업 시대는 단순한 경제 현상을 넘어 사회·문화 전반에 영향을 미칠 것이다.

첫째, '소득 양극화'로, AI 기술과 자본을 보유한 소수 기업·개인에게 부가 집중되고, 다수 노동자는 일자리를 잃으며 빈부격차가 극단적으로 확대될 가능성이 크다. 옥스팜(Oxfam) 보고서에 따르면 2030년경에는 전세계 부의 90%가 AI 기술을 보유한 상위 1%에게 집중될 것으로 예측된다.

둘째, '정치적 불안정'으로, 대량 실업은 사회적 시위, 정치적 극단주의, 포퓰리즘 확산을 촉발할 수 있다. 프랑스의 '노란 조끼' 시위, 미국의 '반 빅테크' 운동처럼 기술 발전에 따른 사회적 갈등이 전 세계로 확산될 가능성이 높다.

셋째, '인간 정체성의 위기'로, 직업이 단순 생계 수단을 넘어 개인의 자아와 사회적 지위를 규정해왔다는 점에서, 대규모 실업은 존재론적 위기까지 야기할 수 있다. '일하지 않는 인간'의 삶에 대한 새로운 가치관과 철학이 필요한 시점이다.

넷째, '소비 경제의 붕괴'로, 대량 실업으로 소비자들의 구매력이 급감하면 경제 전체가 침체에 빠질 위험이 있다. AI로 생산성은 향상되지만 제품을 구매할 소비자가 줄어드는 모순적 상황이 벌어질 수 있다.

5. 정부·기업·개인의 대응 전략과 2026년 이후 인류의 선택

AI 실업 충격을 완화하려면 다층적 대응이 필수적이다.

정부는 고용보험, 노동시간 단축, 직업 전환 훈련 등 사회안전망을 조속히 확충해야 한다. 또한 AI 기업에 대한 적절한 과세를 통해 사회적 부담을 분산시키는 방안도 검토되어야 한다. 덴마크와 핀란드가 시행 중인 '로봇세' 같은 정책이 참고할 만한 사례다.

기업은 무분별한 구조조정 대신 'AI+인간 협업 모델'을 도입해 지속가능한 고용 구조를 설계해야 한다. 단기적 비용 절감보다는 장기적 사회적 책임을 고려한 경영 전략이 필요하다. 마이크로소프트와 구글처럼 AI 도입과 함께 직원 재교육에 대규모 투자하는 기업들이 좋은 모델이 될 수 있다. 개인은 평생학습을 통해 AI 활용 역량·창의적 문제 해결력·공감 능력 등 인간 고유의 강점을 강화해야 한다. 특히 AI와 협업할 수 있는 역량을 기르는 것이 중요하다. AI를 적대시하기보다는 이를 활용해 자신의 능력을 확장하는 관점이 필요하다.

2026년은 인류가 AI와 공존할 새로운 질서를 마련할 수 있을지 가늠하는 분수령이 될 것이다. 준비 없는 사회에서 AI 확산은 "실업 대재앙"으로 기록될 수 있지만, 충분히 대비한 사회에서는 "새로운 번영의 출발점"이 될 수도 있다. 궁극적으로 중요한 것은 기술이 아니라 인간의 선택과 대응이다. AI가 일자리를 대체하는 속도를 새로운 기회 창출과 제도적 혁신으로 상쇄할 수 있다면, 2026년은 위기가 아닌 혁신의 해로 기억될 것이다.

역사가 증명하듯 기술혁명은 결국 인류에게 더 나은 삶을 가져다주었다. 산업혁명 이후 농업에서 해방된 인류는 제조업과 서비스업에서 새로운 일자리를 찾았고, 정보화 혁명 이후에는 지식 기반 경제에서 더욱 창의적인 업무에 종사하게 되었다. AI 혁명 역시 인간을 단순 반복 업무에서 해방시켜 더욱 인간다운 일에 집중할 수 있게 해줄 것이다. 하지만 이러한 긍정적 전환이 자동으로 이루어지는 것은 아니다. 정부의 선제적 정책, 기업의 사회적 책임, 개인의 적극적 적응이 조화를 이룰 때만 가능하다. 인류는 지금 거대한 갈림길에 서 있다. 우리의 선택이 2026년 이후의 미래를 결정할 것이다.

19. AI 의료

AI·디지털을 활용한 지역 및 재택의료

강건욱 서울대학교 의과대학 교수

대한민국은 고령화와 만성질환 증가로 의료수요가 급증하고, 수도권 쏠림과 지역 격차가 심화되고 있다. 이재명 정부 국정기획위는 '지속가능한 보건의료체계 전환'과 '지역격차 해소·필수의료 확충'을 목표로 제시했다. AI·디지털 기술과 의료 마이데이터(마이헬스웨이) 연계는 비대면 진료, 원격 모니터링, 의료 사물 인터넷 기반 검사, 헬스 아바타 등으로 예방 중심·맞춤형 관리를 확산시킨다. 재택의료 시범사업은 성과에도 불구하고 수가 적정성, 전문인력 부족 등의 한계가 있어, AI와 디지털 의료정보를 활용하면 데이터 통합과 인공지능 챗봇을 통해 접근성, 연속성, 형평성을 동시에 향상시킬 수 있다. 이는 'AI 3대 강국 도약', '의료AI·바이오헬스 강국 실현'과 맞물려 2026년 '내가 사는 곳에서 누리는 돌봄'을 구현할 기반이다.

서울대 의과대학 교수. 서울대 창업지원단장, 한국보건의료연구원 연구기획관리위원회 위원, 내과/핵의학과 전문의, 저서 『포스트코로나 대한민국』(공저), 『2025 대한민국 대전망』(공저). 보건복지부 장관표창, 국무총리 표창. 서울대 의학사, 의학석사(내과학), 의학박사(핵의학), 한국방송통신대 석사(행정학). 강건욱(Kang, Keon Wook, 姜建旭)

1. 구조적 배경과 AI·디지털 전환

대한민국의 고령화 속도는 세계에서 가장 빠른 수준으로 진행되고 있다. 2025년 현재 65세 이상 인구 비중은 20%를 넘어섰고, 2035년에는 30%에 달할 것으로 예상된다. 인구구조 변화와 함께 고혈압, 당뇨, 관절염과 같은 만성질환 유병률은 꾸준히 증가하고 있으며, 이에 따라 장기간의 치료와 관리가 필요한 환자군이 급격히 늘어나고 있다. 이러한 변화는 의료서비스 수요를 폭발적으로 증가시키는 한편, 기존의 대면·병원 중심의 의료전달체계로는 대응하기 어려운 상황을 초래하고 있다. 특히 수도권과 대형병원으로의 환자 집중 현상은 심화되고, 지역 중소의료기관의 가동률은 떨어지고 있다. 농어촌과 도서지역에서는 응급 및 만성질환 관리의 공백이 두드러져 지역 간 의료격차가 사회적 불평등 문제로까지 확산하고 있다. 이는 이재명 정부 국정기획위원회가 제시한 "지속가능한 보건의료체계로 전환", "지역격차 해소와 필수의료 확충"의 방향성과 맥락을 같이한다.

이러한 구조적 문제 속에서 AI와 디지털 기술은 지역 및 재택의료의 패러다임 전환을 이끌 핵심 동력으로 부상하고 있다. 최근 의료현장에는 환자의 전자의무기록(EMR, Electronic Medical Record), 의료영상, 각종 검사 결과를 통합하고, 여기에 의료사물인터넷(IoMT, Internet of Medical Things) 기반의 개인 건강데이터를 결합하여 분석하는 기술이 빠르게 도입되고 있다. 이를 통해 환자가 거주하는 지역에 관계없이 동일한 수준의 진단과 치료를 받을 수 있는 '의료 형평성'을 실현하는 것이 가능해지고 있다. 더 나아가 디지털 헬스케어 플랫폼과 같은 가상 주치의 서비스는 평상시의 건강상태를 모니터링하고, 맞춤형 생활습관 및 약물 처방을 지원하는 단계로 발전하고 있다. AI가 축적된 데이터를 기반으로 개인별 위험을 예측하고 사전에 개입하는 '예방 의료(Preemptive Healthcare)'가 확산되면서, 병원 방문 이전에 질환의 진행을 억제하는 새로운 진료 모델을 제시한다.

의료 마이데이터 제도는 이러한 변화의 기반 인프라다. 2022년부터 보건복지부는 마이헬스웨이 플랫폼을 통해 국민이 자신의 진료, 검사, 투약, 예방접종 이력을 통합 조회하고 다운로드할 수 있는 서비스를 시작하였다. 닥터콜, 나만의 닥터 등 일부 비대면진료 서비스와 연동되어 활용되고 있다. 정부는 2025년까지 상급종합병원 47개소와의 연계 완료를 목표로 의료기관 확산을 추진 중이며, 영상검사 정보의 제공범위 확대 등 고도화를 추진하고 있다. 향후 PACS 영상, 검진센터 기록, 학교 예방접종 이력 등으로 연계 범위가 확대될 필요가 있으며, 법·제도 개편을 통해 개인이 데이터 전송권과 활용권을 행사하고, 민간 플랫폼과 연계하여 다양한 서비스로 발전할 가능성이 커지고 있다. 유전체, IoMT 건강데이터, 생활습관 정보 등을 통합해 생성되는 개인 건강 프로파일은 클라우드 환경에서 학습과 업데이트를 거듭하며, 개인별 위험 분석을 지속적으로 수행하고 최적화된 검진 항목, 운동, 식이, 예방약물 계획을 제시한다.

2. 비대면진료와 지역검진 활용 만성질환 관리

비대면진료와 원격 모니터링은 이미 제도권에서 확산되고 있다. 코로나19 팬데믹을 계기로 한시 허용되었던 비대면진료는 2024년 의정사태 이후 보건의료 위기상황 중 진료가 필요한 환자라면 초진, 대면진료 경험자의 구분 없이 비대면진료가 가능하게 되었다. 더 나아가 2025년 8월 권칠승 의원이 발의한 의료법 개정안은 비대면진료 초진을 전면 허용하는 내용을 담고 있다. 이 개정안은 응급환자, 14세 미만 아동, 정신·만성질환자(재진 제외) 등을 제외하고는 초진부터 장벽 없이 비대면진료를 받을 수 있도록 허용하고 있어, 비대면진료의 제도적 기반이 더욱 확고해질 전망이다. '나의 건강 기록' 앱과 민간 플랫폼을 연계해 환자가 자신의 복약이력을 비대면진료 의사에게 전송함으로써 중복처방과 부작용을 예방하는 체계도 자리잡고 있다. 나아가 인공지능 챗봇이 환자의 증상, 과거력, 복약이력을 기반으로 초기 문진을 수행하고, 필요시 의사와 연결하는 서비스가 상용화될 것이다. 전자처방과 약 배달 서비스가 결합되면 거동이 불편한 고령환자의 약물 복약 순응도가 크게 향상될 수 있다.

지역검진센터와 이동형 검사서비스 역시 중요한 축이다. IoMT 기반의 진단·검사 네트워크를 구축하면, 이동형 헬스버스나 드론 배송 검사키트, 24시간 운영되는 헬스부스에서 혈액, 소변, 심전도, 영상검사를 시행하고 데이터를 실시간 전송할 수 있다. 병원 외부에서 생성된 데이터도 EMR과 마이헬스웨이에 연동되어 주치의와 인공지능이 즉시 확인하고 대응할 수 있다. 블록체인 기술은 데이터의 무결성과 접근 권한 관리를 통해 안전성을 보장하며, 환자와 의료진 모두 실시간 분석과 위험 알림을 받을 수 있도록 지원한다.

만성질환 관리에서도 AI·디지털 솔루션의 활용은 점차 일상화되고 있다. 연속혈압·혈당 측정기를 통해 수집한 데이터는 인공지능이 분석해 맞춤 피드백과 약물 조정을 제안한다. 골관절염 환자는 AI 모션인식 카메라와 웨어러블 기기를 통해 재활운동의 정확도를 분석받고, 운동량과 자세를 교정하며, 통증 패턴을 모니터링할 수 있다. 급성 감기와 같은 경증 질환은 AI 트리아지 시스템이 증상, 체온, 산소포화도, 과거력 정보를 종합해 질병을 분류하고 병원 방문 필요성을 판정하여, 경증 환자는 약물 배송과 자가치료 안내로 대응할 수 있다.

3. 해외 우수사례

해외에서도 다양한 우수사례가 축적되어 시사점을 준다. 미국 의료보험국(CMS, Centers for Medicare & Medicaid Services) 의 'Independence at Home' 프로그램은 재택 고령환자에게 주치의 중심의 원격 모니터링과 가정방문 진료를 결합해 메디케어 지출 절감과 환자 만족도를 동시에 달성했다.[1] 일본에서는 2022년 개정된 후생노동성 지침에 의해 초진 환자에 대해서도 원격진료가 가능하게 되었으며, 같은 해 온라인 복약지도 후 조제약의 우편·택배 배송을 허용하고, 품질관리·본인 수령 확인 등 요건을 제시하였다.[2] 호주의 Royal Flying Doctor Service는 원거리 항공과 위성망 기반 원격진료로 응급환자를 현장에서 대응하고 후송하는 체계를 갖추었다.[3] 핀란드의 국민 건강 포털 MyKanta는 진단, 의무기록, 검사결과, 예방접종 내역 등 본인의 건강정보를 확인하고 처방전 확인·갱신 요청, 동의·사전의향 관리, 가족 대리처리를 한 곳에서 제공한다.[4]

4. AI·디지털 기반 재택의료

우리나라 재택의료는 건강보험 시범사업 형태로 운영되고 있으며, 방문진료뿐 아니라 의사, 간호사, 사회복지사 등이 팀을 꾸려 방문간호, 가정간호, 방문재활, 장기요양, 통합돌봄 등 다양한 정책 기전이 상호작용

---

[1] CMS, 2025, Independence at Home Demonstration Performance Year 10 Evaluation Report, Baltimore: Centers for Medicare & Medicaid Services, 1–3.
(https://www.cms.gov/files/document/iah-y10-results-fact-sheet.pdf) (2025.8.15 인출).

[2] 후생노동성(厚生労働省), 2022a, 「調剤された薬剤の薬局からの配送等について」(사무연락), 東京: 厚生労働省 医薬・生活衛生局 総務課・監視指導・麻薬対策課.
(https://www.mhlw.go.jp/content/000998582.pdf) (2025.8.15. 인출)

[3] Royal Flying Doctor Service(RFDS), 2023/2024 Annual Reports, Australia: RFDS Australia.
(https://www.flyingdoctor.org.au/about-the-rfds/annual-reports) (2025.8.15. 인출).

[4] Kela/Kanta Services, 2025, MyKanta Service Description (PDF), Helsinki: Kela. (https://www.kanta.fi/documents/20143/120102/Omakannan%2Bpalvelukuvaus%2BEN.pdf/b2e9ff44-27cb-0461-bf1f-4ffe661bda95?t=1740386736150&) ((2025.8.15. 인출).

하는 포괄적 개념이다. 시범사업을 통해 환자 만족도 향상, 의료비 절감, 합병증 감소 등의 긍정적 성과가 보고되었으나, 수가 적정성, 전문인력 부족, 법·제도 미비, 지속가능성 등의 한계가 지적되고 있다.[5] 재택의료에도 AI와 디지털 의료정보를 활용하면 가정 내에서 생성되는 혈압, 혈, 활동량, 증상 리포트 같은 생체 및 행태 데이터, 방문기록, 포괄평가 결과를 마이헬스웨이 의료정보, 건강보험 청구, 장기요양, 지자체 돌봄 데이터와 상호운용할 수 있다. 시범사업이 제도별로 병렬 운영되는 만큼, 환자 단위의 연속 데이터를 확보해 서비스 중복과 사각지대를 데이터로 파악하고 조정해야 한다. 환자 및 가족이 문진, 복약, 자가측정 교육을 스스로 수행하고 악화 신호를 신고할 수 있는 인공지능 챗봇을 활용하여 방문과 방문 사이의 공백을 메운다. 요약하면 AI 기반 운영, 의사결정, 성과관리, 보안 체계를 더하면 재택의료의 접근성, 연속성, 형평성을 동시에 끌어올릴 수 있다.

2026년 대한민국이 AI·디지털 기반 지역 및 재택의료로 전환하기 위해서는 다음과 같은 대응이 필요하다. 첫째, 의료 마이데이터 범위를 PACS 영상, 유전체 정보까지 확대하고, 데이터 전송권과 활용권 강화를 위한 법·제도 정비가 시급하다. 둘째, 주요 IT 기업과 헬스케어 스타트업, 병원, 공공기관이 데이터와 서비스를 연계한 민관 협력 플랫폼을 활성화하여 경쟁과 혁신을 촉진해야 한다. 셋째, 이동형 검사 거점과 원격진료 센터, IoMT 기반 실시간 진단체계를 확충하여 의료취약지역의 접근성을 높여야 한다. 넷째, 국민의 인식과 역량을 강화해야 한다. 디지털 헬스 리터러시 교육을 통해 AI 의료서비스에 대한 이해도를 높이고, 자기 건강정보 관리에 적극적으로 참여하도록 유도해야 한다. 다섯째, 서비스 품질과 안전을 담보하는 인증제를 마련해야 한다. 인공지능과 디지털 의료서비스의

---

[5] 한국보건사회연구원 연구보고서(2024-02) 『인구 고령화에 따른 방문진료 및 재택의료 제도화 방향』

질 관리와 표준화를 통해 국민 신뢰를 확보해야 한다.

AI와 디지털 기술은 지역과 재택의료의 경계를 허물고, '병원에 가지 않아도 받는 의료'의 시대를 앞당길 것이다. 환자는 거주지와 무관하게 형평성 있는 의료서비스를 누릴 수 있고, 의사는 물리적 거리의 제약 없이 환자를 관리할 수 있게 된다. 이는 단순한 기술 도입을 넘어, 예방 중심·환자 중심의 새로운 의료체계로 구조 전환을 의미한다. 2026년은 이러한 변화가 제도와 현장에서 본격적으로 가시화되는 원년이 될 것이며, 대한민국 의료의 지속가능성과 형평성을 동시에 높이는 중요한 분기점이 될 것이다.

5. 마무리

2026년 대한민국의 AI·디지털 기반 지역 및 재택의료는 이재명 정부 국정기획위원회가 제시한 국가비전—"AI 3대 강국 도약", "의료AI·제약·바이오헬스 강국 실현", "지속가능한 보건의료체계로 전환", "지역격차 해소와 필수의료 확충"—과 궤를 같이한다. 이를 위해 재택의료 제도의 법제화, 수가체계 개편, 전문인력 확충, 민관 협력 네트워크 강화와 함께 의료 마이데이터, 개인건강프로파일, AI 예측분석, 원격 모니터링이 결합된 디지털 헬스 인프라를 통합적으로 운영해야 한다. 이렇게 할 때, "내가 사는 곳에서 누리는 돌봄"이라는 국가 목표가 기술혁신과 함께 현실이 될 것이다.

20. AI HR

인간과 AI이 만드는 새로운 조직 혁신

김유현 InScience(Partner of Pawlik) 부대표

AI는 단순한 기술이 아니라 조직의 구조와 리더십을 근본적으로 재편하는 동력으로 작용하며, 이미 다양한 산업 분야에서 AI와 인간의 협업의 성과가 확인되고 있다. AI는 대규모 데이터를 정밀하게 분석하고 규칙적 과정을 지능적으로 처리함으로써, 인간이 창의적 사고·전략적 판단·감성적 소통에 집중할 수 있도록 돕는다. 이러한 역할 분담을 통해 조직의 성과는 크게 향상되고, 맞춤형 서비스 제공의 기반도 강화되고 있다. 또한 조직은 수직적 위계에서 수평적 네트워크로 전환되고, 리더십은 명령·통제 중심에서 협력·촉진 중심으로 재정의되고 있다. 결국 중요한 것은 정교한 기술의 보유가 아니라, AI와 인간이 조화롭게 협업할 수 있는 문화와 역량을 구축하는 것임을 강조한다.

InScience(Partner of Pawlik) 부대표. 인사혁신처 정책자문위원, 키스톤컨설팅 인터내셔날 대표(HR 부문), 지방자치인재개발원 역량평가위원 양성교육 교수, 지속가능과학회 감사, 글로벌금융학회 인사정책위원, 한국역량진단학회 정회원. 연세대 학사, 건국대 행정학석사, 아주대 경영학석사(인사·조직). 김유현(Kim, You-Hyun, 金酉賢)

1. 혁신의 출발점: 패러다임의 대전환

2023년 ChatGPT의 등장은 단순한 기술적 진보를 넘어 조직 운영의 DNA를 근본적으로 재편하고 있다. AI는 더 이상 먼 미래의 이야기가 아니다. 지금 이 순간에도 AI는 회의실에서 경영 전략과 마케팅 전략을 수립하고, 현장에서는 직원들과 실시간으로 호흡하며, 우리의 일하는 방식을 완전히 바꾸고 있다. 인사조직 전문가들은 이번 AI 혁명을 산업혁명 이후 가장 광범위하고 구조적인 변화라고 평가한다. 이제 조직은 두 가지 형태로 구분된다. AI를 효과적으로 활용하는 조직과 AI 활용에 뒤처지는 조직으로 양분된다. 인재를 바라보는 시각에도 혁명이 일어나고 있다. 전략적 사고력, 의사소통 능력, 문제해결 역량 같은 전통적 역량지표를 뛰어넘어, AI 활용 역량이 새로운 핵심적인 역량 평가 기준으로 자리잡게 되었다.

변화의 현상을 이론으로 설명하는 것보다 더 설득력 있는 것은 현실의 성공 사례들을 통해 변화의 핵심을 파악하는 것이다. 세계를 선도하는 기업들은 이미 AI와의 협업을 통해 놀라운 성과를 거두고 있다. 이들의 사례에서 미래 조직의 청사진을 찾아보자.

2. 글로벌 기업의 AI 협업 혁신

광고업계의 전설적 기업 오길비(Ogilvy)의 변화는 인상적이다. 직감과 경험, 그리고 제한적인 시장조사 결과에 의존했던 과거 광고인들의 시대는 끝났다. 이제 광고인들은 AI와 진정한 파트너십을 구축하고 있다. AI가 방대한 소비자 데이터를 분석하여 고객의 행동 패턴과 선호도를 정교하게 파악하면, 크리에이티브 팀은 이러한 정보를 바탕으로 정확하고 감동적인 광고를 창조한다.

이러한 협업의 성과는 놀랍다. 광고 메시지 전달 효과가 평균 40% 이상 개선되었고, 직원들의 직무 만족도 또한 크게 향상되었다. AI가 데이터 분석이라는 기초 작업을 담당하고, 인간이 창의적 해석과 감성적 터치를 더하는 이 모델 즉 AI와 인간의 협업 모델은 광고업계의 새로운 표준이 되고 있다.[1]

딜로이트(Deloitte)의 사례는 전통적 업무방식이 어떻게 극적으로 진화할 수 있는지를 보여준다. 과거 회계사들이 상당한 시간을 투자했던 재무제표 작성, 결산보고서 작성, 오류 검색 같은 반복적 업무는 AI가 주도적으로 담당하게 되었다. 대신 회계사들은 고객 맞춤형 재무 컨설팅이나 세무 전략 수립 같은 고부가가치 업무에 집중할 수 있게 되었다.

이러한 변화의 최대 수혜자는 고객과 회계사 모두다. 고객은 전문적이고 개인화된 서비스를 받을 수 있게 되었고, 회계사들은 기계적 업무에서 벗어나 전문성을 발휘할 수 있는 의미 있는 일에 몰입할 수 있게 되었다. 결과적으로 서비스의 품질과 고객 만족도는 높아졌으며 회계사의 업무 만족도 및 성취감 모두가 향상되는 윈-윈 구조가 만들어졌다.[2]

오토데스크(Autodesk)의 접근법은 인간-AI 협업의 이상적 모델을 제시한다. AI가 수천 가지 설계 옵션을 빠르게 시뮬레이션하고 평가한 결과를 제공하면, 엔지니어들은 이 중에서 가장 유망한 옵션을 선택한다. 그리고 자신의 창의적 판단과 전문적 경험을 더해 혁신적인 설계를 완성한다.

이 과정에서 AI는 엔지니어가 할 수 없는 방대한 계산과 시뮬레이션을

---

1 Ogilvy News (2025. 6. 5). Ogilvy Tops 2024 Effies Global Index as World's Most Effective Agency Network. https://www.ogilvy.com/ideas/ogilvy-tops-2024-effies-global-index-worlds-most-effective-agency-network?utm_source=chatgpt.com

2 CPA Trendlines (2025. 6. 1). Gen AI in Accounting: Epic Transformation, or Overheated Hype? https://cpatrendlines.com/2025/06/01/generative-ai-in-accounting-epic-transformation-or-overheated-hype-how-generative-ai-will-change-accounting-cornerstone-study-by-cpa-trendlines-research/

담당하고, 엔지니어는 AI가 할 수 없는 창의적 해석과 실용적 판단을 제공한다. 그 결과 엔지니어들은 이전보다 훨씬 빠른 속도로 더욱 혁신적인 설계를 구현할 수 있게 되었다.[3]

세계적 테크기업들도 AI-인간 협업의 새로운 가능성을 적극적으로 탐구하고 있다. 마이크로소프트는 'Viva Insights'를 통해 AI 기반의 스마트한 협업 환경을 구축하고 있다. 이 도구는 직원의 업무 패턴을 세밀하게 분석하여 개인별 맞춤형 생산성 향상 방안을 제시한다. 더 나아가 직원별 업무 집중 시간대를 파악하여 회의 일정을 최적화하고, 과도한 업무로 번아웃 위험이 감지되는 직원을 조기에 식별하여 관리자가 조기 대응할 수 있도록 지원한다.[4]

아마존은 예측 기반 인사관리의 선구자로서, AI가 직원들의 성과, 학습 이력, 승진 가능성, 이직 위험 등을 종합적으로 분석한다. 이를 바탕으로 핵심 인재 유지를 위한 선제적으로 인사부서의 개입 전략을 실행하여 조직의 지속가능한 성장을 도모하고 있다. 이직 위험이 높은 핵심 인재에게는 개인 맞춤형 경력 개발 기회나 새로운 프로젝트 참여 기회를 선제적으로 제공하고, 유망인재는 조기에 발굴하여 성장의 기회를 신속하게 제공하는 것이다.[5]

---

[3] 인더스트리 뉴스 (2024.10.23), "오토데스크, 설계·제조 과정 복잡성 줄이는 솔루션 공개". https://www.industrynews.co.kr/news/articleView.html?idxno=56308

[4] MS News, (2025. 1. 15), "Fostering empoloyee wellbeing and improving productivity at Microsoft with Microsoft Viva Insight". https://www.microsoft.com/insidetrack/blog/fostering-employee-wellbeing-and-improving-productivity-at-microsoft-with-microsoft-viva-insights/

[5] HR Executive, (2025. 7. 30), "HR's Rising Stars: Creating people-centric, tech-powered HR at Amazon". https://hrexecutive.com/hrs-rising-stars-creating-people-centric-tech-powered-hr-at-amazon/?utm_source=chatgpt.com

3. 한국 기업들의 AI 혁신 성과

한국 기업들도 AI를 핵심 전략 자산으로 활용하며 산업 전반에서 실질적인 성과를 거두고 있다.

현대자동차가 2025년 3월 미국 조지아주 에라벨(Elabell)에 건설한 자동차 공장은 AI와 로봇이 생산 모든 공정에 투입된 스마트팩토리로서 자동차 산업의 미래를 보여주고 있다. AI 기반의 시스템과 로봇이 핵심 공정인 차체, 도장 그리고 조립 등에서 투입되어 고정밀 작업과 실시간 품질 관리가 이루어지고 있다.[6]

금융권에서는 신한은행의 SOL 시스템이 500여 개 변수를 분석해 대출 심사 정확도를 25% 이상 향상시켰다. AI가 고객의 금융 패턴을 분석해 개인별 최적 금융 상품을 추천함으로써 고객 만족도를 높였고, 맞춤형 금융 서비스 제공의 기반도 마련했다. 또한 AI 기술을 적용한 무인점포인 AI 브랜치에 이어 오프라인 지점에 별도의 AI 창구를 만들어 운영을 시작했으며, 2025년 연내에 최소한 전세자금대출 상담도 수행할 수 있는 수준으로 AI 금융 서비스를 향상시키겠다는 계획을 발표하였다. 또한 AI가 비교적 단순한 대출 상담 업무를 담당하면서 발생하는 여유 인력은 고객의 자산 증식을 위한 금융서비스 상담에 투입됨으로써 보다 높은 수준의 금융서비스를 고객에게 제공한다는 야심찬 계획을 제시하였다.[7]

이처럼 국내 주요 기업들의 사례는 AI가 생산성과 효율성 향상의 보조적 수단을 넘어, 산업 경쟁력을 좌우하는 핵심 동력으로 자리매김하고 있음을 분명히 보여준다.

---

[6] 전자신문(2025.3.31), "현대차그룹 메타플랜트 아메리카를 가다 – 로봇·AI로 車를 만드는 미래 공장".
[7] 아시아경제(2025.5.14), "AI 창구 열고 챗GPT 활용 – 인공지능 보폭 넓히는 신한은행".

4. AI와 인간의 협업으로 조직 구조와 리더십의 혁신

다양한 성공 사례를 분석해보면, AI 도입이 성과를 낸 조직들에는 뚜렷한 공통점이 있다. 이들은 단순히 기술을 추가한 것이 아닌, 조직의 구조와 운영 방식을 근본적으로 재설계했다. AI는 정보와 권한의 흐름, 팀 구성 방식, 부서 간 협업 구조, 리더십의 성격까지 변화시키며 조직 운영 전반을 혁신한 것이다.

첫째, 수직적인 피라미드 구조가 수평적 네트워크 구조로 전환되고 있다. 과거 계층별로 제한되던 정보와 의사결정 권한이 AI 기반 플랫폼을 통해 모든 구성원에게 실시간으로 공유되면서, 의사결정 과정의 속도는 빨라졌으며, 의사결정의 질적 향상도 동시에 성취되었다. AI는 애자일(agile) 조직의 진화 또한 촉진하고 있다. 고정된 부서 체계 대신 프로젝트 목적에 최적화된 유연한 팀이 AI를 통해 구성되고 있다.

둘째, 리더십의 역할 또한 재정의되고 있다. 명령과 통제 중심의 위계적 리더십은 점차 협력과 촉진 중심의 분산형 즉 인간 중심의 리더십으로 전환되고 있으며, 리더의 데이터 리터러시는 새로운 핵심 역량으로 부상하고 있다. 리더는 복잡한 알고리즘을 직접 개발할 필요는 없지만, AI 분석 결과의 전제와 논리를 이해하고, 한계와 편향성을 검토할 수 있어야 한다. 역설적으로, 기술이 발전할수록 인간 중심의 리더십이 더욱 중요해지고 있으며 조직에서의 심리적 안전감은 팀 성과의 핵심 요소가 된 것이다.

셋째, AI는 인간을 대체하는 존재가 아니라, 인간의 능력을 확장하고 보완하는 파트너라는 것이다. 데이터 처리와 패턴 분석, 반복 업무가 AI 담당하면, 인간은 창의적 사고, 전략적 판단, 감성적 소통에 집중하는 것이다.

이 변화를 통해 우리가 가장 주목해야 하는 부분이 있다면 그것은 두려움이 아닌 적극적 수용이라는 부분이다. 성공한 조직들은 늘 새로운 기술을 학습하고, 새로운 협업 방식에 적응했으며, 인간만의 고유한 가치를 강화하는 문화를 만들어왔다는 것이다. AI 시대의 승자는 가장 정교한 기술을 보유한 조직이 아니라, AI와 가장 효과적으로 협업하는 조직이 될 것이다. 그리고 앞으로 더 크고 빠른 변화가 우리를 기다리고 있다.

이슈 브리핑

7. AI 세계 8위, 인적자본 혁신으로 'AI 3대 강국'

표 1_ 25개국 핵심·신흥 기술 지수 평가

	1	2	3	4	5	6	7	8	9
합(100%)	미국	중국	일본	한국	영국	독일	타이완	프랑스	인도
반도체(35%)	미국	중국	일본	타이완	한국	영국	독일	싱가포르	인도
AI(25%)	미국	중국	독일	영국	프랑스	인도	캐나다	한국	일본
바이오(20%)	미국	중국	영국	일본	독일	인도	호주	캐나다	한국
우주(15%)	미국	중국	러시아	프랑스	영국	인도	독일	일본	이태리
양자(5%)	미국	중국	영국	독일	캐나다	프랑스	일본	네델란드	인도

하버드대 케네디스쿨 벨퍼센터는 2025년 6월 「핵심·신흥 기술 지수 (Critical and Emerging Technologies Index Report)」[1]를 발표했다. AI, 바이오 기술, 반도체, 우주기술, 양자 기술 등 5개 핵심·신흥 기술 분야에 대한 25개국의 기술력을 비교 분석한 종합지표를 발표했다. 이 보고서는 국가별 첨단 기술력의 차이가 경제 성과를 넘어서 지정학적 패권과 국가전략 전방을 결정하는 경제 안보 시대에 들어섰다는 취지에서 작성되었다. 기술 분야별로 약 50여 개의 핵심 지표를 설정했다. 각 기술의 중요도는 지정학적 영향력, 공급망 리스크, 기술 성숙도, GDP 기여도 등 전략적 요소를 종합하였으며, 가중치를 반도체 35%, AI 25%, 바이오 기술 20%, 우주 기술 15%, 양자 기술 5%로 배정했다.

총점과 5개 기술 분야별 점수에서 1위는 미국이, 2위는 중국이 차지했다. 일본은 AI를 제외한 나머지 분야에서 한국보다 앞서고 있다. 러시아는 우주

---

[1] https://www.belfercenter.org/critical-emerging-tech-index

표 2_ 25개국 핵심·신흥 기술 AI 지수 평가

	합계 (100%)	인적 자본 (20%)	경제적 자원 (20%)	알고리즘 (15%)	컴퓨팅 파워 (15%)	데이터 (15%)	톱모델 정확성 (10%)	글로벌 플레이어 (2.5%)	법제도 (2.5%)
미국	90.8	17.1	20	15	15	8.7	10	2.5	2.5
중국	58	20	7.5	3.7	9.8	15	1.1	0.7	0.3
독일	18.9	3.6	0.8	1.2	3.4	8	0.3	1.3	0.3
영국	18.9	5	1.1	1	1.4	7.4	0	2.1	0.9
프랑스	18.5	2	0.7	2	2.1	8.6	1.1	1.1	0.8
인도	15.4	7.6	0.8	0	0.4	5.5	0	1	0.1
캐나다	14.2	2.9	0.7	1	0.9	7.4	0	0.6	0.1
한국	14.1	2.6	0.8	0	1.1	7.9	0	0.5	1.2
일본	13.2	1.9	0.5	0	3	6.7	0	0.9	0.2

기술 3위였다. 한국은 전체 평가에서 미국, 중국, 일본에 이어 4위[2], 반도체 5위, AI 8위, 바이오 기술 9위, 양자 기술 11위, 우주 기술 12위로 평가되었다. 영국은 독일을 제치고 유럽의 기술 강국으로 평가되었으며, 한국에 이어 5위로 반도체를 제외하고 4개 기술 분야에서 3~5위로 한국보다 앞섰다.

한국은 AI 세계 8위로 평가되었다. 미국, 중국, 독일, 영국, 프랑스, 인도, 캐나다, 한국, 일본 순이다. 평가 8개 항목별 가중치는 인적자본과 경제적 자원이 각각 20%로 제일 높고, 알고리즘, 컴퓨팅 파워, 데이터가 각각 15%다. 한국은 데이터와 법제도를 제외한 6개 분야에서 취약한 것으로 평가되었다. 데이터는 7.9점으로 15점 만점인 중국에 미국 8.7점, 프랑스 8.6점에 이어 4위다. 네이버, 다음, V3, 한글 워드 등의 값진 노력으로 데이터에서 국가 경쟁력을 가지게 되었다. 알고리즘과 톱모델의 정확도에선 0점이다. 중요시된 인적자본은 중국(20%) 만점, 미국(17.1%), 인도(7.6%), 영국(5%), 독일(3.6%), 캐나다(2.9%), 한국(2.6%) 순이다. 한국은 인적자본이 매우 취약한

---

2 원래 보고서에서는 유럽이 3위로 되어 있으면서, 유럽 주요국들이 별도로 평가되고 있었다. 필자는 유럽은 국가가 아니기 때문에 제외하고 순위를 다시 매김(한국은 원래 보고서에는 5위였으나, 유럽을 제외시킴으로서 4위가 됨)

것으로 평가되었다.

'AI 3대 강국'은 이재명 정부의 핵심 국정 목표다. 100조원 투자의 'K-AI 이니셔티브', GPU 5만개 확보와 'AI 고속도로' 구축, AI 트랙 규제 샌드박스 도입, AI 전문 인력 10만명 양성, 국가인공지능위원회 대통령 직속으로 격상 등을 추진 계획하고 있다. 인적자본은 단시일 내에 만들어지지 않는다. 만점을 받은 중국에서 배울 건 배워야 마땅하다. 현재 20점 만점 2.6점에서 5점 이상으로 올려야 한다. AI 전문 인력 양성(10만명) 사업에 국가 사활이 걸렸다. 안철수, 이해진, 이찬진, 이재웅과 같은 기술혁신들이 AI분야에서 나와야 한다. AI 천재가 다니는 '1인 유니콘 학교'가 필요하지 않을까? 민관 국가적 역량을 집결하여 강력하게 밀고 나아가야 한다.

이슈 브리핑

8. 18대 미래 고도성장 산업 "ARENAS"

표 1_ 18대 미래 고도성장 산업 ARENAS

		2022년 매출 (십억 달러)	2040 추정 매출 (십억 달러)	2022~40 CAGR(%)	2040 추정 이익(이윤율) (십억 달러, %)
1	전자상거래	4,000	14,000~20,000	7~9	280~1,000(2~5)
2	AI 소프트웨어	85	1,500~4,600	17~25	230~920(15~20)
3	클라우드	220	1,600~3,400	C	160~510(10~15)
4	전기차	450	2,500~3,200	10~12	100~320(4~10)
5	디지털광고	520	2,100~2,900	8~10	320~580(15~20)
6	반도체	630	1,700~2,400	6~8	340~600(20~25)
7	공유 자율자동차	–	610~2,300	–	20~460(4~20)
8	항공우주	300	960~1,600	7~10	50~160(5~10)
9	사이버안보	160	590~1,200	8~12	90~240(15~20)
10	배터리	98	810~1,100	12~14	40~110(5~10)
11	모듈러건설	180	540~1,100	6~10	20~220(4~20)
12	스트리밍 비디오	160	510~1,000	6~11	50~150(10~15)
13	비디오 게임	230	550~910	5~8	80~180(15~20)
14	로보틱스	21	190~910	13~23	20~180(10~20)
15	바이오텍	140	340~900	5~11	10~270(4~30)
16	항공 모빌리티	–	75~340	–	10~70(10~20)
17	비만 치료재	24	120~280	9~15	30~100(25~35)
18	핵분열발전소	18	65~150	7~13	5~50(5~30)

출처: Company annual reports; McKinsey Value Intelligence; McKinsey Global Institute analysis

맥킨지 글로벌 연구소(McKinsey Global Institute)는 2024년 10월에 앞으로 15년간 글로벌 경쟁 산업(The next big arenas of competition)은 전자상거래, AI 소프트웨어 등 18개 핵심 산업 분야를 중심으로 전개될 것으로 전망했다. 맥킨지는 고도성장과 역동성을 속성으로 하는 이들 산업들을 모아 유닉하게 "arenas"로 명명했다. 이 잠재적 미래 아레나들은 글로벌 경제를 개조하고 2040년까지 총 29조~48조 달러의 매출(GDP의 10~16%), 2조~6조 달러 이익 창출, 글로벌 GDP 성장의 18~34%에 기여할 것으로 예측했다.

2040년 추정 매출액 1위는 압도적으로 전자상거래다. 매년 7~9% 성장하여 2040년에 14조~20조 달러 매출에, 추정 수익률 2~5%에 이를 것으로 예측된다. 이어서 AI 소프트웨어, 클라우드, 전기차, 디지털 광고, 반도체, 공유 자율자동차 순이다. 연평균 성장률이 높은 산업은 AI 소프트웨어(17~25%), 로보틱스(13~23%), 클라우드(13~23%) 순이다. 매출 이익률이 높은 산업은 비만 치료제(25~35%), 반도체(20~25%), 바이오텍(4~30%), 핵분열 발전소(5~30%) 순이다. 건설 산업은 부재 공장 생산과 현장 조립의 모듈러 건설로 패러다임이 바뀔 것으로 전망했다. 매출은 2022년 1,800억 달러에서 2040년에는 5,400억~1조 1,000억 달러에 이를 것으로 전망했다. 최근 사회적으로 크게 부각되고 있는 건설 현장 재해의 상당 부분을 모듈러 건설로 줄여나갈 수 있다.

이슈 브리핑

9. 한미 조선업 협력과 지속가능성

표 1_ 한·중·일·미 조선업 현황

	건조량	주요 정책 및 법제	주요 조선사
한국	18.1% (3,702만 CGT)	• 「K-조선 초격차비전 2040」(2024) • 「미래조선산업지원특별법」추진(2025)	HD현대, 한화오션, 삼성중공업
중국	69.2% (15,599만 CGT)	• 「선박산업 중장기발전계획 2006~2015」 • 「중국제조 2025」(2015) • 「선박공업산업 구조조정및전환 행동지침 (2016~2020)」 • 「14.5 5개년계획(2021~2025)」	중국선박집단 유한공사(CSSC), 중국초상국항구 (CMPort)
일본	4.6% (1,382만 CGT)	• 「해사산업강화법」(2021) • 「디지털전환정책」(2023) • 「녹색전환추진전략」(2023)	이마바리조선, JMU, 니혼십야드, 츠네이시조선
미국	1% 미만	• 「번스-톨레프슨수정법」(1968) • 「미국조선업강화법」(2024) • 「미국해양지배력복원 행정명령」(2025)	HII, General Dynamics NASSCO, Bath Iron Work, Philly Shipyard, Austral USA

출처: '홍진희(2025.6), 트럼프 2기 조선업 부흥 정책 및 주요국의 현황, KIEP 기초자료 25-03, 대외경제정책연구원'을 근거로 작성
주기: 건조량은 2024년 기준 점유율이며, ( )는 수주잔량임.

미국의 해양지배력의 복원과 조선업 최강국 부활 추진

트럼프 2기는 경제 부흥, 국가안보 강화, 글로벌 패권 유지의 일환으로 조선업의 재건을 추진하고 있다. 「미국 해양지배력 복원(Restoring America's Maritime Dominance)」 행정명령(2025.4.)은 미국 조선업과 해양 인력 기반을 '국가안보와 경제안보의 핵심'으로 재정의하고, 조선업 경쟁력 강화용 자금지원, 해양 안보 확보, 중국 해양 지배력 견제 등의 내용을 담고 있다. 미국 무역대표부(USTR)는 「무역법」 301조를 근거로 중국이 조선·해운·물류산업에서 보조금과 비시장적 정책을 통해서 글로벌 시장을 왜곡해 왔음을 공식적으로 확인했다. USTR은 중국 조선사의 미국 항만 입항시 톤

당 요금 부과 조치를 예고하고 있다. 미국 의회는 한국, 일본 등 동맹국 조선소에 미 해군 함정 건조를 법적으로 명확히 허용하는 법안 발의 등 우방국과의 협력 체계를 강화하고 있다.

미국은 20세기 중반까지 세계 조선업 최강국이었으나 1980년이후 보조금 축소와 과도한 보호정책으로 경쟁력이 약화되어 2024년 현재 CGT 기준 건조율 0.1%에 불과한 실정이다. 「번스-톨레프슨 수정법(Burns-Tollefson Amendment)」(1968)은 군함 등 정부 발주 선박의 미국 내 건조 의무와 정부 자금이 투입된 민간 화물의 미국 선박 운송의무를 핵심 내용으로 하고 있다. 미국 상선대의 보유 비중은 지속적으로 감소하여 현재 전 세계 상선 점유율이 2.16%이다.

미국의 상선용 조선업의 쇠퇴로 인해 군함 건조에 필요한 산업 생태계 전반(인력, 자재, 부품, 인프라)이 취약해졌으며, 군함의 건조는 물론 정비에도 계속 지연이 발생하고 있다. 현재, 미국은 항공모함 전력, 원거리 전개 능력, 해상 지배력 등 해군력에서 세계 1위를 유지하고 있다. 전략적으로 중요한 핵항공모함, 전략잠수함, 이지스함 등 고부가가치 군함 건조는 HII, General Dynamics NASSCO, Austral USAhill 등 미국 조선사를 중심으로 독자적인 생산 역량을 유지하고 있다.

글로벌 조선 건조량 점유율 1% 미만인 미국의 조선업 부활 정책은 글로벌 조선산업의 경쟁 구도의 급변을 예고하고 있다. 글로벌 점유율 92%를 점하는 중국, 한국, 일본의 조선산업은 급변하는 경제 안보 환경과 함께 시련과 도전 그리고 새로운 기회를 맞고 있다.

중국의 '해양굴기((海洋崛起)' 주동력인 조선업

중국은 2000년대 이후 '해양 굴기' 전략으로 해양산업을 국가 전략산업으로 지정하고 전방위적 지원·육성하여 2024년 기준 건조량 등 정량적 측면에서 세계 1위이다. 중국 조선산업은 국유기업인 중국 선박집단 유한공사(CSSC: China State Shipbuilding Cor.)를 중심으로 조선소, 해양플랜트, 방산 등 전 분야가 수직 계열로 통합 운영되는 국가 주도산업 모델이다. 민간이나 중소 조선소는 CSSC로부터 외주받아 운영된다.

중국 정부는 2006년 「선박산업 중장기 발전계획(2006~2015)」을 수립하고 3대 조선기지(환 발해, 장강 삼각주, 주강 삼각주) 개발을 본격화하고 기술개발과 고부가가치 선박 개발의 토대를 마련한다. 2015년 「중국제조2025」에서는 조선·해양 장비산업을 10대 전략산업으로 지정하고, 디지털 설계, 스마트 조선소, 국제표준 대응 등 혁신적 전략을 추진한다. 2021년 「제14차 경제사회발전 5개년계획(2021~2025)」에서는 조선산업을 핵심 전략 산업군으로 고도화·스마트화·친환경화 구현을 추진한다.

중국 정부는 조선업을 21세기 해양 실크로드의 주력산업으로 하여 관계 국가와 조선-항만-운송의 통합 수출전략을 추진하고 있다. 스리랑카의 함반토타항(Hambantota Port)[1], 파키스탄의 과다르항(Gwadar Port), 나이지리아의 레크항(Lekki Port)은 중국 정부의 해운 패키지 수출전략이 적용된 주요 인프라다.

1950~80년대 세계 1위였던 일본의 조선업은 구조조정, 설계·연구 인력 급감, 한국과 중국과의 경쟁 등 복합적 요인으로 2000년대 이후 급격히 쇠퇴했다. 여전히 세계 3위 조선업의 나라이나 허약해진 국제 경쟁력으로 중장기적으로도 성장 한계가 상존하고 있다.

"MASGA" 한미 조선업 공생 동맹과 지속가능성

한국 조선산업은 미국의 조선업 부흥과 대중 견제 정책이 강화되는 과정에서 새로운 도약의 전기를 맞고 있다. 2025년 8월 25일 미국 백악관에서 열린 한미정상회담에서 트럼프 대통령은 'MASGA(Made in America, by South Korea, with Global Alliance)' 프로젝트를 다시 강조했다. 그는 "한국과 협력해 미국 조선업을 부흥시키겠다"고 말하면서 한국으로부터 선박을 구매하는 방안도 고려하고 있으며, 한국 기업들이 미국 내 선반 건조에 적

---

[1] 인도양의 지정학적 요충지인 항반토타항은 중국초상국항구집단(招商局港口集團)이 85%의 지분을 보유하고 99년까지 항만 운영권으로 확보함.

극적으로 참여하기로 기대하고 있다고 말했다.

한국은 「K-조선 초격차 비전 2040」(2024.7)에서는 2040년 세계 최고 조선 기술 강국 도약을 목표로 3대 전략 분야로 탄소배출 제로 선박 기술 포트폴리오 완성, 공정 무인율 50% 달성, 완전 자율운행 선박 상용화를 선정했다. 국회는 2025년 3월 「미래 조선산업 경쟁력 강화 및 지원에 관한 특별법」 제정안을 마련하고 발의를 준비하고 있다. 조선업을 국가전략산업으로 지정하고, 한미 연대 강화에 부응하는 조선업 육성, 해외 군함 건조 및 방산 시장 진출 기반 마련, 친환경·스마트 선박 전환 등 주요 목표로 하고 있다. 한국은 2025년 4월에 개최된 한미 2+2 통상협의에서 '한미 조선업 협력 패키지'를 제시했다.

2025년 8월 6일 HD현대중공업은 미 해군 7함대 소속 4만 1천톤 급 화물 보급함 'USNS 앨런 셰포드함'의 정기 정비사업을 수주했다고 발표했다. HD현대는 미국 최대 군함 조선업체인 헌팅턴 잉갈스 인더스트리(HII)와 유지·보수·정비(MRO) 및 조선소 협력 방안을 추진 중이다. 한화오션은 한국 거제조선소에서 미 해군 군수지원함의 MRO를 성공적으로 수행하고, 약 1억 달러에 Philly Shipyard[2]를 인수했다. 미국 정부의 대중국 제재 이후, 미 에너지 기업인 엑손모빌은 중국 조선소에 발주했던 LNG선 2척의 건조 계약을 보류했다.

한동안 세계 1위를 달리던 한국 조선업이 퀀텀 점프의 시간이 오고 있다. 중국 조선업은 자국 내 완결적 생산 시스템을 구축하고 있어, 한국 조선업과 협력의 여지가 거의 없다. 한미 동맹과 인태지역에서의 해상 안보 차원에서 한국과 미국과의 협력은 필수다. 세계 1위인 한국 조선업 제조 역량과 세계 1위인 미국 첨단산업과 국방산업이 결합하는 '한미 공생 조선업 동맹'은 서로 피할 수 없는 합집합이 될 것이다. 한미 관세 협상 타결에서 한국은 미국에 1,500억 달러(한화 약 209조원)를 '조선 협력 펀드'로 투입하기

---

2 필라델피아에 위치한 미국의 주요 조선소로 상업용 선박 및 정부 프로젝트를 수행, 국가안보 다목적 함정(NSMV) 5척 건조 계약, 미 해군 연간 유지·보수·정비(MRO) 계약 확보(2024.8).

로 했다. 2026년에 조선업 동맹의 가시적 성과가 바로 수주 CGT로 나타날 것이다.

　2025년 9월 4일(현지 시간)에 미국 이민세관단속국이 조지아주 현대차 그룹과 LG에너지솔루션 합각 배터리 공장 건설 현장에서 475명을 체포하는 사건이 발생했다. 매우 불행한 사태이나 앞일들이 예견할 수 있어서, 다행이다. 앞으로 미국 내 한국 공장들은 미국 노조와 정치 선동가의 관여와 미 정부의 국익 중심 규제에 직면하게 될 것이다. 미국 내 조성될 한국 조선소들도 마찬가지다. 앞으로 한미 정부 간, 미국 진출 기업 들에게 커다란 과제다. 협력 사업이 지속가능하기 위해서는 상호 호혜적 협력 체계 구축이 시급하다.

제 5 편

건설 인프라

글로벌화와 정상화

21. 엔지니어링

국민소득 5만 달러 시대를 글로벌 엔지니어링으로

이재완 세광종합기술단 회장·엔지니어링공제 이사장

건설산업의 축 전환이 시급하다. 기획과 설계를 주도하는 엔지니어링 중심 산업구조로 재편돼야 한다. 선진국은 엔지니어링이 건설산업을 주도하고 있다. 단순 시공으로는 5만달러 이상의 국민소득을 달성할 수 없다. 우리나라는 지난 60년대 이후 정부 주도 SOC 확충으로 고속 성장을 이뤘다. 인프라의 양과 질은 세계 최고 수준에 도달했다. 하지만 지금은 SOC 예산 규모 축소, 건설산업 수익성 악화와 함께 성장 잠재력도 상실했다는 평가를 받고 있다. 건설산업의 침체는 시공 중심 건설산업구조의 귀결이기도 하다. 시공은 엔지니어링의 결정에 따라 실행만 하는 후방산업이다. 시공은 가격 경쟁 중심이어서 덤핑이 흔하고 마진이 낮다. 엔지니어링은 사업의 처음부터 끝까지 관여하는 전방산업이다. 사업의 성패, 예산, 공기 리스크가 대부분 기획, 설계 단계에서 결정된다. 엔지니어링은 조율과 기획, 보이지 않는 가치를 창조한다.

세광종합기술단 회장, 엔지니어링공제(EGI)이사장, 한국엔지니어링협회 명예회장. (전)국제엔지니어링연맹(FIDIC) 회장·한국해양재단 이사장·연세대학교 객원교수. 은탑산업훈장 수훈, 송산토목대상 수상. 연세대학교 토목공학과, 프랑스 국립토목대학원, 프랑스 파리 1대학원 박사과정. 이재완(LEE, JAE WAN, 李在完)

1. 2026년 SOC 투자 확대 정책으로 엔지니어링 시장 다소 개선될 듯

최근 수년간 국내 SOC 투자 규모는 감소추세를 보였다. 이재명 정부가 출범하면서 2026년부터는 국내 경기회복을 위한 차원의 SOC 투자가 확대될 것으로 기대하고 있다. 이에 따라 2026년 국내 건설 및 엔지니어링 시장은 다소 개선될 것으로 전망한다. 또한 이전 정부에서부터 추진되어 온 공공분야 PMC[1]의 민간 주도 시범 실시와 엔지니어링 사업 대가 현실화 등이 이루어진다면, 국내 엔지니어링 시장은 좀 더 활성화될 것으로 기대된다.

이재명 정부의 출범 이후 그간 얼어붙은 남북교류 화해 협력이 다시 시작되어 북한의 인프라 개발사업이 본격적으로 논의된다면, 국내 엔지니어링산업은 새로운 도약의 계기가 될 수 있을 것으로 희망하지만, 아직은 안개 속이다. 그러나 북·미 회담 재개와 남북 정상 대화 등이 전격적으로 이루어진다면, 가장 최우선적으로 남북 도로·철도 연계 및 북한의 낙후된 인프라 시설에 대한 투자 협력이 어느 순간 지체없이 현실화될 수 있는 분야이기 때문에 이에 대한 사전 준비는 항상 해두는 것이 필요하다.

해외시장에서는 좀 더 밝은 시장 전망이 예측되고 있다. 체코 원전의 본격적인 착수와 루마니아 원전사업 등 원자력 분야 해외 진출과 폴란드 등 유럽의 고속철도, 종전 시 우크라이나 전후 복구사업 참여, ODA 사업 확대로 동남아 신도시 개발·철도·

장대교량 사업 등에 국내 엔지니어링사들의 보다 활발한 참여가 예상된다. 또한 한미 관세협정 타결에 따른 알래스카 LNG 개발을 비롯하여 조선소, 반도체, 자동차 등 대규모 대미 투자사업 확대로 국내 엔지니어링

---

[1] 발주자 권한대행(PMC: Project Management Consultant)은 개념설계부터 시공과 유지관리에 이르는 전체 건설사업관리를 총괄하는 건설 방식임.

업체의 미국 시장 참여도 기지개를 펼 것이다. 2026년도에는 세계 엔지니어링 시장에서 국내 엔지니어링 기업의 시장 점유율이 2%를 넘어서기를 기대해 본다.

필자가 몸담고 있는 엔지니어링공제(EGI)에서도 국내 엔지니어링 기업들의 해외 진출을 지원하기 위해 최근 들어 베트남 최대 보험사인 PVI, 국제적 네트워크를 갖춘 영국의 AON, 그리고 국내 최대 금융기관인 국민은행, 신한은행 등과 해외 진출 보증·공제 확대를 위한 협약을 체결하고 적극적으로 지원 체제를 확대해 나가고 있다.

2. 공공분야 독점 PMC, 해체하거나 축소해야

공공분야가 독점해 온 PMC 시장을 민간에 개방해야 한다. 우리나라는 국토부 산하 지방국토청과 도로공사, 철도공단 등 공기업이 주요 프로젝트의 PMC를 전담하고 있다. 사업비, 공사 기간, 공법 선정 등 프로젝트 관리를 발주청 직원들이 하고 있다.

이처럼 PMC 시장을 공공이 독점하다 보니, 지금까지 우리나라 민간 엔지니어링사들은 해외 PMC 시장에 진출할 수 있는 실적(track record)을 쌓을 기회가 없었다. 그렇다고 해서 공공이 주도적으로 해외 진출을 추진할 수도 없다. 국토부 산하 지방국토청은 해외시장에 진출할 수 없고, 공기업은 해외 진출 의지와 능력이 부족하다. 팀코리아, K-컨소시엄 형태로 민간사와 같이 하지만 이같은 참여 실적만으론 해외 엔지니어링사와의 경쟁에서 뒤떨어진다. 해외에서 경쟁할 국가대표 민간 PMC 플레이어가 없다.

한국 최초 해외 PMC 수주사례인 브루나이 교량 사업을 보자. 브루나이 정부는 한국 엔지니어링사를 PMC 업체로 선정하면서 해당 컨소시엄이 발주자 역할을 대행해 주길 기대했다. 그러나 한국사는 PMC를 감리 정도로 인식했다. PMC라면 갖춰야 할 프로젝트 관리 시스템이나 매뉴얼도 없어 이해관계자 간 협업 관리도 미흡했다. 브루나이 정부는 계약 해지를 거론했다. 이는 공공에 의존한 한국형 PMC 사업의 한계를 해외시장에서 보여준 사례다.

정부도 이런 문제를 알고 있다. 2020년 국토부가 발표한 「건설엔지니어링 발전방안」에서 국내 시장에 PMC를 도입하겠다고 했고, 2023년 「제6차 건설산업진흥계획」을 발표하며 사업 초기부터 PM[2] 발주를 의무화하겠다고 선언했다. 올해는 국회에서도 의원입법으로 해당 내용을 담은 「PM 활성화 법안」을 발의되기도 했다. 그러나 지금까지 실현된 건 전혀 없다.

공공분야의 역할을 축소해야 민간 주도 PMC가 정착된다. 이를 위해 국토부 산하 건설 공기업을 민영화하거나 덩치를 줄여 민간에 이양하는 방안을 적극 검토해야 한다. 그러나 공기업 입장에서는 민간 PMC가 활성화될수록 자기조직의 역할이 줄어들기 때문에 도입에 회의적이다. 정부가 강력한 의지로 파일럿 프로젝트를 지정하고 민간 컨소시엄에 PM 권한을 위임하는 실증 사례를 늘려 나가야 한다.

3. 동남아 인프라 건설 시장에 주목

글로벌 인프라 시장의 파이는 계속 커진다. ADB는 아시아권 개발도상국이 오는 2030년까지 매년 2,300조원 이상 인프라 투자를 할 것으로 추정했다. 이 중 동남아시아만 해도 매해 290조원 가까이 SOC 지출이 이뤄진다고 전망되는데, 100조원 규모의 재정 부족을 메우기 위해 각국 정부와 민간, 다자개발은행 자금이 동원되고 있다. 단일 사업에 수십조원을

---

[2] PM(Project Management)은 발주자를 대신하여 기획, 설계와 시공 및 유지관리에 이루는 전체 프로젝트 관리의 전부 또는 일부 업무를 수행하는 것을 말함.

투입하는 인프라 건설사업이 동남아에 산재해 있다.

이는 한국 엔지니어링 기업들에게 큰 기회다. 선진국 시장은 진입장벽이 높고 자국기업 선호가 강하지만, 동남아 국가들은 인프라 수요가 많으면서 외국 기술·자본에 개방적이다. 지리적으로 가깝고 문화적 친밀성도 높아 한국기업이 진출하기에 유리하다. 한국 발주청과 공기업의 해외 진출은 반드시 민간 엔지니어링사와 연계하고 실무를 민간이 주도해야 한다. 특히 민간이 실적을 쌓을 수 있는 방안이 고려돼야 한다. 공기업의 로고 파워에 기대는 관행은 지양돼야 한다. 그래야 정체된 엔지니어링, 나아가 건설산업의 성장이 견인된다.

4. 일본·중국에 비해 크게 뒤쳐진 ODA

2024년 한국 국제개발원조(ODA) 지출 규모는 5조원으로 일본의 24조원에 비해 16% 수준이다. ODA 물량이 작다보니 동남아 등에서 대형 인프라 사업을 발주할 때 중국이나 일본이 주요 구간을 맡고 한국은 잔여 부분만 담당하는 사례가 잦다. 일부 국가는 한국의 원조 규모가 작다는 이유로 대외경제협력기금(EDCF) 제안을 거절하는 일도 있다.

우리도 중장기적으로 ODA 예산을 대폭 증액해야 한다. 또한 ODA 집행체계의 일원화도 필요하다. 현재 무상원조는 외교부 산하의 KOICA, 유상원조는 기재부 산하 수출입은행의 EDCF로 이원화된 구조다. 일본이 2008년 JICA로 대외 원조기관을 통합했듯이, 한국은 유·무상을 비롯해 수출입은행의 수출금융기능까지 원스톱 협력체계를 정착시켜야 한다.

일본의 공세적 수주 외교나 중국의 일대일로를 앞세운 거대자금 투입 전략을 우리가 단기간에 따라잡기는 어렵다. 그러나 선택과 집중을 통한 한국형 지원모델을 잘 정립하면 엔지니어링의 세계시장 진출은 충분히 가능하다.

5. 글로벌 엔지니어링으로 K-엔지니어링을

한국의 건설산업은 시공 중심에서 엔지니어링 중심으로 구조 전환이 시급한 과제다. 미국을 비롯한 건설선진국은 오래전에 엔지니어링 중심으로 전환이 이루어졌다. 엔지니어링 중심의 건설산업 구조 전환을 위해서는 시공 중심으로 짜여진 국내 건설 관련 법·제도의 글로벌화가 가장 시급하다.

만약 발주제도 개선으로 글로벌 기준에 맞게 엔지니어링 발주가 국내에서 시행되고, 민간 엔지니어링사들이 PMC 역량을 갖게 된다면, 한국의 엔지니어링사들은 고부가가치 해외시장에서의 글로벌 경쟁력을 기반으로 국민소득 5만불 시대를 이끄는 견인차 역할을 할 수 있다. 반도체, 자동차, IT 시장이 아무리 커도 전세계 건설시장에 견줄 게 아니다. 전세계 건설시장의 규모는 10조 달러를 상회하는 것으로 추정하고 있다. 특히 터키의 차나칼레대교, 중동의 가스 플랜트와 발전·담수 플랜트, 체코와 루마니아의 원자력발전소 등 엔지니어링을 중심으로 한 해외 건설은 반도체, 자동차, 조선에 이어 대한민국이 전세계로 진출하는 또 하나의 주요한 K-산업 중 하나가 될 수 있을 것이다.

국내에서 충분한 경험과 실적을 갖게 된 우리 엔지니어링 기업들은 이제 세계 시장으로 진출이 필수적이다. 현재 엔지니어링산업의 국내 제도는 제도, 계약, 사업비 확보 등 사업 진행 전반에 걸쳐 국제시장과 너무도 다르다. 엔지니어링 제도의 글로벌화가 시급한 과제다. 정부가 국내 엔지니어링 제도를 과감하게 글로벌화하고 엔지니어링을 육성하지 않는다면, 글로벌 건설시장은 우리가 키운 인재와 기술을 외면할 것이다.

엔지니어링은 건설산업의 출발점이자 모든 가치사슬의 기획자이며 창조자이다. 더는 이 산업을 단순 용역업으로 취급해선 안 된다. 지금까지는 생산과 시공이 건설산업의 경쟁력을 좌우했지만, 앞으로는 기획, 설계와 관리 역량을 배가시켜야 한다. 한국 경제가 선진경제 대국으로 발전하기 위해서는 2026년부터 엔지니어링산업이 'K-엔지니어링'으로 큰 빛을 발해야 할 것이다.

22. 건설

2026년 건설산업 투자 확대, 안전 및 탈현장시공(OSC)

이상호 유창E&C 부회장·(전)한국건설산업연구원장

경제성장률이 0%대 수준으로 전망되면서 내수 경기 회복을 위한 건설투자 확대의 필요성이 커졌다. 최근 건설 현장의 중대 재해가 잇따라 발생하면서 안전 확보도 중요한 국가적 과제가 되었다. 2026년에는 내수 경기 회복을 위한 건설투자 확대와 건설 현장의 안전 확보가 핵심 키워드로 등장할 전망이다. 하지만 둘 다 많은 쟁점을 내포하고 있다. 확장적 재정정책을 통한 공공 건설투자 확대는 재정의 한계를 감안하면 크게 늘리기 어렵다. 민간 건설투자의 확대는 정부의 주택공급 확대정책과 규제완화 및 전반적인 경기회복 여부에 달려 있다. 건설 현장의 안전을 확보하겠다는 좋은 취지는 규제강화를 초래하면서 건설산업의 생산성을 더 악화시킬 수도 있다. 건설투자 확대가 내수 경기 회복에 기여하도록 하려면 획기적인 규제 완화와 함께 생산성 향상이 필요하고, 건설사업 프로세스 전반의 디지털전환(DX)과 AI전환(AX)을 추진하면서 전통적인 현장 시공을 탈현장시공(OSC: Off Site Construction)으로 대체해 나가야 한다.

유창E&C 부회장. (전)법무법인 율촌 상임고문·한미글로벌 사장·한국건설산업연구원장·GS건설 전략담당 겸 경영연구소장. 서울대 행정대학원 행정학박사. 이상호(Lee, Sang Ho, 李相昊)

1. 건설산업의 위기 징후: 5년 연속 건설투자 감소, 줄지 않는 중대 재해 등

　건설시장은 심각한 위축 국면을 맞이하고 있다. 해마다 국내총생산(GDP)의 13~14%를 차지해 온 건설투자는 2021년부터 2024년까지 4년 연속 감소세를 기록했다. 글로벌 금융위기 직후에는 3년 연속(2010~2012) 감소세를 기록했지만, 4년 연속 감소한 사례는 통계 작성이 시작된 1970년 이후 처음이며 역대 최장기간에 걸친 침체다. 더욱 심각한 것은 2025년이다. 한국개발연구원(KDI)이 발표한 '수정 경제전망'(2025.8.12)에 따르면 2025년 건설투자는 당초 전망(-3.3%)보다 훨씬 더 큰 폭의 감소세(-8.1%)를 기록할 전망이다. "상반기 건설투자가 기존 전망을 하회한 가운데 부동산 PF시장의 정상화 지연, 대출규제 강화 및 건설 현장의 안전사고 여파 등으로 건설투자 회복이 지체될" 것이라는 이유다. 이처럼 GDP에서 차지하는 비중이 큰 건설투자가 급감했기 때문에 2025년 국내 경제성장률도 0.8%에 그칠 전망이다. 5년 연속으로 건설투자가 감소하게 되면 건설기업의 부도와 폐업 증가, 고용 감소, 지역 일자리 축소, 지역경제의 양극화 심화와 인프라 격차 확대는 물론이거니와 내수 경기 위축을 비롯하여 경제와 사회 전반에 걸쳐 심대한 구조적 파급효과를 초래하게 된다.

　건설산업의 위기를 가중시키고 있는 또 하나의 요인은 줄지 않는 중대 재해다. 2022년 1월부터 중대재해처벌법이 시행됐지만, 여전히 건설업에서 가장 많은 사망자가 발생했다. 고용노동부에 따르면, 중대재해법이 시행된 2022년부터 2025년 1분기까지 총 사망자수는 1,968명인데, 이 중 건설업 사망자가 991명으로 50.4%를 차지했다. 2023년 기준 한국 건설산업의 사고 사망만인율은 OECD 경제 10대국 중 가장 높은 편이며, 10개국 평균의 2배 이상이고, 영국의 6.6배, 독일의 5.5배, 호주의 4.7배에 달한다.[1] 이처럼 국내 산업 중 건설산업에서 가장 많은 중대 재해가 발생하고, 국제적으로 비교해 보더라도 타 선진국 대비 높은 사고 사망율을 기록하고 있다. 중대 재해를 방지하기 위한 정책적 노력은 당연히 필요하지만, 정책 방향과 수단의 내용에 따라서는 건설산업에 도움이 될 수도 있고 장애가 될 수도 있다.

2. 2026년 건설투자 전망과 이재명 정부의 국정과제

2026년에는 건설경기가 다소나마 회복될 전망이다. 내수 경기 회복과 지방선거를 대비해 정부에서도 재정투자를 확대해서 SOC사업을 늘릴 것이고, 주택공급 확대도 추구할 것이기 때문이다. KDI에서도 2026년 건설투자는 2.6% 증가할 것으로 전망하고 있다.

국정기획위원회에서는 향후 5년간에 걸친 이재명 정부의 '국정운영 5개년 계획(안)'을 발표했다(2025.8.13.). 123대 국정과제를 추진하기 위해 210조 원이 소요된다고 하지만, 건설산업과 직접적으로 연관된 과제는 주택공급 확대, 교통혁신 인프라 확충, 균형성장 거점육성 등을 제외하고는 별로 없다. 다만, 123대 국정과제는 대선공약에 기반했다고 볼 수 있기 때문에 향후 구체화 될 건설정책은 대선공약을 중심으로 살펴볼 필요가 있다.

이재명 정부의 대선 공약에 포함된 주요 건설정책은 '국가균형발전 및 SOC 발주확대'와 '안전 건설환경 조성 및 건설경기 회복'의 두 가지로 크게 구분해 볼 수 있다.[2] '국가균형발전 및 SOC 발주확대'와 관련해서는 행정수도 '세종' 완성, 2차 공공기관 지방 이전 추진, 지방권 광역급행철

---

1 한국건설산업연구원(www.cerik.re.kr). 건설동향브리핑(2025.8.14)
2 전영준・최석인, 2025, "새 정부 건설 공약 점검과 내수경기 부양을 위한 건설 부문 단기 활력 대책 제언", 『CERIK 하이라이트』 4: 1~14, 한국건설산업연구원.

도역 고밀개발, 철도 지하화 실현, GTX A·B·C 조기 완공과 D·E·F 단계적 추진, 가덕도 신공항 정상 추진, AI 데이터센터 건설 촉진, 지방 고속국도 등 기타 SOC 확충과 같은 과제들이 포함되어 있다. '안전 건설환경 조성 및 건설경기 회복'과 관련해서는 건설공사 발주·설계·시공·감리 등 전 과정에서 안전대책 강화, 건설산업 적정임금제 도입, 건설 근로자 불법 고용 방지 및 부실시공 사망사고 예방대책 강화 외에 전문건설업 경쟁력 회복과 스마트 건설기술 인프라 구축 등으로 건설경쟁력을 강화하겠다는 등도 포함되어 있다. 이같은 대선 공약은 123대 국정과제 포함 여부를 떠나 향후 이재명 정부의 건설정책과제로 추진될 가능성이 높다.

3. 지방 중심 건설투자 확대를 통한 내수 경기 회복 추진

2025년 경제성장률 전망치가 0.8%임을 감안하면, 새로 출범한 이재명 정부는 2026년에 내수 경기 부양을 통한 경제성장률 제고에 주력할 가능성이 높다. 특히 2026년에는 지방 건설투자가 크게 확대될 것이다. 이재명 대통령의 대선 공약에 지방 건설사업이 다수 포함되어 있기도 하지만, 가장 큰 이유는 지방선거 때문일 것이다. 이미 이재명 정부는 경제관계장관회의에서 「지방 중심 건설투자 보강방안」을 발표했다(2025.08.14.). 기재부, 국토부, 행안부 등 관계부처 합동으로 부진한 지방 부동산 수요를 보완하고, 추경을 포함한 SOC 예산을 신속하게 집행하며, 공공공사 유찰과 지연을 방지하는 동시에 공사비 부담을 완화할 수 있는 제도개선을 하겠다는 것이다. 이 중 지역 SOC 사업의 신속한 추진을 위해 예비타당성조사(이하 예타) 제도를 정비하겠다는 방안은 많은 논란을 야기하고 있다. 예타 대상 사업의 기준을 현행 500억원에서 1,000억원으로 대폭 상향 조정하고, 지역 성장을 촉진하기 위한 전략적 투자를 유도하는 방향으로 예타 평가항목도 개편하겠다고 한다. 이렇게 되면 예타 과정에서 사업성 부족으로 제외되는 사업이 줄어 들고, 지역 균형발전을 명분으로 하는 사업은 좀 더 쉽게 예타를 통과할 수 있기 때문에 지방 건설투자가 확대될 수 있다. 반면에 지방선거 정국과 맞물려 사업 타당성 없는 지방사업도 손쉽게 추진될 수 있어 재정낭비를 초래할 수도 있다.

이처럼 건설투자가 확대되더라도 공사비 현실화가 되지 않으면 내수경기 활성화는 제한적일 것이다. 건설투자 보강방안을 발표하면서 건설업계가 오랫동안 줄기차게 요구해 온 공사비 현실화 방안도 수용한 것을 눈여겨 볼 필요가 있다. 급증한 공사비를 반영하기 위해 공종 별 단가기준을 재정비하고, 물가 반영 기준도 개선하며, 100억원 미만 공사의 낙찰하한율도 상향(+2%p) 조정하고, 국가 책임으로 사업 지연이 발생하는 장기계속사업은 인건비나 임대료 등 현장 유지 비용을 보상해 주도록 국가계약법도 개정할 계획이다. 이같은 제도개선안이 실제로 실행되면 공공사업의 수익성은 어느 정도 개선될 소지가 있다. 하지만, 과거와 달리 지금은 전체 건설시장에서 차지하는 공공 대 민간의 비중이 3:7 수준이란 사실을 간과하면 안된다. 이미 전체 건설시장에서 차지하는 민간공사 비중이 압도적이기 때문에 재정투자 확대를 통한 건설투자 확대나 공공공사 수익성 제고 정도로는 당면한 건설산업의 위기를 해소하기 어렵다.

4. 건설 현장의 안전 확보를 위한 규제와 제재 강화

이재명 정부의 출범 직후부터 대형건설사 현장에서 중대 재해가 잇따르자 대통령이 직접 면허취소를 비롯한 강력한 처벌을 시사했고, 2026년에는 정부 관련 부처마다 건설 현장의 안전 확보를 위한 전방위적인 제도 보완과 제재 강화가 이루어질 전망이다. 당장 정부는 건설 현장의 불법하도급부터 단속하기 시작했다. '위험의 외주화'와 같은 해묵은 용어들도 다시 전면에 등장했다.

건설업계에서는 오래 전부터 중대재해'처벌'법을 중대재해'예방'법으로 전환하기를 희망해 왔지만, 당분간 그 가능성은 기대하기 어렵게 되었다. 중대 재해를 줄이고자 하는 노력은 당연히 강화되어야 하지만, 처벌 중심의 규제강화가 얼마나 효과적일지는 중대재해처벌법 도입 이후의 성과를 볼 때 회의적인 시각이 많다. 건설기업들로서는 정권 초기이기 때문에 전면적인 현장 작업 중단과 위험사업의 수주 회피 등 극도로 위축된 모습을 보여주고 있고, 중대 재해 예방을 위한 추가 비용은 공사비 상승과 공기 지연 등 생산성 저하를 초래하는 요인이 될 수 있다.

5. 현장 시공을 대신할 탈 현장시공(OSC) 활성화

2026년에는 인구 감소, 건설인력의 고령화와 숙련공 부족 및 ESG 강화에 대한 요구 등을 반영하여 전통적인 현장시공을 대신하여 탈현장시공이 활성화될 전망이다. OSC는 시설물의 주요 구조체와 내외장재 등을 공장에서 사전제작한 뒤 현장으로 운반하여 시공하는 공법을 말한다. 이미 몇 년 전부터 한국에서도 학교나 군 간부 숙소와 같이 인구 감소에 따른 대비가 불가피한 시설물과 LH, GH, SH 같은 공기업의 공공임대주택 등은 OSC를 활용하여 건설해 왔다. 하지만 OSC는 법적 기반 부족, 발주물량 부족, 과도한 규제 등으로 인해 활성화가 되기 어려웠는데, 조만간 국토교통부에서 「OSC특별법」을 제정할 계획이다. 법률 제정을 계기로 2026년에는 싱가포르 등 선진국과 같이 OSC가 건설산업의 게임 체인저로 활성화될 가능성이 높다.

6. 건설산업의 패러다임 전환 필요

건설산업이 국민경제에서 차지하는 비중은 아직도 너무 크다. 건설산업도 글로벌 경쟁력을 가진 첨단산업으로 만들어 나가야 한다. 이를 위해서는 건설산업을 여전히 노동집약적 규제산업으로 만들고 있는 낡은 법·제도와 규제부터 대거 혁파해야 한다. 국민소득 4만 불 시대의 건설산업은 시공 중심이 아니라 설계·엔지니어링 중심으로 구조 전환을 추진해야 한다. 전통적인 현장 시공은 탈 현장시공으로 전환해야 한다. 건설 프로세스의 디지털 전환(DX)과 AI전환(AX)을 통해 첨단산업으로 육성해야 한다. 2026년에는 이처럼 건설산업의 패러다임을 바꿀 수 있는 새로운 정책을 수립해서 집행하기를 기대해 본다.

23. 주택시장

집값 잡는 주택정책의 결말은 풍선효과? 버블붕괴?

차학봉 땅집고 미디어본부장

진보정권이 들어서면 집값이 치솟는다는 이른바 '진보정권 집값 트라우마'가 이재명 정부에서도 반복되고 있다. 이재명 정부는 출범 첫 달도 지나지 않아 집값 급등을 잡기 위해 「6.27대책」을 내놓았다. 6억 이상 대출 규제라는 초강력 대책이지만, 노무현, 문재인 정부에서 나타났던 '규제의 역설'에 빠져들고 있다. 규제를 가하면 가할수록 집값이 치솟았던 악몽이 되살아나고 있다. 금리인하로 인한 수요증가가 예상되지만 인건비 자재비 상승, 산업재해에 대한 징벌적 제재 등으로 주택 공급의 획기적 증가는 불가능하다. 집값을 잡겠다는 규제 남발은 과거 경험한 것처럼 풍선효과를 초래할 수 있다. 만일 규제가 시장을 무너뜨릴 정도로 강력하면 일본, 중국처럼 경제 전반의 침체로 이어질 수 있다. 주택정책의 글로벌 스탠다드는 주택가격의 통제가 아니라 주거 수준의 향상이다. 한국도 주택정책 목표에 대한 근본적 방향 전환을 해야 소모적 갈등과 규제의 남발이 아닌 효과적인 주거복지를 이룰 수 있다.

조선미디어 그룹 부동산 전문매체 땅집고 미디어본부장. (전)조선일보 부동산전문기자·총괄부국장·산업부장·도쿄 특파원. 저서 『일본에서 배우는 고령화시대 국토 주택정책』, 『부자들만 아는 부동산 시장의 법칙』. 서울대 언론정보학과, 건국대 부동산 대학원석사. 차학봉(CHA, HAKBONG, 車學峯)

1. 이재명 정부의 첫 주택정책은 반시장적 대출 규제

이재명 정부가 출범한 지 한 달도 되지 않아 내놓은 「6.27대책」은 충격적이다. 효과가 충격적이라는 게 아니라 6억원 이상의 대출을 일률적으로 규제하겠다는 발상 자체가 그렇다. 5억 9990만원을 대출받아 집을 사면 권리를 보호받아야 할 국민이고 8억원을 대출받아 집을 사겠다는 사람은 응징받아 마땅한 투기꾼인가? 「6.27대책」은 전 세계적으로 유례가 없는 비상식적인 반시장적 대출 규제다.

집값 안정을 명분으로 내세운다면 개인의 권리를 무시해도 좋다는 사회적 합의라도 형성돼 있다는 것인가? 일부 전문가들은 외국도 대출규제를 통해 집값을 규제하는 것 아니냐며 「6.27대책」을 옹호한다. 그러나 특정 금액을 정해서 대출을 규제하는 나라는 공산주의 국가 중국을 포함해도 찾을 수 없다.

주택담보대출 규제는 LTV(주택담보대출비율), DTI(소득대비 주택담보대출 원리금의 비율), DSR(소득 대비 모든 대출 원리금), 스트레스 테스트를 활용하는 것이 글로벌 스탠다드다. 6.27 규제는 독창적인 제도가 아니라 국민을 실험 대상으로 여기던 전제군주 시대에나 가능했던 규제이기 때문에 다른 나라가 채택하지 않는 것이다.

시장경제를 하는 나라에서 자신의 상환 능력에 맞는 대출은 시민의 권리, 시장경제의 근본이다. 시민의 권리를 제한할 때는 그만한 명분과 절차가 필요하다. 캐나다의 경우, 집값 급등으로 정부 책임론이 강하게 제기되는 등 사회적 문제가 됐던 2018년 1월 모기지(주택담보대출) 테스트라는 제도가 도입됐다. 모기지 대출 시 차입자의 상환능력을 평가할 때 적용하는 이자율을 실제 금리보다 2% 더 높게 책정하는 방식이다. 금리 인상 시 발생할 수 있는 가계 파산 등 금융 리스크를 줄이겠다는 명분을 내세웠다. 제도 도입에 앞서 이미 두 달 전에 스트레스 테스트 도입 방침을 발표했다.

금융당국이 대출을 제한할 때는 금리 인상 시에 상환 능력에 문제가 발생할 수 있어 제한할 수밖에 없다는 명분을 제시해야 한다. LTV, DTI, DSR 등 복잡한 용어가 동원되는 이유이다. 문재인 정부는 2019년 주택시장 안정화를 명분으로 투기지역과 투기과열지구 내 15억원 초과 아파트에 대해 주택담보대출을 금지한 「12.16부동산대책」을 도입한 바 있다. 헌법소원이 제기됐고 당시 헌재는 재판관 5대4 의견으로 간신히 위헌을 피했다. 당시 문형배 재판관은 정부 조치 목적의 정당성은 인정되나 수단의 적합성과 침해의 최소성은 인정되지 않는다고 판단했다. 「12.16부동산대책」에도 2020년, 2021년에 집값 대폭등이 발생했다. 코로나로 인한 경기침체를 막기 위한 전 세계적인 금리 인하와 과잉 유동성이 대출 규제를 무색하게 한 것이다.

2. 주택정책이 목표 수정하지 않으면 노무현·문재인 정부 실패 되풀이

우리 사회는 집값이 급등하면 정부가 대책을 내놓는 것을 의무처럼 여긴다. 언론과 전문가들은 집값 대책을 내놓지 않으면 정부의 역할을 방기하거나 무능한 것처럼 비판한다. 그러나 집값 상승기에 정부가 대책을 세워도 큰 효과를 낼 수 없다는 것은 이미 증명됐다. 문재인 정부는 집값이 오른다고 28번의 크고 작은 집값 안정 대책을 냈다. 세금, 대출, 거래제한, 공급 등 대책이라는 대책은 모두 꺼냈다. 그 결과는 집값 폭등의 확산이었다. 과거 노무현 정부에서도 "버블세븐"이라는 신조어가 만들어질 정도로 집값과의 전쟁을 펼쳤다. 그러나 강남에서 시작된 집값 상승이 규제를 가하면 가할수록 상승세가 전국으로 확산됐다. 규제는 단기간에 효과가 있는 것 같지만, 시장은 금방 적응한다. 오히려 시장은 규제를 집값 상승의 신호탄으로 받아들였다. 그때 나온 유행어가 "풍선효과", "두더지 잡기", "버블세븐", "정부와 반대로 하면 돈 된다" 등 이었다.

우리가 알만한 나라들 중에는 집값이 급등한다고 정부가 집값을 잡겠다고 선언하는 나라는 한국과 중국밖에 없다. 주택가격은 공급, 인구구조, 소득, 금리, 대출 조건, 경기 상황, 주가, 수출 등이 복합적으로 작용해 결정된다. 21세기 들어 상품과 자본의 교류, 금리의 글로벌화로 인해 글로벌 집값 동조화 현상이 발생하고 있다. 한국에서 집값이 올라 아우성이 터질 때 파리, 런던, 뉴욕, 시드니, 베이징 역시 똑같은 비명이 울린다. 하지만 한국과 중국 외에는 정부가 집값 잡겠다는 정책을 꺼내질 않는다. 오랜 시장경제를 경험한 나라들은 집값이 통제 대상이 될 수 없다고 판단한 것이다. "건축규제 완화로 주택공급을 늘리겠다", "서민들이 쉽게 주택을 살 수 있는 대출제도를 만들겠다"는 정도의 공약이 나온다.

정부가 집값을 잡을 수 있는 효과적 수단이 많지 않다. 가령, 아파트 한 채 짓는데도 4~5년이 걸린다. 한 정권이 집권 기간에 아파트 한 채를 계획해서 짓기도 쉽지 않다. 토지 구입, 인허가 착공 등의 절차를 거치면 5~6년이 걸린다. 신도시 건설은 계획에서 토지 보상, 공사 등을 감안하면 10년 이상이 걸린다.

주택시장의 과열이 부작용만 초래하는 것은 아니다. 침체기 사업성이 없어 방치됐던 이른바 '한계 토지'는 집값 급등기에 본격적인 개발이 이뤄져 주택 공급을 늘린다. 침체기에 줄어들었던 주택 공급이 주택시장 과열기에 늘어나면서 과잉 공급으로 이어져 집값이 하락한다.

지금 주택가격 상승의 원인은 과거와는 다르다. 원자재 인건비 상승으로 인한 신규 아파트 분양가 급등, 새 아파트 선호 현상의 심화, 주택 공급의 감소, 중대재해법 등으로 공기 지연, 금리인하 기대감 등 복합적이다. 금리인하가 본격화된 유럽의 집값이 오르는 것도 비슷한 이유에서이다.[1]

---

1 https://www.economist.com/finance-and-economics/2024/10/01/the-house-price-supercycle-is-just-getting-going?itm_source=parsely-api

3. 집값 규제의 결말은 풍선효과 아니면 버블붕괴

노무현, 문재인 정부의 관료들이 집값을 잡지 못한 것이 아니라 잡지 않은 것이라는 비판도 받았다. 단기간에 집값을 잡는 '비밀병기'는 대출 규제다. 주택시장으로 흘러 들어가는 돈을 대출 규제를 통해 100% 틀어막는다면 주택시장은 하락이 아니라 붕괴로 이어질 수 있다.

일본은 1990년대 부동산 가격이 폭등, 정치 사회문제가 됐다. 중앙은행은 금리를 급격히 인상했고 정부는 대출 총량제를 도입했다. 보유세도 대폭 늘어났다. 과표를 시세의 30~40%에서 70~80%로 높였다. 지역에 따라 5배~10배 보유세가 높아진 경우도 있다. 너무 강력한 대책을 한꺼번에 쓰면서 부풀어 오른 버블은 붕괴됐다.

그 부작용으로 20년간 일본의 부동산 가격은 하락했고 '디플레이션의 악순환'에 빠졌다.[2] 미국, 영국 등 선진국이 집값이 폭등해도 대출 규제와 같은 정책을 채택하지 않은 것은 일본이 남긴 교훈도 한몫했다. 중국은 2021년 집값을 잡겠다고 강력한 대출규제 정책을 도입했다. 그 결과 부동산 개발업체의 연쇄 부도, 집값 하락이 발생하면서 중국 전체 경제에 악영향을 줬다. 중국 정부는 규제책을 쓴 지 1년도 되지 않아 부동산 경기 부양책으로 전환했다. 그러나 2025년에도 주택시장의 하락세가 지속되는 등 경기회복의 발목을 잡고 있다.[3]

이재명 정부에서 6.27 대출 규제가 오히려 풍선효과를 일으켜 10억원 이하 주택 가격을 급등시킨다면 대출 규제의 확대와 보유세 인상이라는 추가대책을 들고 나올 것으로 보인다. 집값 문제가 이재명 정부의 정치적

---

2 https://www.esri.cao.go.jp/jp/esri/info_sbubble.html
3 ttps://www.chosun.com/international/china/2025/03/16/
NWDURC57E5C5RIVXWXAZJ5A2BM/

위기로 이어진다면 1990년대 일본, 2021년 중국처럼 대출 규제와 세제를 통해 주택시장을 붕괴시킬 수 있는 정도의 대책이 쏟아질 수도 있다.

현 정부에 영향력을 행사하는 진보적 학자들이 문재인, 노무현 정부보다 더 강력한 세제와 대출 규제를 요구하고 있다. 극단의 규제는 단순히 집값만 낮추는 것이 아니라 주택시장, 더 나아가 한국 경제에 재앙적 충격을 가할 수 있다.

정부가 주택 정책목표를 강남, 분당 등 초고가 지역이 아니라 경기도, 인천 등으로 눈을 돌리면 훨씬 많은 정책 수단을 구사할 수 있다. 대한민국에 강남만 있는 것은 아니다. 경기도나 인천에는 4억~5억원 대의 아파트들이 수없이 많다. 서민들의 주거 수준 향상에 정책목표를 둔다면 이들 지역의 교통과 교육 인프라의 획기적 개선을 추진할 수도 있다. 동탄~파주 GTX 개통으로 인해 교통망을 갖춘 주택의 공급도 한층 쉬워졌다. GTX를 연장하면 비교적 저렴한 아파트의 대량 공급이 가능하다.

24. 민생주택

자가보유율 60%를 70%로 높여 중산층 복원

이영한 서울과학기술대학교 (전)주택도시대학원 원장

이재명 정부는 명확한 주택 정책을 가지고 임기를 시작하고 있다. 마치 5년 로드맵을 가지고 있는 듯하다. 크게는 대출을 억제하고 수도권에 대규모 주택(135만호)을 공급하겠다는 것이다. 주택 가격을 안정화 혹은 정상화하기 위해서 양동 작전을 펴고 있다. 수도권에 135만호를 공급하면 주택보급률(착공 포함)은 현재 97.2%에서 105%로 높아질 것이다. 문제는 주택보급률의 상승이 자가보유율의 상승으로 선순환되어야 한다는 점이다. 그렇기 위해서는 공공분양주택 공급을 획기적으로 늘려야 한다. 현재 재고 공공임대주택 비중 8.5%를 대만 수준인 5%로 줄이고 이를 공공분양 전환하면 80만호의 자가가 늘어나 전국 자가보유율 60%가 63.5%가 된다. OECD 국가 평균 자가보유율인 71% 수준으로 높여야 한다. 주택 정책의 제1 목표는 "내 집에서 살고 싶다"는 무주택자의 주거 문제 해결이어야 한다. 공공분양주택 중심으로 주택 정책을 전환하면, 국가 재정에도 좋고, LH 공사도 부채 절감하여 좋고, 무엇보다도 소유자는 자아 실현되서 좋을 것이다.

서울과학기술대 건축학부 명예교수, 케이북스 대표이사, 우리도시건축사사무소 대표, 산업경영환경연구원 연구소 소장, 지속가능과학회 회장. (전)주택도시대학원 원장·EBS 사외이사, 서비스산업총연합회 초대 운영위원장. 저서 『전환기 한국 지속가능발전 종합전략』, 『포스트코로나 대한민국』, 『대한민국 대전망』 시리즈, 『주거론』, 『주택디자인』, 『공동주택디자인』 집필위원장·대표 저자. 대한민국 국민포장 수상. 서울대 공학사·공학석사·공학박사(건축학과), 한국방송통신대 문학사(중어중문학과, 일본어학과). 이영한(Lee, Younghan, 李榮漢)

1. 명확한 주택 정책을 갖고 시작하는 이재명 정부

윤석열 정부에서는 주택 정책이라고 할만한 것이 없었다. 임기 내내 공공 주택 정책은 실종되었다. 주담대 상환기간을 50년으로 늘리면서까지 주담대를 늘리는데 열을 올렸다. '자유 시장'이란 명분을 앞세워 규제를 대폭 완화했다. 사실 윤 정부에서는 저금리와 유동성 확장에서 유발된 문재인 정부의 주택 정책 실패를 되돌려 정상화하기 위해서 노력했어야 했다. 고금리 시기로 집값을 안정시킬 수 있는 시기임에도 불구하고 주택 시장은 혼란에 빠지고, 지방과 서울의 주택가격 양극화가 심화되었다. 주택 시장의 자율성을 존중하되 탐욕이 과도할 때에는 정부의 관여가 필요하다. 그래야 시장은 건강하고 정상적으로 작동하여 민생 주택 공급이 정상화된다.

이재명 대통령은 취임 100일 기자회견에서 5년 임기 중 주택 정책의 대강을 말했다. '135만호 공급', '실수요자 중심 수요', '투기적 부동산 취득을 최소화', '대출 규제로 투기·투자 유인 제거', '반복적 지속적 대책 필요' 등 구체적인 정책들을 나열하면서 강력한 추진 의지를 가감 없이 말했다. 먼저 주목되는 것은 바로 국토부 차관에 도시계획을 전공한 이상경 가천대학교 도시계획·조경학부 교수를 임명한 것이다. 이 차관은 이한주 국정기획위원장과 함께 『공정한 부동산, 지속가능한 도시』(2021)의 대표 저자다. 이 책에는 토지공개념, 주거권, 주택임차권, 공공개발 이익 국민환원제 등 그동안 진보 정권이 추진해오던 주택 및 국토 정책들로 채워져 있다.[1] 이 대통령이 "반복적이고 지속적인 대책 필요"라고 언급했는데, 이재명 정부의 5년 임기 동안에 이 진보적 정책들이 단계적으로 지속적으로

---

1 '경기도 지사 이재명'이 추천사를 쓴 이 책에는 토지공개념 실천 방안, 주거권 강화, 기본주택과 사회주택 중심 주택 공급 정책, 주택임차권 보호 강화, 공공개발 이익 국민 환원제 도입, 지방분권과 지역균형발전 등 포함됨.

추진될 것으로 전망된다.

정부는 취임 초기부터 강력한 대출 억제 정책인 「가계대출 관리 강화 방안」(6.27), 서울 전역과 경기도 및 인천시 대부분 지역에 「외국인 토지거래허가구역 지정」(8.21), 2030년까지 수도권에 총 135만호 신규 착공과 고강도 규제를 담은 「주택공급 확대방안」(9.7) 등 쏟아내고 있다. 이 대통령은 전임 문 대통령이나 윤 대통령에 비하여 주택 시장의 생리를 잘 파악하고 있고 명확한 대안을 가지고 있다. 과거 이명박 대통령도 그러했기 때문에 실효적인 주택 정책을 추진했다. 현 정부의 대책들은 주택 시장에 즉각적으로 대응하고 있고, 강력한 실천 의지를 담고 있는 것으로 보인다.

2. 수도권 135만호 공급으로 주택보급률 8% 상승

수도권에 135만호를 공급했다고 해서 재고 주택 수가 135만호 그 수만큼 늘어난 것은 아니다. 그 수에는 정비사업 물량이 있기 때문이다. 정비사업은 기존 주택을 멸실하고 새로 건축하는 개발 방식이기 때문에 멸실량이 발생한다. 정비사업의 내용에 따라서 좀 다를 수가 있지만, 보통 정비사업으로 1000호를 건축하면 순증 호수는 30%인 300호정도로 볼 수 있다. 135만호가 공급되면 수도권의 주택보급률은 현재 97.2%에서 2030년 약 105%(착공 포함)로 높아질 것으로 추정된다.[2] 주택보급률 105%가 되면 주택 공급 부족으로 인한 가격 상승 효과는 거의 나타나지 않는다고 볼 수 있다. 2030년이 되면 경기나 인천은 105%를 초과하게 된다.

서울에는 33만 4천호가 배정되어 있다. 이 호수가 공급될 때, 순증 호

---

[2] 135만 호에는 100% 순증인 신규 필지 등이 다수 포함되어 있으므로, 약 90만 호를 순증으로 볼 수 있다. 현재 수도권 가구수는 10,883천 가구, 주택은 10,573천 호로 주택보급률은 97.2%이다. 2030년 주택수는 11,473천 호로 증가하고, 인구수 정체 혹은 감소로 가구수는 그대로 있는 것으로 가정하면, 주택보급률은 105%가 됨.

수는 약 20만호 수준일 것으로 추정된다. 2030년이 되면 서울의 주택보급률은 현재 93.6%에서 100%(착공 포함)에 이를 것으로 추정된다. 2030년경이 되면 서울에서 주택 공급 수요는 일단 한숨을 쉴 수 있을 것이다. 주택보급률 105%까지 되기 위해서는 순증으로 20만호, 총공급 주택 수로는 40만 호 정도를 더 공급해야 한다. 주택보급률 105%를 달성하기 위해서는 기존의 주택 공급 방식으로는 어렵고 혁신적 대책이 필요하다.

3. 자가보유율을 OECD 평균 70%로 높여 중산층 복원

한국 자가보유율은 전국 60.7%, 서울은 48.4%다. OECD 국가 평균 자가보유율(2024년 기준)은 71%다. 사회주의적인 중국의 자가보유율은 전국 90%, 북경 86.7%로 높다. 우리나라와 사회 체제가 여러 가지 비슷한 대만 자가보유율은 85%, 타이페이도 84%로 매우 높다. 일본의 자가보유율은 우리와 비슷하다. 한국은 주택보급률이 높아지고 있는데도, 자가보유율은 60% 선에서 약간의 등락을 하면서 10년이상 지속되고 있다. 한국은 세계적으로 자가보유율이 매우 낮은 국가에 속한다. 글로벌 국가 평가에서 한국이 낮게 평가되는 지표들이 삶의 질, 사회 안전성(중산층), 주거 문제 등이다. 이 지표들은 낮은 자가보유율과 연관되어 있다.

표 1_ 국가·도시별 자가보유율

중국	90%(2022)	북경	85.7%(2022)
대만	85%(2020)	타이페이	84%(2020)
캐나다	66.5(2021)	토론토	65.1%(2021)
미국	65%(2025)	뉴욕	30%(2025)
영국	65%(2021)	런던	46.7%(2021)
일본	61.2%(2018)	도쿄	45.2%(2018)
프랑스	61.2%(2024)	파리	33.4%(2022)
한국	60.7%(2020)	서울	48.4%(2020)

한국 자가보유율이 낮은 이유는 여러 가지 있을 수가 있으나, PIR(주택가격/가구소득)이 높다는 점을 지적하고 싶다. 일반 국민들이 주택을 매입하기에 가격 부담이 크다. 신규 공급 주택들이 다주택자들의 몫이 되고 있는 실정이다. 또한, 자가보유율이 낮으면 주택 가격 변동의 충격이 큰데, 주택가격이 올라가면 자가보유율이 떨어지는 현상이 발생한다. 살림살이가 어려운 주택 보유자들이 집을 팔아야 하는 경우가 발생하기 때문이다. 노무현 정부 때 서민을 위한 주택 정책을 폈다고 했지만, 오히려 주택가격은 급등하고 자가보유율은 떨어졌다. 급기야 제2기 신도시 등 60만 호 이상 주택 공급 대책을 추진했다. 그 공급 효과는 차기 정부인 이명박 재임 시에 확실히 나타나면서 주택가격이 안정되었다.

주택 정책의 요체는 자가보유율을 높이는 것이다. 정부가 주택보급률을 높이는 정책을 추진하는 것은 자가보유율을 높이기 위해서 하는 것이지, 다주택자를 늘리기 위해서 하는 것은 아닐 것이다. 싱가포르의 첫 총리인 리관유는 1959년 제일 국정 정책을 "국민에게 자기 집을 주자!"였다. 싱가포르는 서구 사회주의적 주택 정책의 요체였던 공공임대주택도 아니고 자본주의 자유 시장에서 거래되는 민간 주택도 아닌 제3의 주택인 HDB 주택이 총주택 수의 약 80%를 차지하고 있다. 싱가포르는 자가보유율 90% 국가로 세계적으로 적정 주택(Affordable Housing) 정책이 성공한 나라로 평가받고 있다. 굳이 싱가포르 주택 정책을 얘기하는 이유는 "국민은 자기 집을 가져야 한다"가 주택 정책의 제일 목표가 돼야 한다는 것을 강조하기 위해서다.

4. 지속가능한 주택 정책은 공공분양주택 중심 공급

9.7 대책에서 LH공사가 공공 주택 공급의 개발시행자로 역할이 주어지면서 기대감과 함께 우려감이 교차한다. LH 소유 택지를 민간 분양하

지 않고 직접 사업 시행을 하도록 되어 있다. 현재 LH의 천문학적 부채가 이번 정부에서 대폭 늘어날 수 있다.

　재고 공공임대주택(2023년 기준)은 192만호로 전체 재고 주택수 2,262만호의 8.5%다. 문재인 정부는 재고 공공임대주택 비중을 10%이상으로 계획했다. 공공임대주택 비중을 늘리는 것인 지속가능하지도 바람직하지도 않다. 재고 공공임대주택 비중을 싱가포르, 대만 수준인 5%으로 조정하고, 3.5%에 해당하는 80만호를 공공분양주택으로 전환하는 것으로 검토할 필요가 있다.

　공공임대주택 80만호를 분양되는 것만으로 자가보유율이 60%에서 63.5%로 높아진다. 그리고 신규 공공 주택 공급 물량을 공공분양주택으로 공급하는 것이다. 재고 공공분양주택이 확대되면, 정부의 재정 부담도 경감되고, LH 공사 부채도 감축되고, 입주자도 "내 집에 살아" 자아 실현되고, 모두가 좋은 지속가능한 주택정책이 되지 않을까? 내 집을 갖는 것이 중산층의 기반이다. 자가보유율이 떨어지고 있는 현실에서 중산층 복원을 위해서라도 공공분양주택 공급을 획기적으로 확대할 필요가 있다.

제 6 편

사회 균형력

포커스 2030의 빛과 빚

25. 2030 담론

한국 사회 20대 담론, '인정과 존중'

함인희 이화여자대학교 사회학과 명예교수

20대는 생애주기 상 가장 중요한 과업, 곧 직업 및 배우자 선택을 수행해야 한다는 점에서 매우 중요한 시기로 꼽힌다. 현재 한국의 20대 담론은 사회 양극화가 공고해진 시기에 등장함에 따라 비관적이고 자조적인 분위기가 주를 이루었다. 최근 들어서는 20대 젠더 갈등 및 이대남의 보수화가 사회적 화두로 떠오르면서 더욱 논란의 중심에 섰다. 그러나 정작 20대는 내부적 이질성과 다양성이 매우 큰 세대로 취향도 제각각이고 인생에 대한 태도도 '10인 10색'이다. 불안과 좌절 못지않게 희망과 도전이 공존하는 세대이자 공정의 가치를 평등 못지않게 중시한다. 취업 및 경제적 독립을 향해 고군분투하지만 실연의 아픔에 가슴 졸이기도 하는 이들은 정당 지지도 면에선 젠더 간 차이가 두드러지나 워라밸 등 사회적 가치관에 있어서는 젠더 수렴 현상을 보인다. 진정한 동료로서 사회에 첫발을 내딛는 20대를 향해 편견과 고정관념 대신 기성세대의 '인정과 존중'이 그 어느 때보다 필요한 때다.

이화여대 사회학과 명예교수. (전)이화여대 사회대 학장·한국가족학회 부회장. 저서 『앨리 혹실드』, 『인간행위와 사회구조』, 『문화로 읽는 페미니즘』(공저), 『가족과 친밀성의 사회학』(공저), 『오늘의 사회이론가』(공저), 역서 『가족 난민』(공역). 미국 에모리 대학교 박사.
함인희(Hahm, Inhee, 咸仁姬)

1. 왜 20대에 주목하는가?

"10대는 철이 없고, 20대는 답이 없고, 30대는 집이 없고, 40대는 돈이 없고…" 인터넷 유머 게시판에 올라온 글의 한 대목이다. '답이 없는 20대'를 향한 사회적 관심이 그 어느 때보다 뜨겁다. 20대는 생애주기에서 인생의 주요한 밑그림이 그려진다는 의미에서 가장 중요한 시기로 꼽힌다. 곧 평생 무슨 일을 하며 살아갈 것인가 직업을 탐색하는 과업과, 누구와 함께 살아갈 것인가, 배우자 혹은 동반자를 선택하는 과업을 적극 탐색하면서 자신만의 답을 찾아가는 시기가 바로 20대이기 때문이다. 지금의 20대는 생물학적 성숙은 보다 일찍 시작되는데, 사회적 성숙은 현저하게 지연됨에 따라 성인으로 진입하는 과정이 오랜 시간을 두고 다양한 시행착오를 거쳐 이루어진다는 점에서 "모색적 성인기(emerging adulthood)"를 지나간다는 평가를 받고 있다(Arnett, 2024: 28-29).

오늘의 20대는 "머리 터지게 고민하고 발바닥에 불나듯 뛰어다녀야" 겨우 성인의 문턱을 넘어설 수 있다. 부모 세대만 해도 졸업→취업→결혼→출산이라는 패키지를 완수하면 자연스럽게 성인으로 인정받았다. 고도 성장기의 수혜자인 부모 세대는 대학 졸업장만 있으면 그런대로 취업문이 넓었던 시절 직장을 잡았던 행운의 세대였다. 하지만 신자유주의의 파고와 고용없는 성장을 거쳐 테크노 자본주의의 출현 앞에 선 20대는 좁디좁은 취업문을 뚫어야 하는 불운의 세대이다. 대신 부모 세대에게 직장의 의미가 '목구멍이 포도청'이었다면, 20대는 '아침에 눈뜨면 출근하고 싶은 직장'에서 성장의 기쁨과 보람을 느끼길 원한다는 점에서 진일보한 측면이 있다.

이제 20대는 일정한 나이가 되면 모두가 비슷한 경로의 생애주기를 거쳐 간다는 인식 대신 "생애주기의 탈(脫)표준화"를 겪고 있다. 더불어 20대 동일 연령층 내부의 계층적 격차가 매우 크다는 아픔과 함께 "세습 중산층 사회"(조귀동, 2020: 10) 속 냉혹한 현실에 직면하고 있다.

2. 한국사회 20대 담론의 특징

IMF 외환위기를 지나 사회의 양극화가 공고해지면서 등장한 한국 사회 20대론은 출발부터 비관적이고 자조적인 분위기를 띠고 나타났다. 20대를 둘러싼 부정적 분위기를 선도한 책으로는 우석훈 박권일(2007)의 『88만원 세대』를 들 수 있다. '88만원 비정규직'은 당시 20대의 고통과 고충을 상징적으로 포착한 개념으로 지금도 강력한 이미지로 남아 있다. 이후 출판된 한윤형(2013)의 『청춘을 위한 나라는 없다』, 조성주(2015)의 『청춘일기: 광장 밖 호모 비정규니언스에 관한 기록』, 조한혜정 외(2016) 『노오력의 배신』 등은 일자리의 엄혹함에 초점을 맞추며 20대론의 암울한 분위기를 이어갔다.[1]

2018년 발표된 임홍택의 『90년생이 온다』는 20대론의 분위기에 반전을 가져온 의미있는 베스트셀러이다. 대기업 인사담당자의 경험을 살려 증언한 당시 20대의 조직행동 특성 4가지 곧 '간단함 추구', '재미 추구'(기성세대가 삶의 의미를 추구했다면 신세대는 삶의 유희를 추구한다), '정직함', '솔직함'(위계서열 불문하고 솔직함은 미덕이다)은 오늘의 20대에게도 여전히 유효하다.

---

[1] SNS상에서도 비슷한 분위기가 이어졌다. 2015년 SNS에 빈번하게 등장했던 신조어들을 일별해보면, 금수저 흙수저론이 1위, 헬조선(지옥을 뜻하는 hell과 조선(朝鮮)을 합친)이 2위로 등극했다. 이 이외에도 '가진 것 없는 젊은 세대가 들 수 있는 유일한 무기'란 뜻의 "죽창", '최저 시급도 안되는 아주 적은 보수로 젊은이들의 노동력을 착취한다는 뜻'의 "열정 페이", '요즘 젊은이들은 노력이 부족하다는 기성세대의 평가를 풍자'한 표현으로 "노오력"도 SNS 상에서 인기를 얻은 신조어. 20대 취업 및 구직 과정의 고단함을 담은 "지여인"(지방대 출신 여성 인문대생), "문송합니다"(문과라서 죄송합니다), "자소설"(자기소개서+소설) 등도 자주 오르내렸고, 취업 시장에서 강세를 보이고 있는 "전화기"(전자전기·화학공학·기계공학)를 향한 부러움도 적나라하게 표출됨.

우울하고 비관적인 담론이 주를 이루었던 한국과 달리 서구의 20대 논의는 관점이 보다 다채롭고 내용 또한 풍성하며(피터슨, 2021), 미래를 책임질 이 세대에 대한 희망을 저버리지 않았다. 프랑스 현대 철학의 거장 미셸 쉐르(2014)는, 이들이야말로 "한 손에 또 하나의 뇌(스마트폰에 대한 은유)를 들고 있는 세대"로, 두 개의 뇌를 얼마나 멋지게 활용하느냐에 우리의 미래가 달려 있다고 선언한 바 있다.

그 후 10여년의 세월이 흐른 지금 다시금 20대론이 주목받게 된 배경에는 젠더 갈등의 증폭과 소위 '이대남의 보수화'가 자리하고 있다. 20대의 보수화 경향에 대한 우려는 보다 일찍 시작되었다. 사회학자 오찬호는 2013년 『우리는 차별에 찬성합니다』를 출판하면서 '괴물이 된 20대의 자화상'이란 부제를 달았다. 20대 초반 젊음의 열정과 정의감으로 분기탱천해야 할 시기에, 민족을 향한 충정보다 개인의 주머니 사정을 더 신경 쓰고, 학벌주의의 폐해에 분노하기보다 서열화된 대학 순위를 적극 수용하는가 하면, 비정규직의 정규직 전환을 '날로 먹으려 하는' 공정성 침해라 항의하기까지 하는 이들이야말로 개념도 없고 의식도 없는 이기주의자 아니냐고 일갈하고 있다.

하지만 정작 20대 자신은 스스로를 보수로 범주화하는 것에 불편함을 드러내면서 고령층의 보수화 성향과 확실히 선을 긋는다. 이들은 무조건 특정 정당을 지지하는 기성세대와 달리 지지정당 자체가 없는 무당파(無黨派), 아니면 특정 이념에 충성하거나 발목 잡히지 않는 탈이념파(脫理念派)로 자리매김되는 것을 선호한다. 공정을 최고의 사회적 가치로 내세우며 한국사회의 뜨거운 화두로 등장한 20대를 보다 균형 잡힌 시선으로 이해하기 위해서는 그들 자신의 목소리에 귀 기울일 필요가 있으리라 생각된다.

3. 한국사회 20대의 현주소

20대는 분명 기성세대와 결을 달리하고 있음이 분명하지만, 집단 내부의 계층적 격차와 함께 이질성이 매우 큰 세대란 특징을 보여주고 있다. 20대는 즐겨 듣는 음악 장르도 다양하고 즐겨 보는 영화 취향 또한 다양한데다 사랑과 결혼에 대한 입장 또한 다채로워 20대를 하나로 묶는 건 불가능할지도 모르겠다는 생각이 들 정도다.

2020년 코로나 위기를 지나는 동안 20대만의 고유한 경험을 들여다보고 그들만의 목소리를 듣고자, 20대를 대상으로 웹 서베이를 통한 설문조사(2020년 11월 5일~12일, 남성 253명 여성 256명)를 실시하였다.

청년실업 세대, 88만원 비정규직 세대, 3포 5포를 지나 N포 세대라는 사회적 시선에 대해 20대가 들려준 답은 기대 이상으로 다채로웠다. 상황은 어렵지만 무한 희망을 포기하지 않는다는 낙관주의자부터, '소 귀에 경읽기'식으로 사회적 관심 자체에 아무런 관심을 보이지 않는 무관심주의자를 거쳐, 정말 소박하게 하루 세끼만 해결된다면 '알바'인생도 나쁘지 않다고 생각하는 프리터족에 이르기까지 10인 10색의 모습을 보여주었다.

그런가 하면 사회적 분위기로 인해 분명 불안과 혼돈을 느끼기도 하지만 20대 특유의 도전 정신과 희망을 잃지 않은 세대였고, 지극히 자기중심적이요 기성세대의 권위로부터 가능한 한 탈(脫)하려는 움직임도 있지만 동시에 부모 세대의 관습이나 관행을 전격 거부하진 못하는 조심스러운 세대의 모습을 보이기도 했다.

20대에 경험하는 생애주기 상의 전이로 취업 준비, 첫 직장생활, 연인과의 이별, 첫 성 경험, 배우자 선택 등에 주목하여, 각 과정에서 실제로 스트레스를 경험했는지, 경험했다면 스트레스의 강도는 어느 정도였는지 물었다(《표 1》 참조).

20대 생애주기 과업 중 스트레스 비율이 가장 높았던 것은 취업 준비

표 1_ 20대 생애주기의 주요 전 이별 스트레스 경험율과 스트레스 강도

주요 전이	스트레스 경험율(%)			스트레스 강도(100점 기준)		
	전체	남성	여성	전체	남성	여성
취업 준비	95.9	94.9	96.9	68.9	69.0	68.8
첫 직장생활	84.3	79.4	89.1	59.8	54.8	64.2
연인과 이별	79.2	77.1	81.3	56.5	55.7	57.3
첫 성경험	56.6	52.6	60.5	37.4	27.5	45.9
배우자 선택	54.8	50.2	59.4	54.5	47.6	60.3
계(N)	509	253	256	509	253	256

로 95.9%라는 압도적 다수가 스트레스를 받았노라 응답했고, 다음은 첫 직장생활이 84.3%로 뒤를 잇고 있다. 연인과 헤어졌을 때 스트레스를 경험했다는 응답율은 79.2%로, 첫 성관계(56.6%)나 배우자 선택(54.8%)보다 확연히 높게 나타나고 있어 흥미롭다. 주요 전이 과정에서 여성의 스트레스 경험이 일관성있게 높게 나타나고 있음 또한 눈에 뜨인다.

100점을 기준으로 했을 때 스스로 측정한 스트레스 강도는 취업 준비 과정에서의 스트레스 평균이 68.9점으로 가장 높았고, 다음은 첫 직장생활이 59.8점으로 나타나, 이 시기 삶의 중압감은 취업과 직간접적으로 연결되어 있음을 보여주고 있다. 첫 성경험(37.4점)으로 인한 스트레스 평균은 연인과 헤어졌을 때(56.5점)나 배우자 선택(54.5점) 보다 낮은 것으로 밝혀졌다.

주목할 만한 것은 취업 준비 스트레스의 경우 남녀 차이가 거의 없는 가운데 첫 직장생활 스트레스 점수는 여성이 남성보다 유의미하게 높게 나타나고 있고, 연인과 헤어졌을 때 스트레스는 성차가 크지 않은 반면 배우자 선택으로 인한 스트레스와 첫 성경험 시 스트레스 모두 여성으로부터 높은 점수가 나타났다는 점이다.

최근 20대를 중심으로 젠더 갈등의 골이 매우 깊다는 보도와 함께 여

성가족부 폐지 등의 "젠더 갈라치기"적 담론이 끊이지 않고 있음은 진정 유감이다. 20대의 투표 성향 및 정당 지지도와 별도로 20대를 대상으로 한 사회조사 결과를 보면, 20대야말로 젠더가 독립변수로서 "통계적으로 유의미한(statistically significant)" 경우가 점차 사라지고 있다는 점에서 그러하다.

몇 가지 실례를 들어본다면, 1995년 대학생 대상 설문조사에서 '결혼 전까지 절대 순결을 지켜야한다'는 데 남성 19% 여성 48%가 찬성을 표했다. 그러나 2015년 조사에서는 거꾸로 '결혼 상대자의 순결을 문제삼지 않겠다'는데 남성의 77% 여성의 82%가 찬성을 보냈다. 20대를 중심으로 성관계에 관한 한 젠더 격차 대신 젠더 수렴 현상이 진행되고 있음이 분명하다 하겠다.

신세대 직장인을 대상으로 한 2018년 조사에서도 '일과 라이프 중 내 인생을 가치있게 하는 것을 굳이 선택한다면 라이프다.'라는 항목에, 신세대는 무려 80%가 동의한 반면 기성세대 동의율은 54%에 그쳤다. 뿐만 아니라 신세대는 라이프를 중시한다는 입장에 젠더 차이가 없었지만, 기성세대는 남녀 간 격차가 상대적으로 뚜렷했다.

국내 대기업의 세대별 젠더 비율을 보면(미발표 자료) 20대는 남녀 비율이 51 대 49로 거의 비슷하다. 지금의 20대야말로 남녀가 진정한 동료로서 선의의 경쟁을 하며 멋진 파트너십을 구축할 수 있는 절호의 기회를 손에 쥔 행운의 세대라 해도 과언이 아닐 것이다. 상황이 이러함에도 굳이 '이대남'(20대 남성)의 상대적 박탈감을 과대 포장하고, 공존 과정에서 자연스럽게 부상하는 갈등을 소모적이고 적대적인 대결로 치환하는 것은 진정 유감이다. 오늘도 평범한 다수의 20대는 각자도생(各自圖生) 사회의 엄혹함을 헤쳐 가며 공정의 가치가 지켜지길 갈망하는 가운데, 취업 준비 및 직장생활에 여념이 없을 것이다.

4. 20대를 향한 인정과 존중

20대를 향한 인정과 존중을 위해서는 무엇보다 20대에 덧씌워진 근거 없는 고정관념 및 부정적 편견에서 벗어나야만 한다(카르페디엠, 2024). 20대는 철저하게 개인주의적이요 계산적인데다 오프라인 소통을 불편해 하고 온라인 소통을 선호하리라는 선입견이 퍼져 있다. 하지만 20대 디지털 네이티브 입장에서는 평생 고용이 사라진 시대 자신의 시장 가치를 높이는 일이 매우 중요하다는 사실, 20대도 자신의 업무에 대한 의미 부여가 이루어지면 허드렛일도 마다 않고 할 용의가 있다는 사실, 오프라인 소통 선호도가 75%로 온라인 소통 25%보다 높았다는 사실 등이 사회조사를 통해 확인되었다. 조직 내 세대별 업무태도 및 업무능력을 비교해 본 자료에서도 직장 충성도, 리더십, 업무지식, 책임감 면에서는 기성세대가 신세대보다 능력과 역량을 갖추고 있고, 생산성과 성과, 업무 추진력에 있어서는 세대차가 없다는 생각이 주를 이루고 있었다.

이들 20대를 향해 "미성숙하다"거나 "책임감이 없다"거나 "정말 답이 없다"고 비난하기보다는, 탐색의 시기에 과도한 시행착오를 줄일 수 있도록, 방황의 시기에 좌절하지 않고 오뚝이처럼 일어설 수 있도록, 따스한 격려와 진정성 있는 지원을 아끼지 말 일이다. 젠더 갈등 및 이대남의 보수화를 향한 우려 또한 이들의 생각과 움직임을 정확히 읽어내고 이들의 기대와 요구를 충실히 수용해나갈 때, 정치권은 물론 우리사회 전반적으로 미래를 향해 앞으로 전진할 것이 분명하다.

참고문헌

우석훈 박권일, 2007, 『88만원 세대』, 서울: 레디앙.

임홍택, 2018/2024, 『90년생이 온다』, 서울: 웨일북.

조귀동, 2020, 『세습 중산층 사회』, 서울: 생각의 힘.

조성주, 2015, 『청춘일기: 광장 밖 호모 비정규니언스에 관한 기록』, 서울: 꽃핀자리.

조한혜정 외, 2016, 『노오력의 배신』, 서울: 창비.

카르페디엠, 2024, 『요즘 젊은 것들』, 사울: 하마터면.

한윤형, 2013, 『청춘을 위한 나라는 없다』, 서울: 어크로스

아네트, 제프리 (Arnett, Jeffrey), 직업학과 진로연구회 옮김, 2024, 『Adolescence and Emerging Adulthood』.

셰르, 미셸(Serres, Michel), 양영란 옮김, 2014(2012), 『엄지세대: 두 개의 뇌로 만들 미래』, 서울: 갈라파고스.

피터슨, 앤 헬렌(Petersen, Anne Helen), 박다솜 옮김, 2021(2020), 『요즘 애들』, 서울: 알에이치코리아.

26. 2030 채무

2030 영끌과 빚투 현장, 국가 차원의 채무 위기 해법

박기태 법무법인 한중 변호사

최근 몇 년 사이 가장 흔한 채무자들은 단연 2030세대다. 성실하게 미래를 꿈꾸어야 할 청년들이 감당할 수 없는 빚의 굴레에 갇혀 법률적 구제를 호소하는 모습은, 이제 더 이상 예외적인 사례가 아닌 우리 사회의 보편적 비극이다. 서울회생법원의 통계에 따르면 2023년 개인회생 신청자 중 2030세대의 비중은 47.5%에 달한다. 이들의 실패는 개인의 무모함이나 나태함으로 치부할 수 없는, 시대적이고 구조적인 문제의 결과물이다. 2030세대 부채 문제는 국가 존속의 문제다. 이는 기회의 불평등, 자산과 소득 간의 불균형, 사회 안전망 부재 등이 얽힌 복합적인 사회 문제이고, 이 문제의 해결 없이는 대한민국의 존속을 장담할 수 없다. 국가의 부를 청년들에게 이전하고, 청년들이 빚을 내지 않고도 살아갈 수 있는 사회 구조를 만들기 위한 국가적 노력이 절실하다.

법무법인 한중 변호사, 서울시립 다시서기 지원센터 운영위원, 서울시 공익변호사, 대한의사협회 자문변호사, 대한변협 인증 손해배상 전문변호사. 저서 『일반인을 위한 회생파산 매뉴얼』. 연세대 정치외교학사·법학전문석사·보건정책석사. 박기태(Park, Kitae, 朴基兌)

1. 현장에서 마주한 세대의 절망

회생/파산 전문변호사로서 법정 안팎에서 마주하는 수많은 채무자 중, 최근 몇 년 사이 가장 흔한 채무자들은 단연 2030세대다. 성실하게 미래를 꿈꾸어야 할 청년들이 감당할 수 없는 빚의 굴레에 갇혀 법률적 구제를 호소하는 모습은, 이제 더 이상 예외적인 사례가 아닌 우리 사회의 보편적 비극이다. 서울회생법원의 통계에 따르면 2023년 개인회생 신청자 중 2030세대의 비중은 47.5%에 달해, 사실상 법원을 찾는 채무자의 절반이 청년층인 시대가 되었다. 이들의 실패는 개인의 무모함이나 나태함으로 치부할 수 없는, 시대적이고 구조적인 문제의 결과물이다. 본 고는 2030세대 부채의 현황과 특성을 통계에 기반해 분석하고, 현장에서 체감한 문제의식을 바탕으로 해결 방안을 모색하고자 한다.

2. 청년 부채의 폭발적 증가와 질적 악화

최근 청년층의 부채는 다른 어떤 세대보다도 가파르게 증가하며 위험 수위를 넘어섰다. 2014년부터 2023년까지 9년간 전체 가구의 평균 부채가 51.8% 증가하는 동안, 20대의 부채는 무려 217.9%, 30대는 115.3%라는 폭발적인 증가율을 기록했다. 이는 과거 은퇴를 앞둔 중장년층에서 부채가 정점을 찍던 전통적 생애주기 패턴이 붕괴하고, 부채 부담의 정점 연령이 40대 초반으로 하락하는 구조적 전환이 일어났음을 의미한다.

이러한 양적 팽창은 고금리의 비은행권 대출과 신용대출, 카드론 등이 함께 급증하는 질적 악화를 동반했다는 점에서 더욱 심각하다. 담보가 없는 이들 대출은 금리 인상기에 이자 부담이 가장 먼저, 그리고 가장 크게 늘어나는 부채다. 이는 청년층이 안정적인 자산 없이 오직 미래 소득을 담보로 위험한 빚을 지고 있음을 의미하며, 경기가 조금만 둔화되어도 곧

바로 채무불이행의 늪에 빠질 수 있는, 매우 불안정한 다리를 건너고 있는 것과 같다. 실제로 29세 이하 부채 보유 가구의 자산 대비 부채 비율은 42.4%로, 자산의 절반 가까이가 빚이다. 이는 자산 가격이 조금이라도 하락할 경우, 곧바로 순자산이 마이너스가 되는 '깡통계좌'로 전락할 수 있음을 의미하며, 한번 무너지면 재기가 사실상 불가능한 재무적 절벽에 서 있음을 보여준다.

3. 위기의 두 얼굴, '영끌'과 '빚투'

청년 부채의 이면에는 '영끌(영혼까지 끌어모아 대출)'과 '빚투(빚내서 투자)'라는 두 가지 핵심 동인이 자리 잡고 있다. 이 둘은 별개의 현상처럼 보이지만, 실은 자산 형성 사다리가 끊긴 청년 세대가 직면한 총체적 재무 위기의 동전의 양면과 같다.

'영끌', 뒤처지지 않으려는 필사적인 몸부림

청년층 부채의 가장 큰 비중을 차지하는 것은 단연 주거 관련 부채다. KDI 연구에 따르면, 청년층 총대출의 80% 이상이 주택담보대출과 전세자금대출 등 주거와 직결되어 있다. 이는 청년들의 빚이 사치나 과소비가 아닌, 생존에 필수적인 '집' 문제를 해결하기 위한 과정에서 발생했음을 명확히 한다.

그 배경에는 복합적인 원인이 존재한다. 지난 정부 시기(2017-2022) 서울 아파트 중위 가격이 2배 이상 폭등하는 동안, 2030세대의 명목 소득은 이를 전혀 따라가지 못했다. 소득 대비 과도한 집값은 '지금 집을 사지 않으면 영원히 살 수 없다'는 '벼락거지'의 공포를 낳았고, 이는 패닉 바잉으로 이어졌다. 결국 청년들은 다른 세대보다 훨씬 높은 가격에, 소득의 대

부분을 원리금 상환에 쏟아부어야 하는 조건으로 주택 시장에 진입했다. '영끌'은 자산 증식의 욕망이라기보다, 자산 격차의 사다리에서 낙오되지 않으려는 처절한 생존 전략에 가까웠다.

실제 필자의 의뢰인 중 한 30대 중반의 신혼부부 사례를 보자. 대기업에 다니는 남편과 교사인 아내, 누가 봐도 안정적인 중산층이던 이들은 저금리 시기 변동금리로 최대치의 대출을 받아 경기도에 아파트를 마련했다. 하지만 금리 급등으로 월 상환액이 감당할 수 없는 수준으로 치솟았고, 아내의 출산휴가로 소득이 줄었는데, 부모님의 입원으로 급전 지출이 필요하게 되었다. 이미 주택담보대출이 많아 신용대출이 거의 나오지 않았기에 제2금융권과 카드론을 사용하게 되었고, 14%가 넘는 이자를 갚지 못해 돌려막기를 하면서 빚은 눈덩이처럼 늘어났다. 이렇듯 이미 한계채무자가 된 상황이었지만, 그들은 부동산을 지키지 못하면 완전히 도태될 수 있다는 걱정에 쉽사리 회생 파산에 나서지 못했고, 그동안 매일같이 오는 채권자들의 전화 등에 고통받아야 했다.

근래 문제가 되는 오피스텔과 지식산업센터 분양권 문제도 '영끌'의 문제를 드러낸다. 2025년 상반기 기준 필자의 의뢰인 중 1/4이 분양권 문제와 연관이 있을 정도이다. 부동산 자산을 소유하지 않으면 안 된다는 생각, 부동산 가격은 떨어지지 않는다는 생각, 그리고 중도금과 잔금을 모두 대출해 준다는 유혹에 빠져 많은 청년들이 계약금을 내고 분양권을 구매했다. 그런데 2024년 이후 지식산업센터, 오피스텔 등의 미분양 및 공실이 증가하여 분양을 받는다 해도 임차인을 구하기 어려워졌고, 이에 가격이 폭락하여 분양을 받는 것이 손해가 되었다. 그 사이 중도금 대출의 이자는 가파르게 올랐고, 잔금 대출이 나오지 않거나 나온다 해도 엄청나게 높은 이자로만 가능했다. 이에 사람들은 울며 겨자먹기로 '분양권 해지 소송' 등에 나섰지만 실제로 해결이 어려워 결국 도산법상 해지권이 있는 개인파산에 나서게 된 것이다.

'영끌' 현상은 이처럼 개인의 불안감이나 사치로 발생한 것이 아닌 구조적 문제다. '지금 사지 않으면 영원히 기회가 없다'는 공포는 합리적 판단을 마비시켰고, 세대 전체가 빚을 동원한 추격 매수에 나서도록 내몰았다. 이는 청년들이 정부의 시장 안정화 능력을 불신하고, 각자도생의 길을 선택할 수밖에 없었던 정책 실패의 결과물이기도 하다.

'빚투', 마지막 탈출구로 여겨진 위험한 도박

'빚투'의 기저에는 근로소득의 가치가 자산소득의 증가 속도를 결코 따라잡을 수 없다는, 깊은 냉소와 절망이 깔려 있다. 성실하게 일해서 저축하는 전통적인 부의 형성 공식이 붕괴된 현실 앞에서, 레버리지를 이용한 고위험 투자는 유일하게 남은 계층 이동의 사다리처럼 보였던 것이다.

필자가 만나는 청년 의뢰인 중 절대다수는 이러한 투자 실패, 혹은 투자를 빙자한 사기 피해와 연관이 있는데, 이 역시 근본적으로 고위험 투자와 연관이 있다. 주변 동료들이 부동산을 취득하였다가 한참 부자가 된 것을 보고, 또 주식이나 가상자산 투자로 큰돈을 버는 것을 보며 '나만 뒤처진다'는 생각을 하게 되는 것이다. 필자의 의뢰인 중 한 30대 남성은 텔레그램에서 우연히 '리딩방'이라는 곳에 초대를 받았고, 그들이 시키는 대로 하면 가상자산 투자로 큰 돈을 벌 수 있다는 이야기를 들었다. 이에 시험 삼아 그들이 지정하는 거래소에 돈을 넣었는데, 이틀 만에 두 배 이상 이득을 보았다. 그는 신나는 마음에 투자금을 늘려 결국 1억 원이 넘는 돈을 입금했고, 거래소에서 그의 코인 단가는 5억 원이 넘었다. 이제 출금하려 하자, 거래소는 이런저런 핑계를 대며 출금을 거부했고, 어느새 거래소에 접속도 되지 않았다. 거래소의 존재부터 모든 것이 사기였던 것이다.

최근 필자가 담당하는 사건 중 '아트테크' 투자 명목의 사기도 있다. '서정아트센터'라는 곳에서, 3000만 원을 주고 그림을 사면, 그 그림을 자신들이 그대로 전시하되 그 비용으로 월 2.5%의 '저작권료'를 돌려준다는 것이다. 일단 그림을 사니 손해볼 것 없고 이득도 막대하다는 생각으로 수많은 사람들이 그림을 샀다. 그러나 그 그림은 큰 가치가 없는 것이었고, 약속한 '저작권료'도 주지 않아 최소 1조원 이상의 피해금이 발생했다.

금융감독원 자료에 따르면, 2022년 6월부터 약 1년간 2030세대가 일으킨 주식 신용거래 융자와 미수 거래액은 50조 원에 육박한다. 더욱이 이러한 '빚투'는 우량주 장기투자와 같은 건전한 방식이 아닌, 소셜미디어를 통해 유행처럼 번진 특정 테마주나 변동성이 극심한 가상자산에 대한 단기 투기성 자금의 성격이 짙어, 투자 실패 시 손실 규모를 더욱 키우는 결과를 낳았다. 이는 '인생 역전'을 꿈꾸는 위험한 도박이자, 노동의 가치가 평가절하된 시대의 슬픈 자화상이다.

4. 구조적 모순, 소득과 자산의 구조적 불균형 및 연체율 급등

'영끌'과 '빚투' 현상의 뿌리에는 소득 증가가 자산 가격 상승을 따라가지 못하는 구조적 모순이 있다. 2014년부터 2023년까지 20대의 평균 소득은 21% 증가하는 데 그쳐, 전체 평균(45.2%)의 절반에도 미치지 못했다. 그 사이 부동산 등의 자산 가격은 천정부지로 치솟았다. 이러한 소득과 자산의 불균형은 단순한 재무적 문제를 넘어, 극심한 '상대적 박탈감'을 낳는 사회 심리적 기제로 작동한다. 소셜미디어를 통해 타인의 자산 증식 성공담을 실시간으로 접하는 환경은 '나만 뒤처지고 있다'는 불안을 증폭시키고, 이는 무리한 '영끌'과 투기적인 '빚투'를 부추기는 강력한 사회적 압력이 된 것이다.

이러한 재무 불안정은 연체율 통계에서 명백하게 드러난다. 29세 이하 차주의 주택담보대출 연체율은 2023년 2분기 0.44%로, 불과 1년여 만에 3배 이상 폭증하며 전 연령대 최고치를 기록했다. 특히 연체율이 점진적으로 상승하는 것이 아니라, 특정 임계점을 넘어서자 폭발적으로 급등하는 양상은 이들 세대가 금리 인상이나 소득 감소와 같은 외부 충격을 흡수할 완충 자산(buffer asset)이 거의 전무한 상태임을 보여준다. 금융 취약계층의 마지막 보루인 소액생계비대출의 이자 미납률이 20대 이하에서 27.4%에 달한다는 점은, 이들의 재무적 붕괴가 이미 광범위하게 진행되고 있음을 증명한다.

5. 국가 차원의 과감한 구조적 접근

정부의 '청년도약계좌', 주거 지원, 특례 대출 등 기존 정책들은 분명 의미가 있다. 그러나 이는 증상 완화에 초점을 맞춘 단기적 처방에 가깝다. 질병의 근본 원인을 해결하기 위해서는 보다 과감하고 구조적인 접근이 필요하다.

첫째, 자산 가격 안정과 소득 증대의 동시 추진이다. 강력한 공급 및 규제 정책을 통해 부동산 시장을 안정시켜 '영끌'의 유인을 줄여야 한다. 한편 청년들이 쉽게 접근할 수 있는 안정적인 자산인 우량주 중심의 주가 부양도 필요하다. 동시에 양질의 일자리 창출 등을 통해 청년들의 실질 소득을 높여 빚 없이도 미래를 설계할 수 있는 기반을 마련해야 한다.

둘째, 국가의 미래를 위한 사회적 부의 이전이다. 국방과 출산은 국가 공동체 유지를 위한 핵심 요소이며, 오직 청년 세대만이 감당할 수 있는 역할이다. 국방예산을 증액하여 사병 급여를 획기적으로 인상하고, 병역 의무의 남녀 공동 참여 방안을 모색하는 것은 사회에 첫발을 내딛는 청년들에게 중요한 종잣돈을 제공하는 방안이 될 수 있다. 또한, 출산과 양육에 대한 파격적인 현금 지원은 청년 가구의 경제적 부담을 덜어주는 가장 직접적인 해법이자, 국가 소멸 위기의 유일한 대안이다.

셋째, 실패를 용인하고 재기를 지원하는 '자본주의의 안전망' 확충이다. 자본주의의 꽃이라 불리는 주식회사 제도의 본질은 '유한책임'을 통해 실패의 부담을 덜어주고, 이를 통해 혁신적 도전을 장려하는 데 있다. 개인회생과 파산 제도 역시 마찬가지다. 최근 기업회생 절차에 들어간 한 대형마트의 총채권액이, 같은 해 전국에서 개인회생을 신청한 2만여 명의 총채무액과 비슷한 수준이라는 사실은 많은 것을 시사한다. 특히 개인회생/파산 제도의 활성화는 단순한 구제를 넘어, 경제 전체의 활력을 위한 필수적인 인프라다. 실패에 대한 사회적 비용을 줄여주고 재도전의 기회를 보장하는 사회만이, 청년들이 창업과 같은 위험 감수(risk-taking)에 적극적으로 나설 수 있는 혁신적인 경제 생태계를 만들 수 있다. 실패를 죄악시하는 문화는 결국 사회 전체를 안전지향적이고 정체된 상태로 만들 뿐이다.

2030 세대의 부채 문제는 단순히 돈의 문제가 아니라, 국가 존속의 문제이다. 국가 존속을 위해 필수적인 출산과 국방을 담당해야 할 청년층들이 경제적 위기에 처한다는 것은 결국 국가가 지탱하기 어려워진다는 것을 의미하기 때문이다. 2030 세대의 부채는 기회의 불평등, 자산과 소득 간의 불균형, 사회 안전망 부재 등이 얽힌 복합적인 사회 문제이고, 이 문제의 해결 없이는 대한민국의 존속을 장담할 수 없다. 국가의 부를 청년들에게 이전하고, 청년들이 빚을 내지 않고도 살아갈 수 있는 사회 구조를 만들기 위한 국가적 노력이 절실하다.

27. 연금

국민연금 참 구조개혁으로 세대 간 형평성을

윤석명 한국보건사회연구원 명예연구위원

청년세대에게 2025년 국민연금 개정은 '개혁이 아닌 개악'이다. 제도 개편으로 청년세대가 수급자가 될 2064년 이후에 기금이 소진된 후의 보험료가 최대 39.2%로 2.6% 포인트 올라가는 등 문제가 더욱 심각해졌기 때문이다. 국민연금을 100% 소득비례연금으로 구조 개혁해야 노후 소득 보장 강화 및 지속가능성 확보가 가능할 수 있다. 기초연금 수급자 선정기준을 65세 신규 수급자부터는 인구 기준이 아닌 일정한 소득 기준으로 바꾸어야 한다. 국민연금은 가입 기간 연장 및 인정소득 기준을 높여 더 많이 받게 해야 한다. '퇴직 후 재고용 활성화'를 통해 의무 납입 연령을 5년 더 연장할 경우, 국민연금 소득대체율 5% 포인트(Percentage로는 10%) 이상의 인상 효과가 발생한다. 수급자의 고통 분담이 가능한 일본식 매크로 슬라이드 개념의 자동조정장치와 함께 가입자에게도 적용되는 핀란드식 기대여명계수(Life-expectancy Coefficient)를 서둘러 도입해야 한다.

한국보건사회연구원 명예 연구위원. 연금연구회 리더, OECD Pension Expert Meeting의 Chairperson 및 한국 대표, 리셋코리아 연금개혁분과장. (전)경제사회노동위원회 초고령사회 계속 고용연구회 위원·1차~5차 국민연금 재정계산위원회 위원·국회 연금개혁특별위원회 민간자문위원. 2024 시니어히어로상 수상. 고려대 학사(영어영문학), 경제학 석사, 미국 Texas A&M 대 경제학 박사. 윤석명 (Yun, Suk-myung, 尹錫明)

1. 2025년 국민연금 개정에 대한 청년세대 반응

많은 논쟁 끝에 2025년 3월 20일 국민연금법 개정안이 통과되었다. '더 내고 더 받는', 즉 보험료율과 연금 소득대체율 수치를 바꾼 모수 조정이 이루어졌다. 이번 국민연금법 개정에 대한 세대별 입장이 극명하게 갈리고 있다. 개정안을 주도한 50대 이상 연령층은 역사적인 개혁이라고 자화자찬하고 있다. 반면에, 20~30대로 대표되는 청년층은 개악이라고 강하게 반발하고 있다.

연금법 통과 이후 필자가 이끄는 연금연구회는 7월 16일 동국대에서 8차 세미나를 개최했다. 당시 세미나에 참가했던 청년층 반응들이다. 학보사 기자인 전태영 영남대 학생은 "미래세대가 살아갈 사회를 기성세대가 결정하는 것이 아이러니"라고 말했다. 박준영 경희대 대학생은 "(기성세대는) 겨우 몇 년 조금 더 내는 게 아쉬워서 아들 딸, 손자 손녀를 40년 동안 국가의 ATM기로 만들어 놓고서 박수를 친다"고 비판했다. 학보사 기자인 오승리 동국대 학생은 "청년세대는 형평성과 지속가능성을 담보할 수 있는 새로운 사회적 계약을 요구한다"고 말했다. 예술가로 활동 중인 양정아씨는 "이제는 실효성 있는 제도 개편과 '낸 만큼 돌려받는' 방식에 대한 사회적 논의가 필요하다"고 말했다.

2. 청년세대에겐 개악인 연금제도

부과방식 보험료 20% 이상, 납입 연령과 수급 연령의 공백 확대

2025년 3월 개정된 국민연금제도[1]는 70년 후인 2095년까지를 재정평

---

1 '소득대체율 40%-보험료 9%'에서 '소득대체율 43%(2026년)-보험료 13%(0.5%/년, 2033년)'로 변경됨.

가 기간으로 설정하고 있으며, 연금소진 시점을 2064년으로 보고 있다. 2065년 이후의 부과방식 보험료[2]는 최대 39.2%로 추계하고 있다. 2001년에 태어난 청년은 2065년이 되면 보험료의 50%인 19.6%를 월급에서 보험료로 내야한다는 의미다. 더구나 국민연금 의무 납입 연령[3]을 현재 59세에서 64세로 5년 더 연장할 경우에는 보험료가 41%를 넘어설 것으로 전망된다.[4]

우리 국민연금 수급 연령이 현재의 63세에서 2033년에는 65세로 상향 조정될 예정이니, 의무 납입 연령은, 시기의 문제일 뿐, 현재의 60세에서 64세까지 연장할 수밖에 없는 상황이다. 우리처럼 의무 납입 연령과 연금 수급 연령의 공백이 긴 국가는 OECD 회원국 중에서 거의 없다. 연금제도의 최우선 목표는 연금액이 많던 적던 간에 우선 퇴직 즉시 연금을 받을 수 있게 해주는 것이다. 이러한 측면에서 공적연금 강화란 이름으로 대책도 없이 국민연금 소득대체율을 인상한 국민연금법 개정은 긍정적인 평가를 받기가 어렵다. 진정 공적연금 강화를 원했다면, 노후 소득 공백을 최대한 축소하는 접근을 채택했어야 했다. 의무 납입 연령 5년 연장은 70년이라는 초장기간의 재정평가를 채택한 국민연금에서 반드시 고려해야만 할 요인이다.

기금소진 시점을 2056년에서 2064년으로 "8년 연장"이 개혁이라는 정치권, 주요 언론의 보도와 달리, 젊은 세대와 미래세대 부담을 더 늘린 희대의 개악인 것이다. 개혁한 것처럼 착시 현상을 보이는 이유는 보험료 인상의 중단기 효과 때문이다. 예를 들어 2025년 현재 25세인 젊은 세대에

---

[2] 부과방식 보험료(Pay-as-you-go)는 근로 세대가 납부한 보험료로 연금 수급 세대에게 지급할 급여를 충당하는 재정 운영 방식임.

[3] 의무 납입 연령은 사용자가 근로자의 국민연금 전체 보험료의 50%를 납부해야 하는 국민연금법 상의 상한 연령을 의미함.

[4] 이미 수급 연령을 70세까지 연장한 여타 OECD 국가의 사례를 볼 때, 향후 70년 동안에 이들 국가처럼 수급연령이 연장된다면 41%보다도 훨씬 더 높아지게 됨.

게 이번 연금개정을 적용해 보자. 이 연령층은 향후 40년, 즉 2064년까지 보험료를 납부만 하고, 2065년에 가서야 처음 연금을 받게 된다. 그런데 연금을 받기 시작하는 해부터 기금이 소진되어, 보험료가 39% 이상으로 올라야만 연금을 제대로 받을 수 있게 된다.

세대별 형평성 악화

2026년에 소득대체율은 즉시 3% 포인트 인상되나, 보험료는 8년에 걸쳐서 서서히 인상되다 보니, 50세 이상 연령층이 이번 개악의 최대 수혜자가 된다. 반면에 25세 가입자는 향후 40년 뒤인 2064년까지는 보험료만 납부한다. 25세 연령층이 향후 40년 꼬박 납부할 보험료가 국민연금 재정 개선 효과로 나타나지만, 정작 연금을 받아야 할 2065년부터는 연금소진으로 재정이 크게 악화되게 된다. 40년 보험료 납부 효과는 내년부터 즉시 나타나지만, 부정적인 효과는 40년이 지나서야 처음 나타나는 국민연금 작동원리를 교묘하게 악용한 것이 이번 개정안의 실체다. 이번 개정이 단기 모르핀 효과만 부각시키며 국민과 언론을 기망했다고 혹평하는 이유다.

지속가능한 연금 개혁 방향

자동조정장치, 기대여명계수 도입

청년들의 거센 분노에 당황한 정치권의 대책은 더욱 한심하다. 군복무 크레딧 확대와 연금 사각지대 축소 차원에서 취약계층 보험료 지원이 제시되는 대책들이다. 문제는 이 대책들이 종국에는 청년층과 미래세대의 부담을 더 높일 가능성이 크다는 점이다. 이러한 정책 확대에 소요될 재원 상당액을 현세대가 아닌 미래세대의 부담으로 떠넘기면서 그동안 제도를 운영해 왔기 때문이다. 부담은 미래세대에게 떠넘기면서도, 생색은 현세대가 내고 있는 것이다.

당장 이번 개악을 뒤집을 수 없다는 우리 현실을 감안한다면, 내년부터 연금 수급자와 가입자 모두가 고통을 분담할 수 있는 방식인 자동조정장치 도입이 필요하다. 수급자의 고통 분담이 가능한 일본식 매크로 슬라이드 개념의 자동조정장치와 함께 가입자에게도 적용되는 중간단계의 자동조정장치인 핀란드식의 기대여명계수(Life-expectancy Coefficient) 채택이 불가피한 이유다. 기대여명계수는 생애 연금지급 총액은 동일하나, 수명 증가로 인해 당초 예상보다 더 늘어날 연금 수급 기간 만큼만 매월 연금 지급액에서 차감하는 방식이다. 노동시장 개편을 통한 '활기찬 노후(Active ageing)'를 전제로, 기대여명계수 작동과 함께 연금가입 상한과 수급 연령을 연계시킬 경우 핀란드식의 준 자동조정장치를 도입할지라도 연금액 하락 방지가 가능해진다. 현재 핀란드 운영 방식 그대로 하면 된다.

OECD 선진국처럼 100% 소득비례 연금제도 도입

대다수 OECD 회원국들처럼 국민연금을 100% 소득비례연금으로 하루빨리 전환시켜야 한다. 그렇게 구조개혁을 해야만 국민연금을 통한 노후 소득 보장 강화 및 제도의 지속가능성을 확보할 수 있어서다. OECD 사무국은 한국의 기초연금이 투입비용 대비 노인 빈곤 완화 효과가 적다는 점을 들어 기초연금 개편을 권고하고 있다. 현행 기초연금에서는 빈곤하지 않은 노인과 빈곤한 노인이 동일한 액수의 기초연금을 받고 있어서다. 65세 이상 노인 인구의 소득 하위 70%라는 기초연금 수급자 선정기준을, 대다수 OECD 국가들처럼, 하루빨리 소득 기준으로 바꾸어야 한다. 대상자를 줄여 기초연금 재정을 절감하면서, 소득비례연금으로 전환될 경우 중간 이하 저소득층의 국민연금액 감소분을 보충하는 수단으로 기초연금의 성격을 바꾸어야 한다. 그렇게 개편해야만 국민연금과 기초연금을 통한 노후 소득 보장 강화와 지속가능성 제고가 가능하다.

국민연금을 통한 노후 소득 보장 기능 강화는 국민연금 가입 기간 연장 및 국민연금 인정소득 기준을 높여 연금을 더 받게 함으로써 가능하다. 정년 연장이 아닌 '퇴직 후 재고용 활성화'를 주 내용으로 하는 노동시장 개혁을 통해, 현재 59세인 국민연금 의무 납입 연령을 64세까지 5년 연장할 경우, 국민연금 소득대체율 5% 포인트(Percentage로는 10%) 이상 인상되는 효과가 발생한다.

3. 국민연금 참 구조개혁으로 세대 간 형평성을

지속가능하면서 적절한 수준의 노후소득 확보가 가능할 수 있도록 국민연금 구조개혁을 서둘러야 한다. 무엇보다도 청년층들이 공적연금 실태를 정확하게 파악할 수 있도록 노력해야 한다. 제대로 알아야만 제대로 된 개혁을 요구할 수 있어서다. 이미 발생한 2,060조원(GDP 대비 84.8%)의 국민연금 미 적립 부채를 모두 국가가 책임진다 해도, 개정된 '43%–13%' 조합에서 국민연금 미 적립 부채를 현 수준에서 멈추게 하려면 당장 내년부터 21.2% 보험료를 걷어야 한다. 2033년에 가서야 보험료가 13%로 인상되다 보니, 2033년 이후에도 매년 8.2% 포인트 적게 보험료를 내는 셈이다. 그러니 '낸 만큼만 받는 제도'로 하루빨리 개편하라고 기성세대와 정치권에 강하게 요구해야 한다!!

28. 세대 통합

2026년 세대 갈등 휴화산, 실효적 사회 통합정책 시급

이정옥 대구가톨릭대 명예교수(사회학)

누적된 세대 갈등은 2026년에 휴화산 같은 상태이다. 세대 차이는 시대성의 구성방식, 사회화 담당체의 차이 등으로 중층적이고 복합적이 된다. 내재된 세대 차이는 저출생, 청년자살률 증가, 이직률 증가 등의 지표로 볼 때 사회의 지속가능성에 대한 위협요인이 된다. 세대 간의 자원 동원 능력의 차이, 제조업 중심의 산업구조가 세대 차이의 정치성 구성을 억압한다. 내재화된 세대 갈등을 세대 통합으로 포용할 필요성이 높아진다. '차이'에 대한 인정의 정치를 통해 세대 정책이 등장하고 세대 통합을 위한 대응이 가시화될 것이다.

대구가톨릭대 명예교수. 다문화연구원장, 사회적 경제 대학원장, 데모크라시 인터내셔널 이사, 제8대 여성가족부 장관. 저서 『글로컬 시대의 한국 시민사회의 이해』, 『가족과 젠더의 사회학』, 『지구촌 사회의 이해』, 『가족관계의 변모와 여성 문제』(공저), 『경계의 여성들』(공저), 『직접민주주의로의 초대』(번역). 이정옥(LEE, Jung Ok, 李貞玉)

1. 세대 차이, 갈등 휴화산 상태

2026년 한국 사회에서 세대 차이는 휴화산과 같은 상황이다. 세대 차이가[1] 소비나 취향의 차이, 라이프스타일의 차이를 넘어 사회의 지속가능성에 대한 위협 신호를 보내고 있다. 디지털 세대가 보이는 개인주의와 유목민적 특성이 산업화 세대의 틀에 박힌 조직 문화와 충돌을 빚으면서 소리 없는 아우성 상태이다. 기성세대와 신세대는 상대를 타자화하는 경향이 있다. 베이비 붐 세대와 디지털 기술을 습득한 세대는 가치관, 조직 문화, 의사소통 방식이 다른 데도 다름을 드러내어 소통을 통해 차이를 통합하기보다는 차이가 드러나지 않은 채 누적되는 형국이다.

잠재적 갈등상태가 된 이유는 기성세대의 자원 동원과 점유가 압도적이기 때문이다. 글로벌로 진출한 청년세대의 개성과 유연성은 K-Pop 문화로 세계적인 각광을 받고 있다. 반면 국내에서는 젊은 가수들이 기성세대의 트로트 열풍에 동조하면서 자신들의 문화 코드를 드러내지 못하고 있다. 세대 차이가 위협요인이 되는 징표는 경고등을 충분히 보내고 있다. 고령화와 저출생의 심화, 세대 간의 기술격차 심화, 집단주의와 개인주의로 표현되는 세대 간의 가치 차이 심화, 세대 간의 자산 불균형 심화 등을 들 수 있다.[2]

---

[1] 세대 차이는 "사회 역사적 과정에의 참여나 공동운명체로서의 연대감까지 전제하지는 않지만, "의식·태도·행위 양식 면에서의 유사성과 안정성의 경향, 세대 구성원 간의 동류의식을 강조"하므로 "'세대 위치'와 '실제 세대' 간 중간수준"에 있는 것으로 상정할 수 있음(박재흥, 2005: 86).

[2] 서울 청년 불평등 인식조사에 따르면, "청년들은 한국 사회 불평등 가운데 자산 불평등이 가장 심각하다고 생각했다", "실물자산 비중이 매우 높은 우리나라 가구 특성을 고려하면 주택가격 변화가 자산 총량 변화의 결정적 요소임을 알 수 있다"고 봤다. 출처: 참여와 혁신(https://www.laborplus.co.kr)

2. 세대별 시대성의 차별성

세대가 시대성을 구성하는 것은 특정의 역사적 경험에 따라 동일한 특성을 공유하기 때문이다.[3] 한국의 근현대사 과정에서 세대의 경험에 획을 긋는 기준은 일제 강점기에 대한 경험, 6·25전쟁에 대한 경험, 산업화 경험, 민주화 경험, 세계화 경험, IMF와 외환위기, 디지털 기술의 도입, 그리고 최근의 계엄 정국에 대한 경험 등을 들 수 있다.[4]

현재 생존하고 있는 일제 강점기 세대는 일제 강점기 중에서도 군국주의 시대, 국가 총동원령의 시대에 대한 경험이 있는 세대이다. 이들 세대 경험은 전시 동원에 대한 사죄와 배상의 문제, 친일파 청산, 사대주의극복이라는 시대적 과제를 통해 재구성해 나가고 있다. 해방 후의 신질서는 지구적 차원에서 재편된 냉전 질서였다. 한반도는 냉전 시대에 열전을 치렀다. 6.25전쟁을 경험한 세대는 냉전이라는 시대성을 집단적으로 사회화한 셈이 된다. 전쟁 후 권위주의적 정부가 주도하는 공업화에 매진했던 산업화 세대는 경제발전을 위해서는 민주화를 유보할 수 있다는 시대성을 구성하게 된다. 권위주의 정부에 대한 저항으로 구성된 민주화 세대의 시대성을 인정하게 된 것도 최근의 일이다.

특정 시대의 시대성이 외생적으로 주어진 경우 외적 조건에 대한 순응과 저항이 경쟁적으로 일어나기 때문에 세대 내의 갈등도 뚜렷하다. 식민 통치의 특성을 구성하는 문제, 산업화와 민주화 성취를 인정하는 문제, 탈냉전까지 이어지는 냉전 담론의 정치성의 문제는 세대의 문제이면서 동시에 특정 세

---

[3] 만하임(K. Mannheim)은 단지 출생 연도를 공유한다는 생물학적 사실이 아니라, 중대한 역사적 경험을 공유할 때야 비로소 사회적 세대로 정립된다고 말했다(Mannheim 1952; Ryder 1965). 결국은 세대 효과는 이러한 시대 효과(period effect)가 반영된 것임.

[4] 홉스봄은 "인간 공동체의 구성원이 된다는 것은 과거와의 관계 속에 스스로를 위치 지우는 것이며, 이로 인해 과거는 인간 의식의 항구적인 차원을 구성한다."라고 말함(Hobsbawm 1972: 3; 박재흥 2001; 전상진 2004).

대의 시대성을 정치화하면서 사회적 갈등으로 재현되고 있다.

신세대의 시대성은 내재되어 있는 상태이다. 신세대의 시대성은 신자유주의 시대의 세계화에 따른 국경 없는 소비성, 인권의 글로벌 스탠다드 수용에 따른 지구 시민성, IMF에 대한 경험이 보여준 무한 경쟁성, 디지털 기술의 도입에 따른 유연성, 유목성, 개인성 등을 특징으로 한다. 개방과 보호의 차이, 권리와 의무의 차이라는 혼종적인 시대성은 신세대의 특성을 특정화할 수 없게 만든다.

따라서 차이가 정치화되기 어렵다. 시대성으로서의 차이라기 보다는 젊은 세대와의 다름으로 인식되고 있는 상태이다. 각 세대의 경쟁하는 시대성이 매듭지어지지 않고 새로운 시대성이 구성되면서 세대 내의 차이와 세대 간의 차이가 중첩된다. 2026년에도 각 세대의 시대성이 경쟁하는 각축장이 될 것이다.

3. 세대 차이의 복합성과 정치성

2026년에 한국 사회의 세대 차이는 복합성이 심화될 것이다. 세대 차이의 복합성은 세대의 사회화를 담당하는 가족, 학교, 직장이 서로 다른 지향 상태이기 때문이다.[5] 베이비 붐 세대가 소 자녀형 핵 가구를 구성하면서 자녀를 위해서 부모의 삶을 양보하는 기러기 가족, 펭귄 가족까지 등장하였다. 가족 안에서 소공주, 소공자의 대우를 받고 자란 것이 베이비 붐 세대의 자녀들이다. 반면에 학교는 '경쟁'과 학업을 위한 훈육시스템이

---

[5] 세대의 사회화를 담당하는 가족, 학교, 직장이 서로 다른 차원에서 작동한다. 조지 허버트 미드(G.H. Mead)는 사회화 과정에서 유의미한 타자와 일반화된 타자의 차이를 분명하게 설정하였다. 가족과 같은 유의미한 타자를 통해 이루어지는 사회화는 주관성이 용인되고 연습이 가능한 것으로 보았다. 일반화된 타자를 통한 사회화는 야구 경기와 같으며 본격적인 게임 규칙을 지키는 것에 비유하였다. 가족 내의 세대 차이는 연습단계로서 차이가 용인되거나 수렴된다. 또한, 세대 차이가 사적 차원으로 개별화되면서 세대 갈등으로 등장하지 않는 것이 보통임.

작동하는 곳이다. 학생 인권의 문제와 교사 인권의 문제가 대립적이고 영합적인 방식으로 구성되는 특수성을 보인다. 직장문화는 여전히 연고주의와 성과주의 관료제적 시스템이 작동하게 된다. 세대의 사회화를 담당하는 가족, 학교, 직장 문화가 전통과 근대성의 복합구조 속에서 작동하게 되었다.

세대 갈등이 해소될 수 있는 출구는 경제적인 차원보다는 정치적인 차원이 될 수 있다. 세대교체, 시대교체, 정치교체라는 어휘들이 등장한다. 2026년도 지방선거를 앞두고 청년의 정치참여가 이어질 전망이다. 2026년은 한국이 초고령사회(65세 이상 인구가 전체 인구의 20%를 넘는 사회)에 진입하는 중요한 시점이다. 이는 세대 간 복지 부담, 특히 연금과 의료보험 재정 문제에 대한 갈등을 심화시킬 수 있다.

인공지능 등 신기술에 대한 사회적 투자의 비중이 높아지면서 전통적 산업 부분에 종사하는 기성세대와 신기술 투자에 대한 정책적 이견이 충돌할 가능성이 높다. 신기술 투자가 실제로 일자리를 늘리는 효과를 당장 가져올 수 없기 때문에 취업난에 시달리는 청년세대를 위한 정책적 배려가 실감 나지 않음으로써 정치적 요구가 높아질 가능성이 크다.

4. 세대 통합의 첫걸음은 개성 강하고 유연한 청년세대 인정

사회의 지속가능성을 위협하는 지표로 더 이상 외면할 수 없는 저 출생률, 높아지는 청년자살률, 이직률, 청년 일자리 감소, 청년자산 비율의 감소라는 현상을 특정 세대의 문제로서가 아니라 사회 전체의 지속가능성 위협으로 인식하게 될 가능성이 커진다. 2026년에는 세대 차이가 세대의 정치성으로 확산될 가능성이 커진다. 디지털 기술 구사 능력이 자유로운 청년세대가 연금 개혁, 복지정책 교육 정책 등 이해가 직결되는 문제에 대한 정치적 요구를 높여갈 가능성이 크다. 청년들의 정치참여는 시대성의 각축장이 되었던 정치문화를 정책경쟁으로 변화시킬 수 있다.

2026년 한국 사회는 위에 열거된 다양한 세대들의 차이가 통합되면서 산업화, 민주화, 정보화가 상생적 발전을 이루어낼 것인가 아니면 개성과 유연성을 강조하는 청년세대의 주변화가 지속될 것인가의 갈림길에 있다고 본다. 잠재적 갈등상태가 지속되면 사회의 혁신 역량이 소진할 뿐만 아니라 저출생, 자살률 급등과 같은 사회문제로 억압된 세대 차이가 사회의 지속가능성에도 위협이 될 것이다. 적극적인 세대 통합정책이 다급하고 필요해지는 것이 2026년이다.

참고문헌

박재흥, 2001, "세대 연구의 이론적 방법론적 쟁점", 『한국인구학』, 24(2): 47-78.

박재흥, 2005, 『한국의 세대문제: 차이와 갈등을 넘어서』, 서울: 나남.

전상진, 2004, "세대개념의 과잉, 세대연구의 빈곤 : 세대연구방법에 대한 고찰", 『한국사회학』, 38(5): 31-52.

Glenn, Norval D., 1974, "Aging and Conservatism", *The Annals of The American Academy of Political and Social Science* 415(1): 176-186.

Hobsbawm, Eric J., 1972, "the Social Function of the Past: Some Questions", *Past and Present* (55): 3-17.

Mannheim, Karl, 1952(1928) "The Problem of Generations", *in Essays on the Sociology of Knowledge*, edited by P. Kecsckemeti, New York: Oxford University Press, 276-322.

Ryder, Norman B., 1965, "The Cohort as a Concept in the Study of Social Change", *American Sociological Review* 54(3): 843-861.

29. 지역소멸

지역 인구 감소 30년, 청년층이 선호하는 직주교(職住校)로 저출산 탈출

장인수 한국보건사회연구원 인구정책연구실 연구위원

지난 20여년 간 한국 사회의 인구변동은 출생아 수가 급감하고 고령인구가 빠르게 늘고 있는 경향이 지속적으로 고착화되고 있다. 이러한 인구변동은 바로 지역 인구변동과 밀접하게 연관되어 있다. 수도권 인구 집중, 비수도권 지역의 인구 유출 가속화에 따른 지방 공동화(空洞化) 심화, 특히 청년층의 지속적인 유출은 지방의 인구 고령화와 저출산을 심화시키고 있다. 한국 사회는 지금 인구 문제의 큰 변곡점에 서 있으며 특히 2026년은 인구 구조 변화의 중대한 전환점이 될 수 있다. 현재 심각한 지역 인구 위기와 지방소멸 위기에 직면해 있다. 국가의 핵심 전략으로 지역 인구 위기를 타개할 인구정책이 보다 굳건하게 세워져야 한다.

한국보건사회연구원 인구정책연구실 연구위원. 지방시대위원회 생활인구 늘리기 특별위원회 위원, 지방시대위원회 균형발전사업 평가자문단, 통계청 저출산 정책지표 자문위원. 저서 『지역 인구 변화에 따른 정책 과제와 대응 방안』(공저), 『2021년 인구변동 모니터링과 정책과제』(공저), 『지역 불평등과 인구 변동 간 연관성에 대한 심층 연구』(공저), 『사회경제적 불평등이 저출산에 미치는 영향 분석과 함의』(공저). 한국외국어대 경영학사, 서울대 농경제사회학부 경제학석사, 서울대 농경제사회학부 경제학박사. 장인수(Chang, Insu, 張麟洙)

1. 0.75명 최저 합계출산율의 나라

한국은 세계에서 가장 적게 아기가 태어나는 나라로서, 2024년 기준, 합계출산률은 약 0.75명(잠정 수치, 통계청, 2025.02.25)으로, 2023년에 비하여 0.03명 증가한 것으로 나타나고는 있지만 인구를 유지하기 위해 필요한 2.1명에 크게 미치지 못한다. 2026년에는 에코 세대의 양적 증가와 코로나 19 이후 지연된 혼인, 출산에 따라 출생아 수의 반등이 지속될 가능성이 존재하지만, 이러한 반등이 언제까지 이어질 수 있는지는 미지수이며 그간의 경험적 요인을 상기하면 오히려 감소할 가능성도 있다.

2. 약 30년 이상[1] 지속된 지방 인구 감소, 지방 인구 위기와 청년층 순유출

지역 인구 감소에 따른 지역 인구 위기 현안은 지난 2020년 총인구 감소와 맞물려 중앙정부의 주요 정책 대응 과제로서 부각된다. 통계청은 지난 2019년 3월 장래인구특별추계[2]를 통해 우리나라의 총인구가 2028년 정점에 도달한 이후 감소할 것으로 전망하였지만, 실제 총인구는 이보다 약 7~8년 빠른 2021년부터 감소한 것으로 나타났다.[3] 총인구 감소에 따라 지역 인구 감소에 주목하기 시작한다. 현재 인구 위기를 경험하는 대부분의 지역 인구의 자연적 감소가 1990년대부터 시작되었음을 고려하면, 지역 인구 감소에 대한 관심과 대응의 시기가 너무 늦은 감이 많다.

지방 인구 위기는 수도권과 비수도권 간 격차 심화와도 밀접하게 맞

---

1 현재 확인할 수 있는 주민등록인구현황 자료(1992년 이후 시기 집계)에 따르면, 1992년부터 인구가 감소하는 지역(광역지자체)가 나타나며, 약 30여 년 전부터 지방 인구 감소가 시작되었음을 알 수 있지만 정확한 시기를 확인하기 어려움.
2 통계청. (2019.3.28). 장래인구특별추계: 2017~2067.
3 통계청. (2022. 7.28). 2021년 인구주택총조사 결과 〈등록센서스 방식〉.

닿아 있다. 다음 〈그림 1〉에서 볼 수 있는 것과 같이 수도권 인구는 지난 2019년을 기점으로 비수도권 인구를 추월하였고, 지역내총생산은 지난 2015년 수도권이 비수도권을 추월한 이후 그 격차가 대체적으로 커지는 경향이 나타난다.

지역 인구 위기는 무엇보다도 청년층의 지속적인 사회적 감소(유입되는 이들보다 유출되는 이들이 더 많은 특성)에 적지 않게 기인하고 있다. 17개

표 1_ 수도권-비수도권의 인구 규모와 지역내총생산(GRDP)의 추세

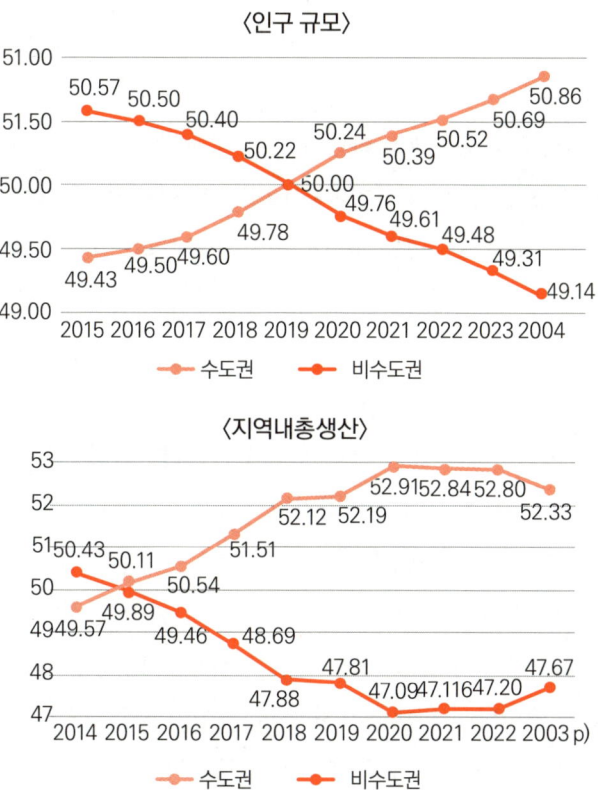

주) 지역내총생산 2023년 수치는 추정치임.
출처: 행정안전부, 주민등록인구현황; 통계청, 지역소득.

시도에 대하여 지난 2001~2024년까지의 청년층 순이동률[4]의 추세를 살펴본 결과 "지속적인 순유입형", "순유출, 순유입 반복형", "지속적인 순유출형"으로 구분할 수 있다. 분석 결과, 경기, 인천은 "지속적인 순유입형"에, 충남, 서울, 대전 등은 "순유출, 순유입 반복형"에, 대구, 부산, 경북, 전남 등은 "지속적인 순유출형"에 각각 포함된다.

이들 지역 중 충남의 경우 청년층의 순유출과 순유입이 반복되고 있음에도 불구하고 최근 순유입이 나타나고 있는 점에 주목할 필요가 있다. 충남 지역 중 아산의 경우 특히 최근 청년층 순유입이 두드러지게 나타나고 있는데, 이는 수도권과 가까운 지리적 이점과 교통망 확충을 포함하여 여러 대기업 및 협력업체 다수가 입지하고 있어 청년층 유입을 도모하기 위한 일자리 중심의 정주 여건이 갖추어진 데 기인한다. 이러한 경향은 대전 유성구에서도 비슷하게 나타나고 있는 바, 대학교를 비롯한 관련 연구 기관이 집중적으로 분포되어 있어 상대적으로 양질의 일자리와 안정적인 교육 인프라를 제공하고 있는 것과 밀접하게 맞물려 있다.

추가로 청년층 순유출을 완화하기 위해서는 무엇보다 이들 연령층별 정책 수요를 긴밀하게 파악할 필요가 있다. 단적으로 20대 연령층의 순유출 특성이 각 지역별로 상이한데 이는 각 지역별 차별적인 정책 대응의 필요성을 시사한다. 예를 들어 부산과 대구는 다른 연령층에 비하여 특히 25~29세의 순유출 특성이 두드러지는 것으로 나타나고 있다. 이들 지역과 같이 25~29세의 순유출 특성이 두드러지는 지역은 이들 연령층이 대학을 졸업하고 입직을 준비하는 시기임을 고려하여 양질의 일자리 제공을 위한 기반 구축이 무엇보다 중요하게 고려될 필요가 있다. 또한, 전남과 경북은 특히 20~24세 연령층의 순유출 특성이 두드러지게 나타나고 있다. 20-24세 연령층의 순유출 특성이 두드러지는 지역은 고등학교 졸업

---

[4] 통계청, 인구동향조사, 국내인구이동통계. (19~39세 순이동자수 ÷ 19~39세 연앙인구) × 100(%)

표 2_ 충남 아산, 대전 유성구의 청년층 순이동률의 추세(2015~2024)

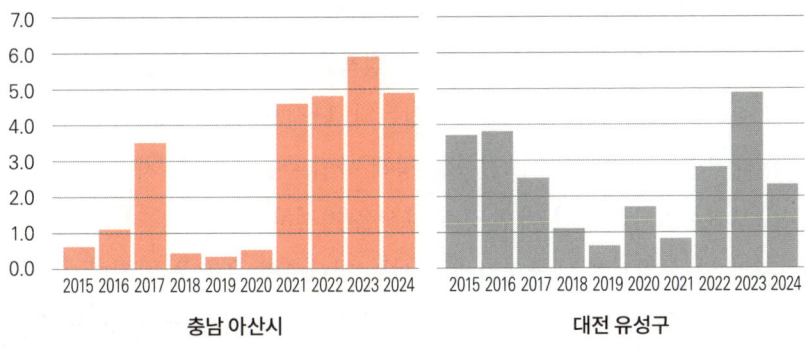

출처: 통계청, 인구동향조사.

후 대학 진학을 위한 순유출 특성임을 고려하여 이들의 유출을 방지할 수 있는 대학 유치 내지는 경쟁력 강화가 우선적으로 추진될 필요가 있다.

3. 일자리, 대학, 정주 환경 등 청년층을 위한 근본적 대책

우리나라가 약 20년 이상 경험한 저출산 문제는 출생 이후 어린 자녀가 건강하게 자랄 수 있는 사회적 기반 약화에 기인하는 바가 크다. 저출산 해법은 단순히 개인 선택의 문제보다는 사회 구조의 문제로 접근하여야 한다. 주택 마련 비용, 자녀 양육 보육비, 사교육비가 지속적으로 증가하고, 더 나아가 일과 가정생활을 함께 하기 쉽지 않은 어려운 직장 문화, 더 나아가 수도권과 비수도권, 정규직과 비정규직, 대기업과 중소기업 간 차이로 표현되는 소위 격차 사회 문제가 저출산 문제와 밀접하게 맞물려 있다(장인수 외, 2023: 13, 219-222). 자녀를 출산하고 이후 보다 행복한 삶을 영위할 수 있도록 하기 위한 사회구조적 개선이 시급하다.

정부는 지역 인구 위기 및 지역 소멸 문제를 해결하기 위하여 지난 20여년 간 국가균형발전 정책을 추진해오고 있다. 5+2 광역경제권, 지역 행복 생활권, 메가시티, 공공기관 이전, 혁신도시, 인구감소지역 지정과 이들 지역에 대한 행정적, 재정적 지원 등 거시적 측면에서의 균형발전과 미시적 측면에서의 지역 인구 감소 대응 정책을 추진해왔다. 그러나 현재까지 뚜렷한 성과와 전환점이 보이지 않는다. 단적으로, 혁신도시 정책을 평가한 대부분의 경험적 연구 결과는 정책 사업 추진 이후의 지속적인 인구 유입보다는 일시적 증가 이후 감소 양상을 지적하고 있다.

지역 인구 위기에 대응하기 위해서는 청년층의 유출을 방지하기 위한 보다 근본적인 정책 추진이 시급하다. 지역 맞춤형 산업 클러스터를 내실 있게 조성하여 대기업의 지방 이전을 유도하고 청년층이 지역에서 안정적인 일자리를 구할 수 있게 할 필요가 있다. 앞서 살펴본 충남 아산시, 대전 유성구의 사례는 청년층에 대한 양질의 일자리 공급을 통한 정주 여건 개선 수범 사례로서 의미가 있다. 또한, 지방대학의 경쟁력 강화를 통해 대학 진학을 위해 지방을 떠나 수도권, 서울로 유입되는 양상을 방지할 필요가 있다. 지방대학의 경쟁력 강화를 위한 우수 교원 유치와 더불어 양질의 교육 프로그램 구축이 필수적이다. 이는 지역의 정주여건 개선으로 이어지는 친 출산 환경 조성과도 맞물려 지역 인구 위기 대응뿐 아니라 실효성 있는 저출산 대응 정책으로서의 의미도 다분하다. 그간 추진되었던 대책들을 다시 한번 반추하고 정리하여 악순환이 반복되지 않도록 보다 근본적이고 실효성 있는 정책 대응이 절실하다.

참고문헌

장인수·김현중·오신휘, 2023, 『지역 불평등과 인구 변동 간 연관성에 대한 심층 연구』, 세종: 한국보건사회연구원.

통계청, 2025.02.25, "2024년 인구동향조사 출생·사망통계(잠정)", https://www.korea.kr/briefing/policyBriefingView.do?newsId=156676180. (2025.7.20. 인출)

이슈 브리핑

10. 중도적 이념 성향이 정치 회복력의 근간

표 1_ 2015~2024년 국민 이념 성향

구분		보수적		중도적	진보적	
		매우	다소		다소	매우
년도	2015~24년평균	3.8	22.6	47.6	23.2	2.8
	2022년	4.7	23.4	48.7	21.1	2.2
	2023년	4.8	25.1	46.7	21.0	2.4
	2024년	5.1	25.1	45.2	21.4	3.2
성별	남자	5.4	24.5	43.2	23.5	3.4
	여자	4.7	25.6	47.2	19.3	3.1
연령	19~29세	0.5	6.9	56.1	28.7	7.8
	30~39세	1.0	10.8	54.0	29.3	4.8
	40~49세	1.3	17.2	50.6	27.2	3.7
	50~59세	3.0	29.1	45.9	20.1	1.8
	60세이상	12.3	41.4	33.1	12.0	1.2

출처: 한국행정연구원, 2024년 사회통합실태조사의 내용을 정리함

한국행정연구원의 2024년 사회통합실태조사[1]에 따르면, 2015년~24년 평균 이념 성향은 "매우 보수적" 3.8%, "다소 보수적" 22.6%, "중도적" 47.6%, "다소 진보적" 23.2%, "매우 진보적" 2.8%의 분포를 나타내고 있다. 우리 국민의 절반은 중도적이며, 보수적(26.4%)과 진보적(26%)은 각각 대략 1/4 정도인 것으로 조사되었다. 이 기조는 10년간 유지되어 왔다. 우리 국민의 정치 성향은 중도를 중심으로 보수와 진보가 매우 균형있는 것으로 분석되며, 이를 "중도적 이념 성향"으로 말할 수 있겠다. 위헌 비상계엄과 대통령 탄핵이라는 핵폭탄급 이슈에서 치루어진 21대 대통령 선거에서 이재명 후보의 득표율이 49.42%로 과반을 넘지 못한 원인의 하나도 중도적 이념 성향에 기인한다고 볼 수 있겠다.

---

[1] 주관적 웰빙 및 역능성, 사회 및 정치 참여, 소통과 신뢰, 거버넌스와 공정성, 관용성과 사회갈등, 사회보장의 6개 분야에 걸쳐서 사회통합실태조사를 매년 실시함.

최근 3년(2022~2024년)에는 보수 성향(29.4%)이 진보 성향(23.7%)보다 5.7% 많아, 보수화가 진행된 것으로 분석된다. 2024년 12월 위헌 비상계엄 선포, 헌재 대통령 탄핵 인용, 이재명 대통령의 당선과 취임, 윤석렬 전 대통령 구속 등을 거치면서 보수화 경향이 2025년에도 계속될지? 2025년 이념 성향 조사를 주시할 필요가 있다. 보수화가 상당 부분 약화되고 중도이나 진보적 성향이 커지지 않을까 전망된다. 그리고 현재의 양당 정당 지형도에 어떤 변화가 일어날지 주시할 필요가 있다.

2024년 성별 이념 성향을 분석하면, 남자는 보수적 29.9%, 중도적 43.2%, 진보적 26.9%로 중도적 중심으로 보수적 성향이 진보적 성향보다 약간(3%) 높다. 여자는 중도적 성향이 남자보다 4% 높은 47.2%이며, 보수적 성향이 30.3%로 진보적 성향 22.1%보다 8.2% 높다. 여자는 남자보다 중도적, 보수적 성향이 높은 것으로 분석된다. 언론에서 얘기되고 있는 2030대 남성의 보수화와 여성의 진보화 경향과는 다르게 나타나고 있다.

세대별 이념 성향은 20·30대는 보수적 9.6%, 중도적 55.0%, 진보적 35.3%로 중도적 혹은 진보적 성향이 강하며, 60세 이상은 보수적 53.7%, 중도적 33.1%, 진보적 13.2%로 보수적 성향이 매우 강한 것으로 나타난다. 40·50대는 보수적 25.3%, 중도적 48.3%, 진보적 26.4%로 지난 10년 동안 이념 성향과 유사하게 나타난다. "40, 50대가 진보성향이 강하다"는 언론 보도나 여론 조사와는 다른 결과다. 20·30대는 중도적, 진보적, 40·50대는 중도적, 보수와 진보 균형적, 60대 이상은 보수적 성향이다. 한국인들은 세대별로 건강한 이념 성향을 가진다고 판단된다.

사회경제적으로나 정치외교적으로 예측할 수 없는 초불확실한 한 해로 전망되는 2026년, 닥칠 여러 난제와 고난으로부터 회복의 힘은 바로 우리의 중도적 이념 성향에서 나올 것이다. 중도적 중심의 이념 성향이 정치 회복력의 근간이며, 나아가 'K-민주주의' 지지대 중의 하나라고 판단된다.

이슈 브리핑
11. 고령화 인구감소 시대, '건강한 노화' 정책으로 GDP 0.6% Up

IMF는 2000년~2022년 동안, 29개 선진국 12개 신흥국에서 50세 이상 약 100만명을 대상으로 한 마이크로 설문조사(microsurvey) 데이터를 근거로 건강한 노화 추세와 노동시장과의 연관관계를 분석했다.[1] 2022년에 70세 사람은 '인지 지표'에서 2000년 당시 53세 사람과 '허약성(frailty) 건강 지표'에서는 2000년 당시 56세과 동일한 능력을 가진 것으로 진단했다. 현재 70세는 50대 중반의 인지적, 신체적 능력을 가지고 있다는 분석이다. 은퇴하기엔 좀 젊은 나이라고도 볼 수 있다.

IMF는 지난 10년 동안 고령층의 인지 및 건강 향상으로, 노동시장 참여율은 약 20%, 주간 근로시간은 약 6시간, 근로 소득 및 생산성은 약 30% 증가한 것으로 분석했다. 더 건강한 사람은 은퇴 시점이 늦고, 연간 근로 주가 더 많으며, 실업 확률이 낮은 것으로 나타났다. 최근 직업의 연령 친화성(age-friendliness)이 전반적으로 향상되고 있다. 건강한 노화가 경제활동 참가율, 고용 확률, 근로시간, 생산성 향상을 가능하게 하기 때문에 고령자의 실질 노동 공급(effective labor supply)을 확대할 수 있음을 시사했다.

IMF는 전세계는 점차 전체 인구에서 경제활동인구의 비율이 감소하기 시작하는 시점인 '인구학적 변곡점(demographic turning point)'을 지나고 있다고 진단했다. 세계 인구 증가율은 COVID-19 팬데믹 이전의 연간 1.1% 수준에서 점점 하락하여 2040년에는 0.7%로 하락할 것으로 추정한다. 지속적인 출산율 감소와 기대수명 증가로 인해 각국의 인구 구조는 급변할 것으로 전망한다. 전 세계적으로 지난 20년간 기대수명은 약 4.5년 증가했으며, 건강 기대수명도 거의 동일한 속도로 증가하고 있다. 세계 평균 연령은

---

1   IMF(2025.4), *World Economic Outlook April 2025*, Chapter 2: The Rise of the Silver Economy: Global Implications of Population Aging

2020년 28세에서 2040년 37세로 급증할 것으로 추정한다. 이미 한국의 평균 연령은 2024년에 45.3세(남자 44.2세, 여자 46.5세)로 매우 높다.

건강한 노화를 증진하기 위해서는 다면적 정책(multifaceted policy) 접근이 필요하다. 성인기 후반(50세~은퇴 연령까지)의 인적 자본을 지원하는 평생 정책(건강 증진과 예방 중심 정책 등), 실질적 은퇴 연령을 점진적으로 상향 조정 등이 필요하다. 이러한 노동 공급 관련 정책들이 상호 효력이 발생하면 향후 25년간 세계 경제성장률을 연평균 0.6% 높이고, 인구통계학적 요인으로 인한 성장 저해 요인의 약 3/4를 상쇄할 수 있다고 분석했다.

제 7 편

환경 복원력

그린과 AI

30. 도시

AI 대전환기, 혁신과 포용의 "K-AI시티"

김현수 단국대학교 도시계획부동산학부 교수

AI 전환은 산업혁명과 정보화혁명에 이어 도시공간을 근본적으로 변화시키는 기술사적 거대 변곡점이다. 첫째, 판교·마곡 등 AI 기업이 접적된 혁신지구는 직주락(職住樂) 환경과 쾌적한 생활요소를 결합해 글로벌 인재와 기업을 끌어들이며 고도화된다. 둘째, 데이터센터·전력망 등 AI 인프라 건설투자가 급증하면서 에너지 및 도시 인프라 공급체계의 근본적인 변화가 일어난다. 이는 국토균형발전의 새로운 계기를 제공한다. 셋째, 기존 스마트시티는 AI가 도시 데이터를 분석·예측·최적화하는 'AI 스마트시티'로 진화하여 시민의 삶을 더 편리·안전·쾌적하게 지원해 줄 것이다. 그러나 동시에 불평등 심화, 일자리 변화, 데이터 프라이버시와 윤리 문제, 지역 불균형 같은 사회적 갈등이 심화될 수 있다. 이에 대응하기 위해서는 디지털 포용 정책, AI 윤리와 거버넌스, 균형발전 전략을 병행해 모든 시민이 혜택을 공유하는 포용적 AI 도시를 지향해야 한다.

단국대 도시계획부동산학부 교수. 국토교통부 중앙도시계획위원회 부위원장·산업단지계획위원회 부위원장. (전)대한국토도시계획학회회장·단국대 사회과학대학장. 저서 『2025 대한민국 대전환』, 『전환: 대한민국 재설계 프로젝트』. 서울대 도시공학 박사.
김현수(Kim, Hyunsoo, 金眩秀)

1. AI 전환이 가져오는 도시공간의 변화

농업혁명·산업혁명·정보화혁명에서 보는 바와 같이, 과거보다 더 효율이 높은 생산방식(mode of production)이 등장함에 따라 도시공간의 모습이 달라진다. 자동차·기차·인터넷·스마트폰 등 새로운 교통·통신 기술이 등장할 때마다, 우리의 생활양식(way of life)이 변화하고, 이에 따라 도시공간에도 전에 없던 변화가 일어난다. AI 전환이 가져오는 변화는 전과 비교하기 어려울 정도로 크고 깊을 것이라 생각한다.

AI 전환이 가져올 도시공간의 변화를 아래의 3가지로 추론해 볼 수 있다. 첫째, 판교·마곡 등 AI 기업이 모이는 혁신공간은 더 고도화된다. 이런 혁신지구를 가진 대도시권으로 혁신인력과 혁신기업이 집중한다. 둘째, 데이터센터·연산장치·전력망 등 AI 인프라에 대한 수요가 늘어나, 새로운 인프라를 잘 갖춘 지역에서 AI 기업이 성장하고 도시는 번영할 것이다. 셋째, 기존의 스마트시티보다도 더 편리·안전·쾌적한 도시환경 속에서 스마트한 서비스를 향유할 수 있을 것이다.

한편으로, AI 전환은 계층 간, 지역 간 격차를 확대하여 불평등에 따른 사회적 갈등을 확산시키고, 일자리 문제, 윤리 문제를 심화할 우려가 크다. AI 윤리·디지털 포용· AI 균형발전 정책을 통하여 이러한 위기에 대처해가야 할 것이다.

2. AI 혁신지구들(innovation districts)의 고도화

판교, 마곡 등 도시의 혁신지구는 더 고도화되어 갈 것이다. 대학 캠퍼스만한 규모의 판교TV에는 78천명의 종사자가 근무하는데, 2023년 160

조원의 매출이 발생하였다고 한다.[1] 이는 국가산업단지 10~15개의 매출 규모에 해당하는 것으로서 인당 21억원이 넘는 매출을 올린 셈이다. 제1판교의 '기적' 이후로, 인근에 제2판교, 제3판교를 개발 중이다. 제3판교는 직주근접을 위한 공공기숙사, 우수인력의 유치를 위한 공원과 위락시설, 그리고 기술 인력들의 교육시설까지 갖춘 그야말로 직주락(職住樂)플랫폼으로 조성 중에 있다.

서울 강서구의 마곡지구에는 LG계열의 연구소 기업 15개가 모여 있다. 마곡역, 마곡나루역 등 도시철도 환승역에 서울식물원, LG아트센터, 코엑스마곡 등 쾌적 요소(amenity)가 풍부하다. 이런 쾌적하고, 매력적인 환경이 AI 산업을 선도하는 천재적 혁신인력들을 끌어들이고 창의적 혁신을 창출케하는 원동력인 시대다.

서울시는 양재동, 우면동 일원에 27만㎡ 규모의 서울AI테크시티 계획을 수립 중이다. 서울테크시티는 연구소, 업무시설, 데이터센터, 해외 대학, 인력양성기관, 주거 등을 망라하는 직주락 복합단지로 조성된다. 대한민국을 대표하는 K-AI시티를 기대해본다. AI 기술 축적이 이루어진, AI 전환에 신속한 기업들, 연구소, 벤처기업들은 이런 장소를 선호하고 모여든다.[2]

AI 전환 욕구가 높고, AI 기술 축적이 이루어진 기업들은 AI 인프라가 잘 정비된 곳, 규제 완화와 R&D 투자가 풍부한 곳, 세제 인센티브가 적극적인 지역을 선호한다.[3] 이에 더하여, 기술 수준이 높은 전문인력과 혁신기업을 유치하기 위해서는 쾌적, 편리, 매력적인 직주락 환경을 조성해 주

---

1 성남상공회의소(2024.1.2).
  https://www.sncci.net/new/sub02/sub0207.php?mode=view&sid=3465
2 매일경제 (2024.2.14) AI 스타트업, 인재 따라 강남행. https://www.mk.co.kr/news/it/10942743
3 AI의 시대, 한국 AI 인프라 경쟁력이 위험하다.
  https://www.firenzedt.com/news/articleView.html?idxno=31118

어야 한다. 우수한 인재들이 의대가 아닌 공대를 선택하게 하자면 AI 전문가들이 일하고 살고 즐길 수 있는 하이엔드 수준의 공간조성이 필수다. AI 전환은 서울 등 대도시의 혁신공간을 더 고도화해갈 것이다.

3. AI 인프라 건설투자

MS, 구글의 알파벳, 아마존, 메타 등 미국 빅테크 4곳이 올해 AI 산업에 3천200억달러(463조원) 규모의 투자를 추진한다고 한다.[4] 천문학적인 AI 투자와 함께, AI 산업의 인프라 역할을 하는 데이터센터 건설이 활발하다. 그림1은 2014년부터 2025년간 미국 오피스 건설 투자액과 데이터센터 건설 투자액의 변화를 비교한 것이다. 코로나19 이후 오피스 건설투자는 급감하고 있으나 22년 말, 챗GPT가 출시된 이후 데이터센터 건설 투자액이 급증하는 것을 볼 수 있다. 데이터센터 인프라에 대한 전세계 총 투자액은 1.7조 달러를 초과할 것으로 예상하고 있다. 이는 연평균 11.8%에 해당하는 높은 성장률을 나타낸다.[5] AI 전환이 빨라질수록 재택근무가 증가할수록, 이러한 데이터센터와 오피스건설 역전 추세는 더 커질 것이다. 이러한 변화는 우리의 일하는 형태와 도시공간구조의 변화를 예고하는 셈이다.

국제에너지기구(IEA)에 따르면, 전세계 데이터센터 전력 소비량은 2022년 460TWh에서 2026년에는 1,050TWh로 2배 이상 증가할 것으로 전망된다. 급증하는 전력수요에 부응하기 위해서는 송배전망 확충, 소형모듈원자로(SMR), 재생에너지 저장장치(ESS), 연료전지 공급 등 다양한

---

[4] 연합뉴스(2025.2.7). https://www.yna.co.kr/view/AKR20250207169600085
[5] 연합뉴스, [AI픽] AI 데이터센터 시장, 5년 뒤 85조원 '폭풍 성장'한다. https://www.yna.co.kr/view/AKR20250801154700017

표 1_ 미국 데이터센터와 오피스건설 투자액 비교(2014-2025)

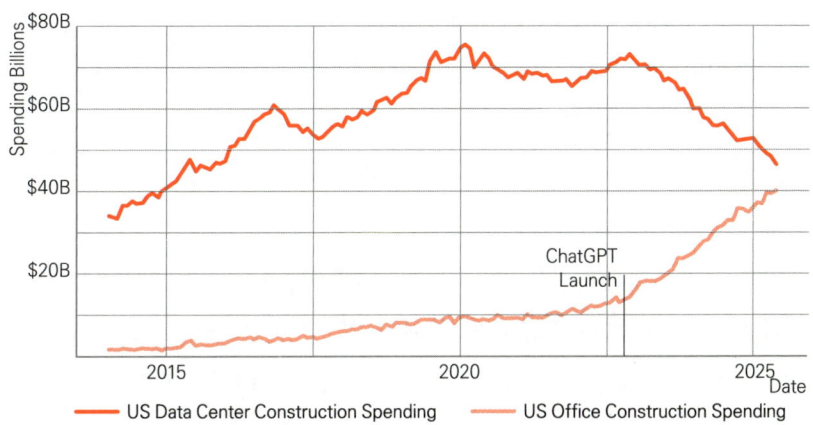

출처: https://www.reddit.com/r/ProfessorFinance/comments/1mgic18/us_data_center_vs_office_construction_spending/

에너지 공급방식 전환과 새로운 AI 인프라 건설이 예상된다. AI 전환은 곧 에너지 공급방식의 전환을 전제로 한다. 이에 따라 AI 인프라, 도시의 에너지 공급망에도 대대적인 혁신이 요구된다.

전력공급은 지방에서 풍부하나 전력수요는 수도권에서 증가한다. 수요가 있는 수도권에 건설을 허용하면 지역 불균형 문제가 심화될 것이다. 동시에 지방의 전력을 끌어오는 송배전망 연결에 따른 사회적 갈등도 심각해진다. 데이터센터 건설은 국토 균형발전, 에너지 공급방식 전환 문제와 함께 풀어가야 한다.

SK그룹은 아마존(AWS)과 함께 울산에 7조원 규모의 데이터센터 건설을 추진 중에 있다. 이를 통하여 울산에는 우수인력 유입, 인력양성 기관 설립, 기존 산업의 디지털 전환에 따른 생산성 증가 등의 편익이 기대된다. 이러한 계기를 지역 균형발전의 기회로 삼아가야 할 것이다.

데이터센터 건설에는 많은 사회적 갈등이 분출된다. 높은 전력 소비와 냉각수 처리, 고용없는 위압적 건축물, 전자파에 대한 주민들의 우려 등이다. AI 인프라를 갖추어가는 일과 함께 주변 지역과의 상생 환경 구축도 필수적이다. 남양주 왕숙 신도시에는 카카오 그룹의 데이터센터 건설이 추진 중이다. 데이터센터에 더하여 연구소와 본사 업무기능까지 입주할 예정이다. 하남 교산 신도시의 도시지원시설 용지에는 데이터센터와 함께 포스텍 등 AI 연구소 및 대학이 복합화 개발을 추진 중이다.

데이터센터는 AI 경제 시대의 핵심적인 인프라의 역할을 하게 된다. 1970년대 경제개발계획을 추진하면서 경부고속도로라는 사회간접자본을 국가가 선도적으로 건설하여, 중화학공업 기반을 다졌다. 2000년대에 들어서 초고속인터넷망을 국가 주도적으로 건설하면서 정보화 강국의 초석을 다진 바 있다. 이제 AI 전환기라는 기술사적인 터닝포인트에서 AI 인프라 건설을 위한 정부의 선도적 역할이 절실한 시점이다. 3대 AI 강국으로 올라서는 기초를 닦아야 할 때다. AI 인프라를 잘 갖추고, AI 인력이 선호하는 직주락 환경을 갖춘 도시가 번영하는 AI 전환 시대다.

4. K-AI시티

스마트시티는 정보통신기술과 데이터, AI 등을 결합해 도시문제를 해결하고 삶의 질을 향상시키는 도시를 말한다. 교통·환경·에너지·안전·보안·거버넌스 등의 서비스공급에 있어서 우리는 이미 스마트한 도시에 살고 있다. AI 전환에 따라 스마트시티도 한 단계 업그레이드 중이다. AI 스마트시티는 AI를 도시 운영의 핵심 엔진으로 삼아 '스스로 판단하고 최적화하는 도시'를 말한다.

수집된 방대한 도시 데이터를 AI가 분석·예측·결정하여 실시간·선제적으로 도시 문제를 해결하고 서비스를 제공하는 도시라 할 수 있다. 교통흐름·에너지 소비·폐기물 관리 등 도시의 핵심 인프라를 AI가 실시간으로 분석하고 최적화하여 운영 비용을 절감하고 효율을 높인다. CCTV 영상 분석·드론 순찰 등을 통해 범죄나 사고 위험을 예측하고 대응하여 시민의 안전을 보호한다. 또한, AI 기반 재난관리시스템을 통해 자연재해 발생 시 신속한 대피 경로 안내가 가능해짐에 따라 우리는 더 쾌적하고, 편리하며, 안전한 AI 스마트시티에 살고 일하게 될 것이다. AI 스마트시티는 기존 스마트시티의 '자동화'를 넘어 '지능화'를 실현하는 도시 모델이다.[6]

'25년 8월, 이재명 정부는 123대 국정과제 중의 하나로 "K-AI시티"를 발표하였다. K-AI시티는 한국이 주도하는 AI 기반의 미래형 도시 모델을 말한다. AI를 도시 운영의 브레인으로 삼아 도시 전체를 하나의 거대한 AI 시스템처럼 작동시키는 것을 말한다. 한국의 선진적인 도시개발 경험과 AI 기술력을 결합한 K-AI시티 모델을 해외에 수출할 것을 목표로 한다.

한편으로, AI 전환은 대도시 집중을 야기하여 공간적 불균형을 심화시킬 우려가 있다. 막대한 투자가 이루어지는 AI 인프라 건설정책은 국토균형발전을 함께 고려해야 한다. 격차는 도시 내부에서도 심화될 것이다. 특이점(singularity)을 향해 무한 성장하는 기술, 이에 따른 부의 편재로 소외되는 전통 산업, 계층, 지역의 문제가 심화되어 갈 것이다. AI 전환이 가져오는 새로운 기술과 서비스에 접근이 어렵거나, 교육을 필요로 하는 취약계층, 고령자, 장애인 등에게는 사전교육, 기기 제공 등을 통하여 AI로 인한 새로운 차별이 발생하지 않도록 하는 세심한 배려가 필요하다.

AI 포용 정책은 사회 구성원 모두가 AI 기술의 혜택을 차별 없이 누릴 수 있도록 경제, 사회, 문화적 환경을 조성하는 정책이다. 이는 단순히 AI를 보급하거나 인터넷을 연결해주는 것을 넘어, AI 기술에 대한 접근성, 이용 역량 강화 지원, 그리고 사회 참여 촉진 교육지원, 그리고 인터넷중

---

6   https://chatgpt.com/g/g-p-686b188726f48191a9283bd01ad1c1e3-ai/c/68a02438-8464-8332-8e4e-a514a1ccb4a0

독 및 사이버폭력 대응 교육까지 포괄하는 개념으로 자리잡는다.

　AI 전환은 국가의 미래 경쟁력을 좌우할 거대한 전환점이다. 혁신 공간의 고도화, AI 인프라 확충, K-AI시티의 도전은 대한민국이 세계 3대 AI 강국으로 도약할 수 있는 기회임에 틀림없다. 그러나 동시에 불평등과 사회적 갈등이라는 새로운 과제를 안겨준다. 따라서 기술혁신과 더불어 AI 포용, 지역균형발전, 윤리적 거버넌스를 동시에 추진해야 하는 전환점이라 하겠다.

참고문헌

김현수, "콤팩트거점과 포용적연계를 통한 국토공간의 재구조화", 『월간국토』 525: 2-4, 국토연구원, 2025년 7월.

김현수, "AI인프라와 도시의 번영", 「브릿지칼럼」, 2025년 7월 3일.

김윤명, 2025, 『모두의 AI』, 서울: 커뮤니케이션북스.

이세원, "Urban AI 구현을 위한 정책적 시사점", 『국토정책브리프』 949: 1-8, 국토연구원, 2024년 1월.

31. 모빌리티

AI 모빌리티 혁신, 융합기술과 국가시범도시

김태형 한국교통연구원 모빌리티융합기술본부 본부장

AI·빅데이터 기술의 급격한 발전으로 기존 모빌리티의 다양한 현안과 문제를 해결하고, 미래 모빌리티 서비스 혁신과 산업 생태계 조성의 새로운 가능성과 기회가 열렸다. AI 모빌리티 분야를 선도하고 글로벌 경쟁에 대비한 체계적인 준비와 노력이 필요한 시점이다. AI 모빌리티 기술로드맵 수립과 전략적 국가 연구개발사업 추진, AI 맞춤형 데이터 기반 조성과 데이터 거버넌스 구축, AI 모빌리티 국가 시범도시와 산업 클러스터 조성이 요구된다.

한국교통연구원 모빌리티융합기술본부 본부장. (전)대통령 직속 정책기획위원회 한국판 뉴딜 국정자문단 위원·세계은행 선임교통위원·한국ITS학회 상임이사/산학협동위원장. 대통령 표창, 국토해양부 장관상. 한양대 공학사, 공학석사, 메릴랜드주립대 공학박사(교통공학).
김태형(Kim, Taehyung, 金泰亨)

1. 교통문제 해결 패러다임의 전환

과거부터 현재까지 사회·환경적 변화에 따른 수많은 교통 문제와 이슈의 등장, 그리고 거기에 대응하는 주요 교통정책 및 대응 방안은 점차 진화해 가고 있다. 1970~80년대 초창기는 대부분 대규모 SOC 건설, 시설 확충, 대중교통 투자 등 공급과 하드웨어 중심의 접근이었다. 2000년대 들어서야 첨단화, 혁신 기술, 지능형교통체계(ITS) 등 소프트웨어적인 접근방법이 등장했고, 최근에는 자율주행, 도심항공교통(UAM), 수요응답형 교통서비스(DRT) 등 신기술 기반의 모빌리티 서비스 혁신을 통한 수요자 관점의 정책과 서비스 등이 도입되었다. 대표적인 서비스로 스마트폰 기반의 택시 호출과 카셰어링 등 플랫폼 모빌리티 서비스가 대중화되었으며, DRT 서비스 도입으로 시민의 이동 편의성도 크게 향상되었다.

하지만 이러한 모빌리티 혁신 성과에도 불구하고 여전히 우리 주변에는 교통으로 인한 여러 문제와 풀지 못한 난제, 그리고 지속적인 도전들이 산재해 있고, 그것들을 해결하기 위한 부단한 정책 및 기술적 노력 등이 진행 중이다. 최근 전 세계적으로 AI라는 신기술과 AI의 근본이 되는 빅데이터의 활용을 통해 생활 전 분야에 걸친 새로운 변화가 급격히 진행 중이다. 어떤 사람들은 이러한 변화를 또 다른 혁명이라고도 얘기하고 있고, 혹자는 AI와 빅데이터가 과연 이 세상을 어떻게 바꾸어 갈지 궁금해하기도 한다. 교통 분야 역시 이러한 변화에 대응하여 그간 해결이 어려웠던 다양한 현안과 문제를 AI·빅데이터 기술을 활용한 해결 방식으로 서서히 패러다임이 전환되고 있는 중이다.

2. AI·빅데이터 기술의 급격한 발전과 교통의 미래상

AI와 빅데이터 기술은 최근 하루가 다르게 급격한 발전이 진행되고 있다. AI는 최근 언어 이해를 넘어 이미지, 판단, 물리 작동 등 다방면으로 빠르게 확산되고 있으며, 생성형 AI와 에이전틱 AI에 이어 현실 세계에서 물리적인 작업이 가능한 피지컬 AI로 전환되고 있다. 그래서 자율주행 자동차와 범용로봇 분야까지 적용되는 수준으로 발전하고 있다. 또한 빅데이터는 집계 및 통계 자료 중심의 데이터 수집·공유·활용에서, 활용도 높고 재생산 가능한 개별 객체 단위의 데이터로 변화해 가고 있다. 그래서 이제 AI가 단순 자동화가 아닌, 모든 시스템을 스스로 작동 가능한 지능형 운영체계로 전환 중이고, 데이터는 객체 단위의 미시적 데이터로 변화되면서, 개인 속성정보(성별, 연령) 뿐만 아니라 개별 위치 및 시간정보까지 수집되는 수준으로 발전되고 있다.

이러한 AI와 빅데이터의 발전은 주요 교통기술과 기능에는 어떤 변화를 가져오게 될지, 그리고 이로 인한 교통의 미래상은 어떤 모습으로 변화되어 갈지 많은 기대가 된다. 최소한 우리가 마주하고 있는 교통의 수많은 이슈와 문제를 모두 해결한다고 장담할 수는 없지만, 다양한 교통의 문제와 난제 해결에 대한 새로운 가능성과 기회를 열어주고, 시민의 이동권 보장과 교통산업 혁신을 위한 혁신적인 대안이 될 수 있음은 부정할 수 없다.

최근 교차로의 교통혼잡 완화를 위해 AI 기반 교통신호 제어 시스템을 도입하기 위한 다양한 연구와 시범사업이 한 사례가 될 수 있다. 기존 교차로 교통상황과 환경변화에 상관없이 정해진 시간 주기에 따라 운영되던 고정식 신호 시간이 실시간 데이터와 인공지능 기반의 학습을 통해 최적 신호 시간으로 탄력적으로 운영되는 방식이다. 또 다른 좋은 사례로 요즘 전 세계적으로 붐이 되고 있는 자율주행 분야의 AI 적용이다. 이는 기존 자율주행시스템 개발에 적용되던 rule-based 제어방식으로 인한 부자연스러웠던 자율주행의 한계를 인지-판단-제어 전 과정에 걸쳐 일체형 E2E(End-to-End) AI 적용을 통해, 보다 자연스럽고 안전한 주행이 가능하게 하는 방식이다.

AI와 빅데이터의 교통 분야 활용은 더 이상 선택의 문제가 아닌 필수로 인식되고 있다. 그렇다면 첨단 AI와 빅데이터의 주요 기술이 현 교통의 각 분야별(모빌리티, 물류, 도로 인프라 등) 미래상을 어떻게 바꾸어 갈 수 있을지 예측해 보자. 먼저 모빌리티 분야는 교통수단과 이용자에서 생성되는 방대한 데이터와 이를 처리할 인공지능 기술의 접목으로 기존 교통정책과 기술의 한계를 뛰어넘는 새로운 문제해결 수단을 제공할 것이다. 교통약자의 실질적 이동권 보장과 교통 소외지역에 대한 공공 모빌리티 지속가능성을 확보해주고, 농산어촌 및 저밀도 지역에서의 공공 모빌리티 지속가능성 확보, AI 기반의 탄력 운영으로 인한 운영비 효율화 및 지자체의 재정부담 완화 등의 기대효과가 예상된다.

물류 분야에도 그간 한계로 여겨지던 라스트마일 구간의 배송 정확도와 효율성 향상, 농산어촌 등 소외지역 물류 서비스의 형평성 확보, AI 기반 물류 자동화를 통한 인력 부담 및 운영비 절감, 공공성과 안전성 중심의 지속가능한 배송 인프라 구축 등의 가시적인 변화가 기대된다. 또한 도로 인프라 분야도 AI의 자동 판단·제어 기반의 지능형 인프라 운영체계로의 전환으로 도로 위험 요소에 대한 실시간 대응력 확보, 사고 이전 단계에서의 예방적 선제 조치 가능, 교통혼잡 및 사고위험 요소 감소 등 교통흐름과 안전성의 동시 확보의 가능성이 기대된다.

이처럼 AI·빅데이터와 모빌리티의 융합은 교통 전 분야에 걸친 서비스 혁신과 산업 생태계 조성에 대한 근본적인 전환을 가져오고 있다. 다만 이행 과정에서 데이터 거버넌스 구축과 개인정보 보호, 기술개발 및 표준화라는 과제도 등장한다. 다양한 영역의 모빌리티 데이터를 수집·연계·통합하려면 기관 간 협력과 명확한 거버넌스 체계가 필수적이다. 또한 AI 모델의 의사결정에 대한 투명성과 안전성도 확보해야 한다. 이러한 과제의 해결과 기술 융합을 통해 더욱 효율적이고 사람 중심 미래 교통체계를 구현하는 것이 국가 경쟁력 향상의 열쇠가 될 것이다.

3. 모빌리티 융합기술의 전략과 과제

이재명 정부에서는 AI와 빅데이터를 활용한 정책과 기술을 장려하기 위한 다양한 노력을 하고 있다. AI 세계 3대 강국 도약으로 여는 '모두의 AI' 시대를 목표로 다양한 정책 및 재정 투자를 계획하고 있다. 최근 발표한 국정기획위원회 국정운영 5개년 계획을 보면 5대 분야, 123대 국정과제 이행을 위한 300여개 사업에 2030년까지 210조원의 재정을 투입하고, 그 중 AI 3대 강국 달성에 25조 원을 투입할 계획[1]이라고 한다. 교통 분야를 살펴보면 123대 국정과제로 '미래 모빌리티와 K-AI 시티 실현', '교통혁신 인프라 확충' 등이 포함되어 있으며, AI·빅데이터 관련 시도별 공약 포함 정부 정책공약을 보더라도 약 40건의 관련 공약들이 제시되고 있어, 이를 위한 선제적인 노력과 준비가 필요한 시점이다.

AI 모빌리티 기술로드맵 수립 및 전략적 국가 연구개발사업 추진

정부는 지난 2022년 모빌리티 혁신 로드맵을 발표하여 완전자율주행, UAM 상용화를 앞당기기 위한 인프라와 법제도, 실증 기반을 마련하고, 스마트 물류 및 다양한 모빌리티 이동 서비스 확산을 위한 다양한 정책과 세부 과제를 제시하였다.[2] 또한 다양한 국가 연구개발사업(예, 범부처 자율주행 기술개발 혁신사업, 한국형 도심항공교통(K-UAM) 안전 운용체계 핵심기술개발 등)이 진행 중이며, 관련 산업 생태계 조성과 인력양성에 힘쓰고 있다. 하지만 AI 기술 발전과 모빌리티 서비스·산업의 패러다임 전환에 선제적으로 대응하고 글로벌 경쟁에 앞서나가기 위해서는 무엇보다 체계적

---

1 1 국정기획위원회(2025), 『국정기획위원회 국민보고대회』, 국정기획위원회.
2 국토교통부(2022), 『모빌리티 혁신 로드맵』, 국토교통부.

인 AI 모빌리티 기술로드맵 수립과 지속적인 대규모 연구개발 투자가 필요하다.

지난 2022년 모빌리티 혁신 로드맵의 성과와 한계를 평가하고, 급격하게 발전하고 있는 AI 기술 발전과 산업 트렌드, 실제 수요자인 이용자의 필요와 기존 시스템의 한계를 종합적으로 반영한 'AI 모빌리티 기술로드맵'의 조기 수립이 필요하다. 또한 AI 모빌리티 선도를 위한 전략적 국가 연구개발사업 추진이 필요하다. 2025년 국토교통분야 연구개발예산(약 5,400억 원)은 2025년 정부 총 연구개발예산(약 29조 7천억 원) 대비 약 1.8%에 불과함을 알 수 있고, 그마저도 국토교통 다양한 분야(건설, 항공, 철도, 교통·물류 등 7개 분야)에 대한 분산된 투자[3]로 인해 단편적인 기술 중심의 연구개발이 진행될 수밖에 없는 구조이다.

따라서 AI 기반의 모빌리티 혁신을 이루고 세계를 선도하기 위해서는 AI 모빌리티 핵심기술 및 서비스 개발, AI 모빌리티 디지털 인프라 구축, 실증 및 협력 거버넌스 등이 통합된 국가적 차원의 전략적 연구개발사업 추진이 절실하다. 또한 정부는 주기적으로 로드맵 이행 성과를 점검하고, 급격한 AI 기술 진보나 산업 트렌드 등을 반영한 로드맵 수정·보완, 현장 적용 등의 지속적인 선순환 과정이 이루어질 수 있도록 모니터링 및 제도적 지원이 필요하다.

AI 맞춤형 데이터 기반 조성 및 데이터 거버넌스 구축

AI 모빌리티 기술개발 촉진의 토대는 데이터이다. 특히 급격한 사회·환경변화 및 기술 발달에 대응하여 AI 모빌리티 기반의 교통 SOC 자동 성능진단, 정책 의사결정 지원, 투자 효율화, 모빌리티 서비스 제공 및 운영

---

[3] 김태형 외(2025), 『새정부에 바란다. 국가 교통물류 정책 대토론회』, 한국교통연구원.

을 위해서는 맞춤형 데이터 구축이 필수적이다. 이를 위해 기존 집계 데이터나 통계 자료 기반이 아닌 개별 객체 단위의 원천 데이터 기반 통행 상세정보를 포함하는 AI 모빌리티 표준 DB 구축이 필요하다. 다시 말하면 개인 속성정보(성별, 연령), 위치 및 시간정보, 통행목적(집, 직장 등), 통행수단 등 개인의 통행에 대한 상세정보를 포함하는 모빌리티 빅데이터 구축이 필수이고, 그것이 AI 기술에 쉽게 활용가능한 형태의 '머신 리더블' 형태의 표준화된 데이터로 구축되어야 한다. 특히 국민으로부터 생성된 모빌리티 데이터 수집을 위한 최소 운영비 지원 및 민간기업과 공공기관이 보유한 데이터를 통합한 형태의 표준 DB 구축이 필요하다.

이렇게 구축된 AI 모빌리티 표준 DB는 무료 개방을 통해 교통을 포함한 부동산, 금융, 관광 등 사회 전분야에 걸쳐 AI 기술개발 활성화를 촉진하고, 다양한 정책·서비스 맞춤형 지원에 활용 가능하도록 데이터 수집·구축기관, 데이터 관리기관, 데이터 활용기관, 정부의 데이터 담당 부처 및 기관이 포함된 효율적인 데이터 거버넌스 체계의 구축 및 운영이 필수적이다. 그래서 궁극적으로 모빌리티 표준 DB 무료 개방을 통한 교통운영 고도화, 다양한 분야의 맞춤형 서비스 발굴을 통한 교통 편의성과 국민 삶의 질 개선 등 새로운 가치를 창출하여 공익 증진을 위한 선순환 체계 구축이 가능하다.

AI 모빌리티 국가 시범도시 및 산업 클러스터 조성

AI 기반의 단편적인 모빌리티 기술개발과 테스트를 넘어 시민 체험을 통한 기술 및 서비스 실증, 서비스 상용화·제도화 전환, 관련 산업 생태계 조성 등이 가능한 모범적인 AI 모빌리티 국가 시범도시 조기 조성이 필요하다. 최근 일본 토요타(Toyota)는 우븐시티(Woven City) 프로젝트를 통해 후지산 기슭 175에이커 부지에 교통사고 제로, 에너지 최적화, 로봇 물류 실증 등 미래형 모빌리티 기술의 실제 적용을 목표로 자율차, 로봇, 스마트 인프라를 통합한 도시형 AI 실증을 추진 중이다. 단순 기술개발의 수준을 넘어 초기 360명 규모로 거주와 실험이 병행되는 구조이며, 구글, 다이슨, 도요타 리서치 연구소 등 6,000건 이상의 협력 요청이 쇄도하고 있다. 따라서 상대적으로 AI 기반의 다양한 실증과 검증, 시민 체험을 위한 AI 인프라와 데이터센터 등이 취약한 국내에서는 글로벌 경쟁에 대비한 도시 형태의 통합 테스트베드 환경 구축이 필수적이다.

이와 더불어 AI 모빌리티 관련 산업을 집적하여 시너지를 내는 산업 클러스터 조성 역시 중요하다. 인프라-서비스-생태계가 완비된 다양한 AI 모빌리티 특화 실증거점(예, 자율주행 모빌리티 클러스터, 재난 대응 모빌리티 클러스터, High-risk AI 모빌리티 클러스터 등) 육성이 필요하고, 이를 네트워크로 연계한 국가 단위 산업 클러스터 조성과 AI 모빌리티 혁신 특별구역 지정이 필요하다. 이를 통해 해당 지역에 연구개발 특례, 세제 지원, 인프라 투자 등을 집중하여 거점별 특화 발전을 도모할 수 있다. 또한 각 클러스터에서 창출된 성과를 전국으로 확산하기 위해 표준화와 성능 평가 체계를 마련하고, 지역 간 정보교류를 활성화하는 것이 필요하다.

참고문헌

국정기획위원회, 2025,『국정기획위원회 국민보고대회』, 국정기획위원회.
김태형 외, 2025,『새 정부에 바란다. 국가 교통물류 정책 대토론회』, 한국교통연구원.
탁세현 외, 2025,『AI 모빌리티 로드맵』, 한국교통연구원.
김태형 외, 2025,『미래 교통서비스 혁신을 위한 교통 AI 추진전략 수립 연구』, 한국교통연구원.
국토교통부, 2022,『모빌리티 혁신 로드맵』, 국토교통부.

32. 정원

"녹색 열풍", 기후위기 시대 돌봄과 회복의 정원도시

김선미 동아일보 콘텐츠기획본부 기자·『정원의 위로』 저자

기후위기 대응과 도시 회복력 강화가 전 세계적 과제로 부상한 가운데
정원은 복지·교육·산업·기술·관광 등을 잇는 전략적 인프라로 재해석되고
있다. 「제2차 정원진흥기본계획(2021~2025년)」에서는 생활권 정원 조성을
비롯해 민간정원 등록 확대, 스마트가든 보급, 시민정원사 양성 등
여러 정책이 시도되었으나 유지·관리 불균형, 민관 협력 부족 등 구조적
문제도 드러났다. 현재 수립 중인 「제3차 정원진흥기본계획(2026~2030년)」의
핵심은 '미래환경과 실현'이다. 정원이 재생에너지 실천을
선도하며 기후변화에 유연하게 대응하는 도시 기반이 될 때 진정한 의미의 가
될 수 있다. 생활 밀착형 공공정원과 공동체 정원이 확충되면
도시의 생태 회복력이 높아지고, 세대를 통합하는 치유와 돌봄이
이뤄질 수 있다. 급증하고 있는 각 지방자치단체의 정원박람회는
산업과 연계한 지역 브랜딩으로 업그레이드돼야 한다.
그래야 정원이 도시의 지속가능성을 담보한다.

동아일보 콘텐츠기획본부 기자. 동아일보 '김선미의 시크릿가든' 연재 중,
2025서울국제정원박람회 조직위원, 산림청 산림보호분과 자문위원, 국가유산청
명승·전통조경분과 전문위원. (전)동아일보 논설위원·산업부·소비자경제부·문화부 차장.
『정원의 위로』저서로 한국조경학회 학술상 수상. 서울대 조경학 박사과정.
김선미(Kim, Sun Mi, 金善美)

1. 기후위기와 생물다양성 정원 부상

2025년 5월 영국에서 열린 RHS(영국왕립원예협회) 첼시플라워쇼에서 디자이너 매튜 버틀러(Matthew Butler)와 조쉬 파커(Josh Parker)는 '미래의 정원(Garden of the Future)'을 조성해 '작은 쇼가든(Small Show Gardens)' 부문에서 금메달을 받았다. 심각한 날씨 변화를 겪는 전 세계 농부들을 생각해 빗물 수확 시스템을 갖춘 정원에 기후 회복력이 강한 채소를 심고 다채로운 꽃을 더해 '키친가든'이 충분히 아름다울 수 있다는 것을 입증했다. 톰 매시(Tom Massey)와 제 안(Je Ahn)이 디자인해 '쇼가든(Show Gardens)' 부문 금메달을 받은 '아바네이드 인텔리전트 가든(Avanade Intelligent Garden)'은 나무의 성장, 수액 흐름, 토양 상태, 공기 질 및 날씨의 패턴을 추적할 수 있는 센서를 설치했다. AI가 분석해 나무가 물이 부족하다고 '말'하면 정원사는 첨단기술의 힘으로 식물과 대화하며 돌볼 수 있다.

폭염과 집중호우, 미세먼지, 생물다양성 감소 등 복합적 기후위기로 인해 정원은 단순 녹지 이상의 기능을 수행하고 있다. 미기후를 조절하고 주민 건강을 회복시키는 동시에 사회적 연대를 강화하는 공간으로 주목받고 있다. EU는 자연 기반 해법(Nature based Solutions)으로 정원을 전략적으로 활용 중이다. 바람길을 조성해 도시 열섬을 완화하고, 정원에 가변형 그늘 구조물을 만들고, 주민이 참여해 빗물을 수집하는 한편 토착종과 야생동물의 서식지를 확대하고 있다.

산림청 국립수목원도 세계적 흐름에 발맞춰 모델정원을 개발 중이다. 2025년 6월 경남 진주시 초전공원에서 열린 대한민국 정원산업 박람회에 조성한 '서식처 정원(habitat garden)'이 일례다. 서식처 정원은 빛 환경에 따라 식물, 곤충, 미생물 등 여러 생명체가 흙과 돌, 썩은 나무 사이에서 공존하는 생태계가 살아있는 정원이다. 돌, 이끼, 고사목 등을 활용하고 우리 자생식물을 심어 정원의 생명력과 소박한 매력을 전하고 있다.

「제2차 정원진흥기본계획(2021~2025년)」에 따라 그동안 생활형 정원, K-가든, 신(新) 스마트 정원, 치유 정원, 베란다 정원 등을 개발해 보급했던 산림청은 2025년에는 생물다양성 증진을 목표로 '서식처 정원'과 '저관리형 정원'(기후변화에 따라 건조에 강한 식물을 심고 빗물을 재활용해 정원관리를 최소화한 정원) 등을 개발 중이다. 이밖에 산림청이 1,437억 원을 투자해 2030년 완공 목표로 추진 중인 '국립 난대수목원'도 기후위기 및 지방소멸 위기 대응을 위한 노력의 일환이다. 2025년 8월 14일 취임한 김인호 제36대 산림청장은 생물다양성을 '살아있는 지구의 심장박동'이라 불렀다. 우리의 숨결과 직결된 생물다양성을 보전하기 위해 자생식물을 활용한 기후적응형 정원 조성과 관리는 앞으로 더욱 요구될 수밖에 없는 생존 과제다.

2. 생활권 도시 숲, 국가적 차원에서 네트워크해야

도시숲은 도심 열섬현상을 완화할 수 있는 확실한 녹색 해법이다. 산림청은 도시숲의 유형을 도시 숲, 생활 숲(마을 숲, 경관 숲, 학교 숲), 가로수로 분류하고 있다. 국립산림과학원에 따르면 도시 숲 비율이 높은 지역일수록 평균 지표 온도가 낮게 나타났다. 서울시에서 도시 숲 비율이 가장 높은 강북구는 62.3%로 지표 온도가 34.9도인데 비해 도시 숲 비율이 가장 낮은 영등포구(5.8%)는 지표 온도 37.9도를 기록해 3도 차이가 났다. 도시 구석구석이 숲과 정원으로 가꿔지면 주변 환경이 쾌적해진다는 뜻이다.

도시화, 기후위기, 국민건강 증진 등 생활권 도시 숲의 중요성이 커지면서 국내에서는 2003년부터 양적 확대를 목표로 대규모 유휴공간을 중심으로 도시 숲 조성사업이 추진돼왔다. 이에 따라 1인당 생활권 도시숲

면적은 2007년 7㎡에서 2023년 14.07㎡로 확대됐다. 하지만 대규모 생활권 단위로 사업이 진행되다 보니 마을 특성을 반영한 소규모 주민 쉼터와 녹지공간 구성에 한계가 드러났다. 극한 이상기후에 취약한 계층 및 지역을 위한 사업도 추가로 발굴이 필요한 실정이다. 오랫동안 학교 숲 운동을 주도했던 김인호 제36대 산림청장은 앞으로 학교 숲 정책을 전략적으로 확장할 가능성이 높아 보인다.

국내의 단절된 녹지를 연결해 생물다양성을 보존하고 기후 탄력성을 확보하려면 싱가포르의 파크 커넥터 네트워크(PCN·Park Connector Network)를 우리 실정에 맞게 적용할 필요가 있다. PCN은 싱가포르 도시 곳곳의 공원과 자연보호구역을 연결하는 보행자·자전거 친화형 녹지 네트워크다. 2025년 현재 300km가 조성된 가운데 싱가포르국립공원청(NParks)은 500km 이상의 네트워크 구축을 최종 목표로 삼고 있다. 도심 속 작은 공원이 시민들의 조깅과 사이클링, 동식물 관찰 등에 활용되면서 자연보호구역으로 연결되는 형태다.

국내에서는 도시 숲, 둘레길, 바람길 숲이 전국 곳곳에서 추진되고 있다. 하지만 연결은 부족하다. 국토 차원에서 공원, 하천, 산림, 도시숲을 연결하는 네트워크 전략이 필요한 이유다. 지역별로 조각난 숲길을 국가적 네트워크 브랜드로 묶고 기후위기와 돌봄, 관광 등 다층적 목표를 통합하는 총괄 거버넌스도 필요하다. 단순히 도시 숲을 조성하는데 그치지 않고 치유·돌봄 프로그램과 연계시키고 고령층과 아동, 장애인 등을 위한 맞춤형 접근성을 높여야 한다. 민간과 기업 참여를 이끌어 지역 브랜드 가치를 높이는 경제적 효과를 꾀해야 한다.

3. 녹색 치유 활성화를 위한 체계적 정책 마련 시급

산림청 국립수목원이 2023년 9월 1일부터 11월 14일까지 국내 7개 지방 정원 방문자 759명을 대상으로 조사한 결과 응답자의 67.9%가 정원이 스트레스 해소의 기능을 갖는다고 답했으며, 58.1%는 삶의 만족도 향상에 긍정적이라고 답했다. 특히 정원을 직접 조성하고 관리한 경험이 있는 응답자는 신체활동, 다른 사람과의 협력·유대감 증진에 효과가 있다고 응답했다(정미애: 2025). 이에 앞서 국립수목원이 2022년 치매환자 및 가족, 우울증 등 장애를 겪는 221명이 참여한 '가드닝 프로그램'의 효과를 분석한 결과 참여자들은 우울, 불안, 활력, 삶의 질, 마음 챙김 등에서 모두 향상을 보인 것으로 나타났다.

영국과 미국은 자연과 녹지의 치유 효과를 활용하는 이른바 '녹색 처방(Green Prescription)'을 통해 국민건강을 챙기고 있다. 특히 우울증 등 만성질환자가 녹지공간에서 시간을 보내면 의료비용 지출과 의약품 처방이 감소하는 것으로 밝혀졌다. 영국과 미국은 기존 보건의료 체계와 연동된 방식으로 녹색 처방을 하고 있다. 전 국민 대상의 국민건강보험을 갖춘 한국은 보건의료분야와 공원 녹지 분야 관련 기관이 함께 체계적 정책을 마련할 필요가 있다(김효주·정해준, 2025: 150).

녹색처방은 의료종사자가 환자의 건강과 복지를 개선하기 위해 지역사회의 다양한 비임상적 서비스를 제공하는 사회적 처방의 체계 속에서 실행된다. 예술 및 문화 활동, 운동, 정원 가꾸기 등이 해당한다. 최근 방한해 서울식물원에서 중장년층을 대상으로 '도시 숲 예술 치유' 프로그램을 진행한 영국 로열발레 관계자는 "예술 활동을 통해 인지능력을 활성화시키는 치료는 자연환경과 만날 때 효과가 높아진다"고 말했다.

국내 도심권 숲은 산림휴양과 치유 등 산림복지서비스 측면에서 더욱 확충될 전망이다. 국민 수요에 맞는 인프라를 갖추고 접근성과 형평성을 높이는 것이 관건이다. 숲해설가와 산림치유지도사 등 산림복지서비스 전문업 종사자들이 더 나은 조건에서 일할 수 있는 환경도 마련돼야 할 것이다.

4. 정원 열풍, 정원박람회 지역 브랜드 전략으로

국내 정원은 국가정원 2곳, 지방정원 14곳, 민간정원 164곳 등 180곳(2025년 6월 30일 기준)에 이른다. 2020년 이후 16개 지자체가 정원도시 계획을 수립했거나 추진 중이다. 서울시는 2024년 1월부터 2025년 6월까지 1년 반 만에 도로변에 2,180곳의 정원(15만 3298㎡)을 조성하고 2026년까지 30만㎡ 규모로 늘리겠다고 한다.

정원도시는 단순히 녹지를 늘리는 사업이 아니다. 자연과의 친밀, 포용과 평등, 참여와 공유라는 가치를 구현하는 생활문화다. 하지만 산림청 주도로 추진되는 현재 국내 정원도시 정책은 정원 기반 녹색 인프라와 도시 기능 간의 유기적 연계를 고려한 정책적 접근이 부족하다는 한계가 있다(김용국 외, 2025: 14). 급증하는 정원박람회도 차별점을 가져야 한다. 예를 들어 서울국제정원박람회는 글로벌 정원 네트워크, 경기정원문화박람회는 시민 참여, 대한민국정원산업박람회는 산업 연계의 뚜렷한 방향을 가져야 한다. 각기 다른 경쟁력을 가진 정원박람회가 모여 정원문화를 산업, 관광, 복지와 엮는 플랫폼으로 발전시킬 때 정원은 지역 브랜드 전략이자 미래 문화전략으로 자리 잡을 수 있다.

도시와 마을 곳곳에서 시민이 공동체 정원을 가꾸면 그 돌봄의 경험은 미래세대로 이어진다. 극단적 기후, 생물다양성 상실, 식량 불안, 사회적 결속의 약화 같은 우리 사회의 과제들을 풀어낼 열쇠는 정원에 있다.

참고문헌

김선미, 2024, 『정원의 위로』, 서울: 민음사.

김용국·최영운, 2025, "현대 정원도시의 다원적 기능 분석과 정책 방향", 『한국조경학회지』 53(2)(통권 228호): 1-16.

김효주·정해준, 2025, "녹색 처방 제도의 공원녹지 연계 방안 분석과 국내 적용전략 검토-영국과 미국 사례를 중심으로", 『한국조경학회지』 53(1)(통권 227호): 138-154.

정미애, 2025년 6월, "Gardens: Transforming Local Environments", 2025 세계 식물원 교육총회 발표 자료.

https://www.rhs.org.uk/shows-events/rhs-chelsea-flower-show/gardens

33. 생물다양성

멸종위기종의 소도(蘇塗) 국립공원의 SOS[1]

김경순 국립공원공단 상임감사

국립공원에는 국내 생물종의 40.9%인 23,774종이 서식하며, 국내 멸종위기종의 68%인 191종이 생존을 이어가고 있다. 멸종위기종 1급인 반달가슴곰 90마리(지리산), 산양 1,300마리(설악산과 월악산), 붉은여우 250마리(소백산)가 생존하고 있어 국립공원은 사실상 멸종위기종의 소도(蘇塗)다. 지리산 태생 반달가슴곰 '오삼이'는 덕유산권까지 왕래하다 상주시 계곡에서 질식사한 사건이 2023년에 있었다. 『제2차 반달가슴곰 복원 로드맵』을 목적 의식적으로 수정·보완해 재추진해야 한다. 2023년 겨울 폭설로 국내 전체 산양의 절반인 1,000여 마리가 대량 폐사한 사건이 설악산권에서 일어났다. 산양 복원사업은 기후위기시대 걸맞게 매뉴얼 및 비상시 대응체계를 재정립해야 한다.
또한, 최근 대형산불로 지리산 국립공원과 주왕산 국립공원의 식생이 큰 피해를 입었다. 보호지역의 산불피해 예방과 국민 생명과 재산을 지킬 국가위기대응체계를 새롭게 구축해야 한다.

국립공원공단 상임감사. (전)정책네트워크내일 정책실장·국민의당 정책실장·보건복지위원회 국회의원 보좌관·20대 대통령직인수위원회 외교안보분야 전문위원·대통령실 인사제도비서관실 행정관·한국감사협회 사무총장. 공공감사협회 청백리상 수상. 연세대 독문과, 경희사이버대 NGO학사, 북한대학원대학교 군사안보전공 석사. 김경순(Kim, Kyoung Sun, 金景淳).

---

[1] 김경순 상임감사의 개인 의견이며, 각종 통계는 국립공원공단 업무 참조자료 등에서 인용함.

1. 멸종위기종의 소도(蘇塗)가 된 국립공원

우리나라의 자연공원은 국립공원, 도립공원, 군립공원, 지질공원 등 97개 이른다. 그중에서 자연생태계나 자연 및 문화경관을 대표하는 곳을 국립공원으로 지정한다. 1967년에 1호 공원으로 지정된 지리산을 시작으로 설악산, 경주, 한려해상, 한라산 등 23개 국립공원을 운영하고 있다. 국립공원은 산악형(18개), 해상·해안형(4개), 사적형(1개) 등 국토의 6.8%를 망라하여, 연간 연인원 약 4천만명의 탐방객이 방문하는 우리 국민 최대의 휴식과 힐링 공간으로 자리매김했다.

국립공원은 국민의 지속가능한 이용 만이 아닌 탄소흡수원을 넘어 멸종위기종의 소도(蘇塗)로 기능한다. 국내 기록 생물종(58,050종)의 40.9%인 23,774종이 서식하고, 국내 멸종위기종(282종)의 68%인 191종이 국립공원에 생존을 이어가고 있다. 23개 국립공원의 탄소흡수량은 연간 5,553,162톤으로 추정되며, 해상의 블루카본을 제외하고도 전체 탄소 저장량만도 3억4천7백만 톤에 이른다. 경제적 가치는 보존가치 106조8천억원과 이용가치의 합인 약 114조 3,000억 원으로 추산되고 있다.

하지만 국립공원의 보전기능은 기후위기, 보호지역 개방 압력과 탐방객 증가, 서식지 단절, 외래종과 유기된 반려동물 유입 등 복합적인 위협에 직면해 있다. 특히 멸종위기종의 소도(蘇塗)가 된 국립공원에는 지리산권의 반달가슴곰 약 90마리, 설악산과 월악산 등의 산양 약 1,300마리, 소백산의 붉은여우 약 250마리 등 멸종위기종들이 국립공원을 터전 삼아 겨우겨우 생존의 끈을 이어가고 있다. 이들 멸종위기종은 국립공원 없이는 생존이 거의 불가능할 위기 상황이다.

1987년에 설립된 국립공원공단은 건설부, 내무부를 거쳐 1998년 환경부로 이관되었다. 명칭도 국립공원관리공단에서 국립공원공단으로 2019년 개칭되었다. 국립공원공단은 4개 지역본부, 31개 공원사무소, 국민들의 생태휴양 체험시설인 10개 생태탐방원, 야영장, 대피소 등을 운영 중이다. 또한, 국립공원 야생생물보전원에서 반달가슴곰, 붉은여우, 산양 등 멸종위기 동식물 복원사업을 전문적으로 진행하고 있다.

2. 멸종위기종을 위협하는 몇 가지 쟁점들

멸종위기종은 9개 분류군 282종(1급 68종, 2급 214종) 및 관찰종 56종이 지정되어 있다. 국립공원 야생생물보전원의 남부보전센터는 지리산국립공원 반달가슴곰, 중부보전센터는 소백산국립공원 붉은여우, 북부보전센터는 설악산국립공원과 월악산국립공원의 산양을, 덕유산국립공원의 식물보전센터는 멸종위기 식물 복원사업을 진행하고 있다. 또한, 흑산도 국립공원연구원 조류연구센터는 동북아지역 철새를 주로 연구하는 우리나라 최초의 조류전문 연구기관이다.

멸종위기종 복원사업 과정에서는 생물 다양성 추진 전략이 매우 중요하다. 반달가슴곰 '오삼이'[2]는 지리산에서 2015년 태어나 가야산, 덕유산, 수도산 등까지 서식지를 넓히며 왕래했었다. '오삼이'는 민가 접근을 막는 포획과정에서 마취총에 맞은 후 도망치다 상주시의 한 계곡에서 2023년 질식사하고 말았다. 반달가슴곰의 활동 영역은 약 90마리가 서식하는 지리산권의 서식 밀도가 한계에 이르러, 덕유산 권역까지 확대된 것으로 추정된다. 개체수 증가, 서식지 확대에 따른 안전사고 예방대책이 중요하지만, 지리산권 개체들이 분산하여 활동하고 있는 덕유산 지역으로 반달가슴곰을 추가 방사하여 메타 개체군[3] 형성이 중요과제다. 이미 2020년에 수립된 「제2차 반달가슴곰 복원 로드맵」을 수정·보완하여 종다양성

---

2 KM-53(Korean Male – 53번째)으로, '빠삐용', '모험왕', '콜럼버스' 등의 별명으로도 불림.

3 이사현, 2024, "한국의 반달가슴곰 복원 현황", 「반달가슴곰 복원 20주년 심포지엄」.

을 확보하는 목적 의식적인 작업과 병행해야 할 것이다.

2023년 11월~2024년 5월, 국내 서식 중인 산양의 절반인 1,000여 마리가 대량 폐사한 매우 상징적인 사건이 설악산권에서 일어났다.[4] 폐사의 원인으로 88.5%가 기아·탈진이라고 한 보고서[5]는 지적했다. 기후위기에 따른 기록적 폭설로 파묻혀버린 먹이를 찾을 수 없었고, 다리가 짧은 산양이 폭설을 뚫고 먹이원이 있는 공원구역 밖에까지 도달하는 과정에 탈진과 기아로 폐사한 것으로 판단된다. 더구나, ASF울타리는 폭설 속 산양들의 이동을 제한하여 탈진에 따른 폐사를 부채질했을 것이다.

향후 산양 대량폐사를 막기 위해서는 기후위기시대에 부적합한 공원 내 일률적 '인공 먹이 공급 금지' 원칙은 폐기되어야 한다. 적설량, 혹한기 기간, 산양 집단서식지 모니터링 통해서 비상 상황에서의 긴급한 인공적인 영양공급 여부를 의사 결정할 수 있는 대응체계와 긴급 구조 등 비상시 매뉴얼을 시급히 제정하고 실행해야 할 것이다. 아프리카돼지열병(ASF)을 막겠다고 설치한 ASF 울타리 또한 실효성도 없고 오히려 멸종위기종들의 덫이 되는 현실이므로 시급히 철거해야 함도 물론이다.

또한, 기후위기시대 건조한 날씨의 장기화에 따른 강풍을 동반한 대형산불은 멸종위기종들의 소도인 국립공원을 초토화하는 중대한 위협이다. 올해 지리산과 주왕산 국립공원 산불은 외부 지역에서 발생 후 국립공원으로 유입되어 각각 260ha, 3,260ha를 태우고 말았다. 심각한 수준의 식생 피해는 지리산 43ha(16.7%), 주왕산은 1,249ha(38.3%)였다. 고라니와 너구리 등의 사체는 발견되었지만, 불행 중 다행으로 멸종위기종 동물 사체는 확인되지 않았다.

---

[4] 국가유산청 천연기념물 산양 멸실신고(23년11월~24년5월)에 따르면, 폐사된 개체수는 총 1,022마리로 집계되었고, 설악산 국립공원 내에서는 149 개체의 폐사가 확인됨.

[5] 국립공원을 지키는 시민의 모임, 2024, 「이슈리포트: 천연기념물 산양 떼죽음 원인과 대응 방안」.

이번 국립공원 대형산불을 진화하는 과정에서 문제점으로 대두된 지휘체계의 혼선, 노후 소방헬기의 사고와 산불진압의 제한성, 침엽수 단일수종의 문제를 제대로 풀어야 향후 산불피해를 최소화할 수 있다. 산불진화용 헬기도 미국, 캐나다처럼 대용량 담수 능력과 야간 계기비행이 가능한 대형 소방기[6] 및 대형헬기를 산불 취약 시기에 권역별 배치를 추진해야 한다. 아울러 침엽수 위주의 조림을 넘어 산불이 시작되는 민가와 농지 근처 그리고 강원도 산불의 원인이 된 전봇대가 지나는 주변에 내화 수림대 및 혼효림 조성에 기반한 산불 확산 억제전략이 필요하다.

특히 현행 산불 대응 지휘권은 피해 면적에 따라 지자체장, 광역단체장, 산림청장으로 분산돼 있어서 결국 전문성 부족과 혼선을 야기했다. 기후위기시대 국토 70%가 산인 '산지국가(山地國家)'에 걸맞게 산불 대응의 새로운 패러다임에 따라 전문적인 기관인 소방청 중심의 대응체계를 재설계해야 한다. 비상시에는 소방청, 산림청, 지자체는 물론 군까지 동원할 수 있는 국가적 대응체계를 갖춰야 한다. 외부의 적에 초점을 맞췄던 안보 개념을 업그레이드하여 국민들의 생명과 재산을 지키는 인간안보 개념을 중심으로 NSC 차원의 비상시 국가위기대응체계가 필요하다. 특히 빈발하고 있는 대형산불을 과학적으로 분석하는 백서작업을 통해서 비상시 대응 매뉴얼을 만들고, 과학적 관리와 통합적 지휘체계를 구축해야 할 것이다.

3. 기후위기시대 지속가능한 미래를 위한 과제들

기후위기 대응과 멸종위기종 및 생물 다양성 문제를 해결하기 위한 첫

---

[6] 정희용, 유용원, 2025. 4.10, 「국가산불재난대응체계 혁신을 위한 긴급세미나: 초대형 산불 공중진화 체계의 한계와 개선방안」.

기후변화와 기후위기를 넘어 사실상 기후재난시대다. 걸음은 지속적인 보호지역 확대와 보전이라 생각한다. 2022년 유엔 생물다양성협약 당사국총회(COP15)에서 합의한 대로, 각 국가의 전체 면적 중 보호지역(국립·도립공원, 습지·해양보호구역 등)이 차지하는 비율을 2030년까지 30%까지 확대하기 위해 노력해야 할 것이다. 현재 보호지역은 육지 17.8%와 바다의 1.8%이므로, 대규모 면적의 추가 확보는 매우 도전적 과제지만 풀어야 할 숙제다. 나아가 서식지 연결, 종 이동권 보장, 유전자 다양성 유지 등 질적인 과제도 병행해야 한다.

이런 과제를 환경부, 해양수산부, 산림청, 국토교통부, 국가유산청 등이 유형별로 각각 관리하며 부처 간의 업무협력이 효율적이지 못한 측면이 문제다. 거버넌스 일원화와 보호지역 관리의 전문성, 효율성, 일관성을 위하여 (가칭)국가자연보호공원청 신설을 검토할 필요가 있다.

"우리는 자연의 일부이며, 자연의 건강 없이는 인간도 건강할 수 없다"라고 레이첼 카슨(Rachel Carson)은 설파했다. 국립공원과 보호지역 등 자연유산에 대한 관점을 "미래세대에게 잠시 빌려 쓴 미래유산"으로 대전환하는 게 중요하다. 나아가 기후 위기의 마지노선인 1.5도 의제를 핵심적 국가전략으로 접근해야만 대한민국의 지속가능한 발전도 가능할 것이다.

이슈 브리핑

12. 생명이 빛나는 미래사회, 목조건축과 함께

표 1_ 최근 5년간 건축물 착공 현황

구분	합계	2020년	2021년	2022년	2023년	2024년
전체(동)	749,624	185,640	185,841	153,205	115,783	109,155
목조(동)	44,516	10,102	10,897	9,503	7,110	6,904
목조 비율(%)	5.9	5.4	5.9	6.2	6.1	6.3

자료: KOSIS 국가통계포털, 연도별 건축물 착공 현황

국토부와 산림청이 공동 추진 중인「탄소중립 실천을 위한 목조건축 활성화에 관한 법률(안)」이 2024년 11월 발의되어, 아마도 2026년에는 시행될 것으로 전망된다. 이 법(안)에 따라서 공공에서 발주하는 문화시설, 교육시설, 의료시설 그리고 공동주택 사업은 건물의 일부분이라도 목조건축물이 되도록 노력해야 한다.

2024년에 개최된 파리올림픽은 지속가능성·미래세대를 아젠다로 하여 경기장을 목조건축으로 건설했다. 수영 경기장인 Centre Aquatique는 5천명을 수용하는 넓은 실내 공간을 중간에 기둥이 없이 목조 매스팀버 구조로 건축하여 800톤의 하중을 지지하도록 했다. 2025년 6개월간 개최되는 오사카 엑스포의 테마는 '생명이 빛나는 미래사회 디자인(Designing Future Society for Our Lives)'이다. 'Saving Lives', 'Empowering Lives', 'Connecting Lives'를 하위 테마로 목조식 파빌리온 건축으로 계획되었다. 메인 건축은 '그랜드 링'이다. 지름 615m, 폭 30m, 최대 높이 20m의 세계 최대 규모의 목조 건축물이다. 일본산 삼나무와 히노키 등 다양한 목재를 사용했으며, 못을 사용하지 않은 일본 전통 목조법과 현대식 공법을 융합한 건축이다.

일본의 5대 건설사인 오바야시구미(大林組)는 탄소중립과 ESG 경영을 실천하기 위해서 직원의 연수시설(연면적 3,620㎡)인 아바야시 Port Plus를

11층 순 목구조 건축으로 2022년 완공했다. 기둥, 보, 바닥, 벽 등 주요 구조재를 모두 목재를 사용했으며, LVL, CLT 등 공학목재를 사용하여 최대 3시간 내화성능을 인증받았다. 약 2,000㎥의 나무를 사용해 약 1,325tCO2의 탄소 감축 효과가 있었다고 한다.

통계청 자료에 따르면, 2020년~2024년에 전국적으로 착공된 목조건축은 44,516동으로 총건축물의 5.9%에 해당한다. 매년 총건축물의 착공 동수는 줄어들고 있지만, 목조건축물의 비중이 점점 늘어나는 추세다. 주로 1, 2층의 신한옥 들이다. 한국에서는 목조건축은 본격적으로 활성화되지 못하고 있다. 기후변화 시대에 목조건축은 철근콘크리트 구조 건축에 비하여 탄소 배출량을 절반으로 줄일 수 있다. 국립산림과학원의 연구에 따르면, 63㎡(19평) 목조주택 한 채는 약 17톤의 이산화탄소를 저장할 수 있는데, 이는 승용차 18대가 1년 동안 배출하는 양이라고 한다. 목재는 지속가능한 자재다.

미국·캐나다·일본 등 주요 국가에서는 목조건축 관련 정책이 활발하게 집행되고 있다. 뉴질랜드는 공공건축 프로젝트에 목재를 주재료로 사용하도록 의무화하고, 일본은「목재 이용 촉진 법률」의 적용 대상을 민간건축물까지 확대하고 있다.「탄소중립 실천을 위한 목조건축 활성화에 관한 법률(안)」이 제정되어 시행되면, 목조건축이 하나의 트랜드로 자리잡을 것으로 전망한다.

제 8 편

문화 포용력

신한류와 문화의 힘

34. 신한류

한류의 새로운 물결:
문화적 원천성과 창작의 주도권 확보

이용관 한국문화관광연구원 한류경제연구센터장

우리는 오랫동안 '한류'라는 이름 아래, 한국에서 만든 콘텐츠가 전 세계로 확산하는 모습을 지켜보아 왔다. 드라마, 영화, 음악, 웹툰 등 장르는 달라도, 한국은 '생산자', 세계는 '소비자'라는 동일한 구조로 진행되었다. 그러나 지금 한류의 중심축인 콘텐츠 가치사슬에서 이러한 구조는 변화하고 있다. 콘텐츠에는 여전히 한국적 정서와 감각이 살아 있고, 배경 또한 한국이지만, 창작과 유통의 주체는 한국을 넘어 세계로 확장되고 있다. 이제 세계는 단순히 한국 콘텐츠를 소비하는 것을 넘어서, 이를 '창작의 언어'로 받아들여 각자의 방식으로 새롭게 재창조하고 있다. 여기서는 한류의 확산 과정과 최근 변화 흐름을 살펴보고, 콘텐츠 중심의 대응 전략을 모색하고자 한다.

한국문화관광연구원 한류경제연구센터장. 《문화정책논총》 편집위원, 《문화콘텐츠연구》 편집위원, 영화진흥위원회 정책연구 심의위원. (전)서울시 학술용역 심의위원·국가직무능력표준 개발위원·SK경영경제연구소 연구원. 저서 Gender differences in leisure, 『한류와 문화정책』(공저), 『문화경제의 창의와 혁신』(공역). 문화체육관광부장관 표창. 서강대 경제학 석사·박사. 이용관(Lee, Yong-Kwan, 李容官)

1. 한류의 확산: 콘텐츠 수출에서 문화 현상으로

1990년대 후반, 한국 대중문화가 동아시아에서 큰 인기를 얻자 사람들은 이를 '한류'라 부르기 시작했고, 이후 K-팝과 K-드라마를 중심으로 한류는 전 세계로 확산되었다. 유튜브와 SNS를 통해 K-팝은 전 세계 젊은이들의 감성을 사로잡았고, 글로벌 OTT를 타고 K-드라마는 단발적 유

그림 1_ 음악 부문 수출액 추이

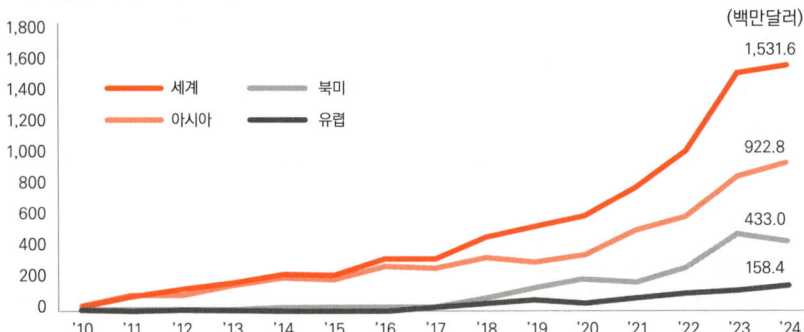

그림 2_ 영상 부문 수출액 추이

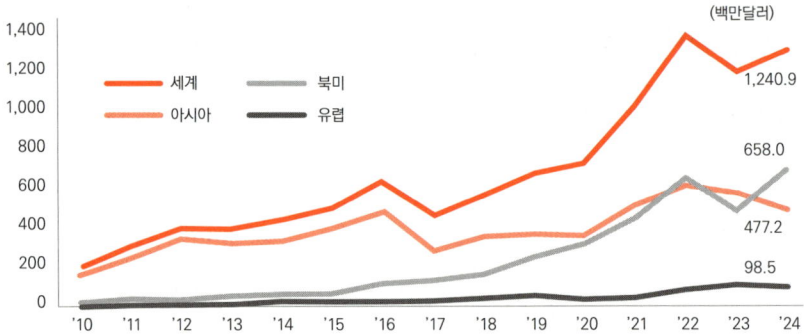

주) 음악 부문은 음반물 수출액에 멀티미디어 사용료·서비스와 전시·공연 서비스 수출액 중 음악산업의 수출액을 합산한 값이다. 영상 부문은 영화용 필름·영상물 수출액에 멀티미디어 사용료·서비스와 전시·공연 서비스 수출액 중 영화·애니메이션·방송·영상산업의 수출액을 합산한 값이다.

출처: 한국무역협회 K-stat 무역통계, 한국은행 지식서비스무역수지, 저자 작성

행이 넘어 지속가능한 문화 흐름으로 자리매김했다. 한류의 확산은 인기 순위뿐 아니라 실제 수치로도 입증된다. 지난 15년간 한국의 음악 부문 수출은 연평균 약 30%, 영상 부문 수출은 약 14% 성장했다.

수출액뿐만 아니라 한국 콘텐츠의 국제 경쟁력도 크게 향상되었다. 세계 음향·영상 서비스 수출에서 한국이 차지하는 점유율은 2010년 0.66%에서 2022년 2.59%로 4배 가까이 증가했다. 특정 산업 분야에서 한 국가가 얼마나 경쟁력을 갖추고 있는지를 나타내는 현시비교우위지수(Revealed Comparative Advantage) 역시, 한국 음향·영상 서비스 분야는 2020년을 기점으로 1을 넘어 비교우위를 확보한 뒤 꾸준한 상승세를 이어가고 있다(이승희·이용관, 2024: 12-13).

한류 확산에 있어 콘텐츠 접근성을 높여준 플랫폼 환경도 중요했지만, 그보다 핵심적인 요소는 콘텐츠 자체의 완성도였다. 감정선과 서사, 조형미와 여백의 미로 드러나는 한국 콘텐츠 특유의 양식은 전 세계 소비자의 마음을 움직이며 정서적 공감을 이끌었다. 예를 들어 〈오징어 게임〉, 〈기생충〉, 〈더 글로리〉 등의 작품은 불평등, 가족, 용서, 정의 등 보편적 주제를 담아 문화·언어 장벽을 뛰어넘는 공감력을 보여주었다. 이러한 성과에는 한국 창작자의 역량과 산업 체계가 자리하고 있다. 팬덤의 변화 또한 중요한 동력이었다. 팬들은 리액션 영상, 커버댄스, 팬픽션, 자막 번역 등 비공식 창작 활동을 통해 한류 확산에 기여했고, 이는 한국 콘텐츠를 글로벌 문화 코드로 진화시켰다.

2. 한류의 전환: 감상의 대상에서 창작의 원천으로

전통적으로 한류는 '한국에서 만든 콘텐츠가 해외로 유통되어 소비되는 구조'였다. 한국 콘텐츠의 세계적 인기가 높아지면서, 한국 드라마 포맷을 현지화한 리메이크작, 한국 문학과 웹툰을 원작으로 한 글로벌

OTT 시리즈, K-팝 스타일을 차용한 해외 음악 콘텐츠도 등장하기 시작했다. 이러한 시도들은 대체로 한국에서 만들어진 콘텐츠를 단순히 재가공하거나 변형하는 수준에 머물렀다. 그러나 이제는 그 구조가 점차 변하고 있다. 한국적인 정서와 소재를 담은 콘텐츠를 해외 창작자들이 직접 기획·제작하고, 그 결과물이 다시 한국에서 소비되는 현상이 나타나고 있다.

미국 제작사와 배우들이 중심이 되었지만, 이야기의 배경은 한국이며, 등장인물과 서사 구조 역시 한국 문화의 감성을 짙게 담아낸 넷플릭스 오리지널 시리즈 〈XO, Kitty〉 시즌 2가 대표적인 사례다. 이 작품은 2025년, 한국에서 제작된 〈오징어 게임 2〉를 제치고 넷플릭스 글로벌 TV 쇼 부문 1위를 차지하며 주목을 받았다. 애니메이션 영화 〈K-Pop Demon Hunters〉는 이보다 더 진전된 사례다. 미국 제작진이 주도했지만, 조선시대 무속 전통, 호랑이 설화, 단청 문양 등 한국 전통문화와 현대 K-팝을 결합해 독창적인 콘텐츠를 완성했다. 이러한 변화는 세계 팬덤의 참여 방식에도 나타나고 있다. 글로벌 창작 플랫폼인 AO3(Archive of Our Own)와 Wattpad 등에는 K-팝 아이돌을 주인공으로 한 팬픽션이 다수 등록되어 있으며, 그중 상당수는 한국의 설화, 역사, 사회적 이슈를 결합해 새로운 서사로 확장되고 있다.

이처럼 한국의 소재와 감성을 기반으로 한 창작이 국경을 넘어 자발적으로 이루어지는 현상은, 한류가 이제 감상의 대상이 아닌 창작의 원천으로 자리매김하고 있음을 보여준다.

3. 한류의 도전: 원천성과 주도권의 위기

문화가 확산하면 창작과 활용의 주체가 다양해지는 것은 자연스러운 현상이다. 앞으로도 글로벌 창작자들이 한국 문화를 기반으로 콘텐츠를 기획하고 제작하는 사례는 더 늘어날 것이다. 문화란 본래 다양한 요소가 조합되고 재구성되며 새롭게 창출되는 것이다. 인류학자 클로드 레비스트로스는 이를 '브리콜라주(Bricolage)'라 명명했으며, 철학자 움베르토 에코는 "모든 문화는 번역될 수 있을 때 살아 있다"고 말했다. 즉, 문화는 단순히 소비되는 것이 아니라 재창작과 재생산을 통해 비로소 생명력을 갖게 된다. 이러한 관점에서 보면, 한류는 지금 '살아 있는 문화'로서 새로운 확장의 국면에 진입하고 있다.

그러나 한국 콘텐츠산업의 관점에서 이러한 변화는 기회이자 동시에 도전이다. 한국 문화의 세계적 영향력은 여전히 강력하지만, 콘텐츠의 제작 주체, 수익 구조, 브랜드 가치가 해외로 분산될 경우, 산업 경쟁력, 문화 정체성, 경제적 환류 등 다양한 측면에서 도전이 불가피하다. 특히 이야기의 맥락과 상징, 등장인물과 배경 등 한국적 요소가 재창작되는 과정에서 본래 의미가 변형되거나, 한국의 모습이 왜곡될 수 있다.

지금까지 세계 시장에서 성공적으로 확산된 문화 콘텐츠들은 자국의 정체성을 유지하면서도, 현지화와 재창작을 유연하게 조율해 왔다. 마찬가지로 글로벌 창작자들이 한국적인 감성과 소재를 활용해 콘텐츠를 제작하는 것이 진입장벽을 낮추고 새로운 수요를 창출할 수 있다면, 한국 콘텐츠의 원천성과 위상을 유지하는 것이 전제되어야 한다. 그래야만 한국 콘텐츠 산업의 외연과 문화적 영향력은 동시에 확장될 수 있다.

4. 한류의 진화 앞에서: 콘텐츠 대응 전략

한류는 이제 '한국에서 만든 콘텐츠'에 머무르지 않고, 전 세계가 함께 한류를 만들어가는 공동 창작의 시대로 접어들고 있다. 이 흐름 속에서 한국이 문화적 원천성과 창작의 주도권을 유지하기 위해서는 다음과 같은 전략이 요구된다.

첫째, 한국 콘텐츠의 원천성을 지키며 문화적 주도권을 확보해야 한다. '한국에서 만든 것(Made in Korea)'과 '한국에서 비롯된 것(Inspired by Korea)'이 공존하는 생태계 속에서, 한국 문화의 출처와 정체성을 분명히 하는 것이 핵심이다. 이를 위해 해외 창작자들이 한국의 정서를 자유롭게 해석하되 왜곡 없이 접근할 수 있도록, 개방형 문화 정보 시스템을 구축하고, 국제 협력을 기반으로 한 균형 잡힌 저작권 정책을 마련해야 한다.

둘째, 한국의 감성과 소재를 담은 콘텐츠가 하나의 장르로 정립될 수 있도록 해야 한다. K-팝, K-드라마, K-웹툰 등 장르별 콘텐츠의 서사적·미학적 특성을 강화하고 대중화하여, 세계 시장에서 고유한 장르로 자리매김할 수 있도록 하고, '한국'이라는 문화적 기원이 자연스럽게 인식될 수 있도록 콘텐츠의 정체성을 구조화해야 한다. 이를 통해 '한국적인 것이 세계적인 것'이라는 가치를 콘텐츠 자체에 내재화할 수 있다.

셋째, 무엇보다 중요한 것은 콘텐츠의 완성도다. 한국 콘텐츠가 지닌 고유한 감성과 서사적 가치를 유지하기 위해서는 한국의 콘텐츠 창작 주체들이 경쟁력을 확보하는 동시에 IP를 중심으로 해외 플랫폼, 스튜디오, 창작자들과 수평적이고 전략적인 협력 관계를 구축해야 한다. 제작 서비스를 제공으로 다양한 콘텐츠 창작 기회를 확대하는 한편, 한국의 감정과 서사를 공유하고 반영하는 '한국과 함께 만드는(Made with Korea)' 협업 기회를 통해 IP를 개발하고 확보해 나가야 한다.

넷째, 유통의 전문화와 다양화를 통해 콘텐츠의 정체성과 확산력을 확보해야 한다. 한국의 제작사와 배급사가 유통 역량을 강화할 수 있도록 지원하고, 다양한 언어와 문화권에 대응할 수 있는 고도화된 현지화 체계를 구축해야 한다. 아울러 IP 기반 생태계를 활성화해 콘텐츠의 가치와 생애주기를 확장하고, 다양한 유통 채널을 확보해 콘텐츠가 널리 확산될 수 있도록 해야 한다.

결국, 한류가 새로운 물결을 일으키기 위해서는 '한국적인 것'의 고유한 정체성을 지키면서도, 세계와 협업할 수 있는 개방성과 창의성을 확보하는 것이 중요하다. 'Made in Korea'와 'Inspired by Korea'가 공존하는 가운데, 'Made with Korea'를 한국이 주도해 나간다면, 한국 콘텐츠는 앞으로도 글로벌 문화의 중심축으로 확고히 자리매김할 수 있을 것이다.

참고문헌

이승희·이용관, 2024, "콘텐츠산업 서비스 수출 경쟁력 분석", 『문화경제연구』, 27(3): 3-21.

Eco, U. 2000, Experiences in Translation. Toronto: University of Toronto Press.

Lévi-Strauss, C. 2014, La Pensée Sauvage. Paris: Plon.

35. 관광

2026년 큰 환경변화와
핵심 관광 트렌드 전망

이원희 한국문화관광연구원 관광연구본부장

지속되는 국내 경제의 어려움 속에 국민여행 수요가 다소 위축되고 관광소비의 양극화 현상이 더 뚜렷해질 가능성이 있다. '워라밸' 중시 가치관과 주 4.5일제 도입 추진은 관광분야에 큰 환경 변화를 가져올 것으로 전망된다. 최근 가속화된 디지털 전환은 관광산업에도 새로운 기회와 위험을 동시에 가져오고 있다. 2026년도 거시환경 변화에 따른 관광분야의 핵심트렌드를 다음 네 가지로 전망하였다: "짧게 근거리에서 즐기는 실속 여행", "여행 트렌드 세터, 젠지 세대", "K-콘텐츠의 인기가 K-관광의 붐으로", "AI 기술과 융합을 통한 관광서비스 혁신"

한국문화관광연구원 관광연구본부장·선임연구위원. 여행산업 공정상생협력위원회 위원, 관광거점도시위원회 위원, 국가유산청 자연유산위원회 전문위원, 한국생태관광협회 이사. (전)한국관광학회 산관학위원장. 문화체육관광부 장관 표창. 서울대 학사·석사(조경학), 호주 James Cook Uni. 박사(관광학). 이원희(Lee. Won Hee, 李元熙)

1. 들어가며

과거 중국은 우리나라 인바운드 시장의 46.8%를 차지할 정도로 국내 관광산업에 큰 영향을 미쳤다. 국익 중심 실용주의 외교를 강조하는 신정부의 정책은 중국, 일본, 미국 등 주요 국가 방한 관광시장 유치 확대를 위한 여건 조성에 도움을 줄 것으로 예상된다. '2025년 APEC 정상회의'의 성공적인 개최는 한국의 국가이미지를 개선하고, 경주를 비롯한 지방도시의 매력을 홍보하는데 기여할 것이다.

한편, 국내 경제 상황은 저성장과 경기침체로 인해 내년에도 민생의 어려움이 지속될 것으로 예상된다. 한국개발연구원(KDI)은 우리나라의 GDP 성장률이 2025년에 0.8%, 2026년에 1.6%에 머물 것으로 전망하였다.[1] 국내 경제의 어려움 속에 국민들의 가처분소득이 감소하면서 국내 여행시장 수요는 다소 위축될 것으로 예상된다. 또한, 팬데믹 이후 관광소비의 양극화 현상이 더욱 뚜렷해지면서 저소득층, 장애인 등 취약계층의 경우 국내여행 참여나 관광소비가 감소할 우려가 있다.

'일과 삶의 균형'을 중시하는 사회적 분위기와 개인 가치관은 앞으로 더 확대되고, 신정부의 주 4.5일 근무제 도입 추진은 큰 환경 변화를 가져올 것으로 전망된다. 향후 국민들의 근로시간이 단축되고 여가시간이 보다 늘어나면서, 이는 결과적으로 국민들의 여행활동 참여 증가로 이어질 수 있을 것으로 기대된다. 여가 문화와 관광 활성화는 국민 삶의 질 향상과 국민 건강 증진에 기여할 수 있다.

디지털 전환의 가속화와 신기술의 발전은 사회의 전 영역에 걸쳐 큰 영향을 미치고 있으며, 관광산업에도 새로운 기회와 위험을 동시에 가져오고 있다. 최근 패러다임이 변화하고 산업 간 경계가 모호해지면서 기술,

---

[1] 한국개발연구원, 『KDI 경제전망 2025 상반기』, 25.

제품, 산업 간의 융합이 활발히 진행되고 있다. AI, 빅데이터, 자동화, 로봇 등 디지털 기술 도입은 관광서비스의 혁신 및 관광산업 고도화에 큰 영향을 미칠 것으로 전망된다. 노동시장에서는 디지털 기술과 관광서비스의 결합으로 일자리 대체 현상이 나타나고 있어 미래 관광분야 직업구조의 지형 변화가 예상된다.

2. 2026년 주요 관광 트렌드 전망

짧게 근거리에서 즐기는 실속 여행

「2024년 국민여행조사」에 따르면[2], 만15세 이상 1인 평균 국내여행 횟수는 6.31회로 숙박여행 2.52회, 당일여행 3.79회로 나타났다. 전년 대비 숙박여행은 감소했으며, 당일여행은 소폭 증가를 보였다. 1인 평균 국내여행 지출액은 795천원이었으며 숙박여행 538천원, 당일여행 257천원으로 나타났다. 전년 대비 숙박여행 지출액은 감소한 반면, 당일여행 지출액은 증가를 보였다. 국내여행 일정은 '당일'(60.1%)이 가장 많았고, 그 다음으로 '1박 2일'(29.3%), '2박 3일'(8.6%), '3박 이상'(2.1%) 등의 순이었다. '당일'은 전년 대비 증가한 반면, '1박 2일', '2박 3일', '3박 이상' 여행은 소폭 감소를 보였다.

향후 주 4.5일제가 단계적으로 시행될 경우, 국민 여가시간이 늘어남에 따라 국내여행 참여를 장려하고 2박3일 이상 장기 체류여행을 활성화하기 위한 정책이 필요하다. 단순히 맛집이나 카페를 방문하는 여행 패턴에서 벗어나 지역의 역사·문화와 자연 등을 체험할 수 있는 콘텐츠와 액티비티를 개발할 필요가 있다. 지방 소도시는 인근 지자체와 협력하여 연계

---

[2] 문화체육관광부(2025), 『2024년 국민여행조사 보고서(분석편)』, 3-9.

관광코스를 개발하고 공동 마케팅을 함으로써 숙박 관광객들을 적극 유치할 필요가 있다.

수도권을 주로 방문하는 관광객을 원거리 지방으로 유치하기 위해서는 자가용 대신 대중교통으로 편리하게 여행할 수 있는 여건을 조성할 필요가 있다. 고속철도 KTX역에서 지역의 대표 관광지까지 연결하는 교통서비스를 제공하고, 가족단위로 머물 수 있는 숙박시설을 확충할 필요가 있다. 워케이션[3]이나 휴가여행을 위해 먼 지방이나 외딴 섬을 방문할 경우 교통비, 현지 숙박료 등을 할인·지원하는 프로그램도 마련될 필요가 있다.

여행 트렌드 세터, 젠지 세대(Generation Z)

'젠지 세대(Generation Z, Gen Z)'란 밀레니얼 세대와 알파 세대 사이의 세대를 의미하며, 일반적으로 1990년대 후반부터 2010년대 초반 사이 태어난 사람들을 지칭한다.[4] 젠지 세대의 가장 큰 특징은 디지털 네이티브라는 점으로, 스마트폰과 인터넷이 보편화된 환경에서 성장하여 디지털 기기와 소셜 미디어 활용에 매우 익숙하고 능숙한 세대이다.

디지털 환경에서 태어나 삶의 재미와 만족을 추구하는 젠지 세대는 여행 트렌드 변화를 이끌어갈 핵심 소비시장이라 할 수 있다. 관광목적지와 경험 선택에 있어서 SNS와 디지털 플랫폼의 영향력이 증가하면서, 관련 여행콘텐츠의 생산과 소비를 주도하는 젠지 세대의 영향력이 더 커질 것으로 전망된다.[5] 어릴 때부터 여행경험이 풍부한 젠지 세대는 자신의 취

---

[3] '워케이션(Workation)'은 일(work)과 휴가(vacation)의 합성어로, 기존 재택근무나 원격근무를 넘어 일과 관광을 동시에 병행할 수 있는 새로운 근무방식을 의미함.
[4] Google(2025), Gemini(2.5 Flash), https://gemini.google.com
[5] 이원희 외(2019), 「관광 트렌드 분석 및 전망」, 한국문화관광연구원, 152.

향에 따라 여행을 계획하고 여행지에서만 할 수 있는 독특한 경험과 액티비티, 모험요소를 중시한다. 또한, 자신의 여행경험을 SNS에 적극 공유하고, SNS상 여행후기를 바탕으로 새로운 여행지를 탐색하는 경향이 있다.

향후 업계에서는 여행 트렌드를 선도하는 젠지 세대의 가치관과 소비패턴, 우선순위 등을 정확히 파악할 필요가 있으며, 여행의 본질과 개인 행복에 더욱 집중하는 그들의 취향과 감성에 맞는 관광상품과 서비스를 개발할 필요가 있다. 젠지 세대의 여행욕구를 자극하기 위해서는 SNS 영상콘텐츠와 영향력 있는 인플루언서를 활용한 관광홍보·마케팅이 효과적일 수 있다. 또한, 디지털 원주민인 젠지 세대가 보다 쉽고 편리하게 자신이 지향하는 여행을 많이 경험할 수 있도록 디지털 신기술과 모바일 앱, OTA 플랫폼 등을 활용한 혁신적인 서비스를 제공할 필요가 있다.

젠지 세대의 여행 트렌드를 고려한 정부와 지자체의 대응 전략은 다음 두 가지로 요약될 수 있다. 첫째, 이동통신, 신용카드, SNS 등 빅데이터를 활용한 시장 연구를 추진함으로써 각 세대별·연령별 여행소비 특성을 명확히 분석할 필요가 있다. 이러한 결과들을 토대로 공급자 관점이 아닌 수요자 중심의 관광정책을 수립해 나가야 한다. 둘째, '나' 중심의 가치관이 뚜렷한 젠지 세대는 국내여행에서도 개성과 정체성, 희소성을 중시하는 경향이 많다. 따라서 각 지자체는 서로 유사하거나 중복되는 관광시설이나 축제, 이벤트 등을 개발하기보다는 지역의 고유한 관광자원과 콘텐츠를 발굴하고 차별화된 경험 액티비티를 개발할 필요가 있다.

K-콘텐츠의 인기가 K-관광의 붐으로

「2025 해외한류실태조사」[6]에 따르면, 전 세계 28개국 한류 경험자 10

---

6 「2025 해외한류실태조사(요약편)」, 한국국제문화교류진흥원, 41, 56, 79, 299.

명 중 7명은 한국 문화콘텐츠에 대해 전반적으로 호감을 갖고 있는 것으로 나타났다. 드라마〈오징어 게임〉, 영화〈기생충〉, 가수〈방탄소년단〉등은 지속적으로 높은 인기를 누리고 있다. 해외 한류 소비자들이 '한국' 하면 제일 먼저 떠올리는 이미지는 'K-pop'이며, '한국 음식'과 '드라마', '뷰티', '영화' 등도 연상되고 있다. 한류 경험자의 58.9%가 한국산 제품이나 서비스를 구매할 의향을 갖고 있으며, 특히 서비스 분야로는 "한국 관광"(64.1%), "한국음식점 이용"(64.0%) 의향이 가장 높은 것으로 나타났다. 최근 들어 미국은 한국 문화콘텐츠 관련 경험률, 소비, 이용, 관심도 등 대부분의 지표에서 뚜렷한 상승세를 보이고 있다.[7] K-pop은 미국에서 큰 인기를 끌고 있으며, 한류 콘텐츠가 미국 내 한국의 이미지를 개선하는데 중요한 역할을 하고 있다.

　주제를 관광으로 전환해서, 2024년 기준 방한 외래관광객 수는 전년 대비 48.4% 증가한 1,637만 명으로 집계되었으며, 이는 팬데믹 이전(2019년)의 93.5%까지 회복한 수치이다.[8] 아시아주(78.6%)가 가장 큰 비중을 차지하고 있으며, 그 다음으로 미주(10.5%), 구주(7.0%), 대양주(1.8%), 중동(1.5%) 등의 순이다. 국적별로는 중국(28.1%)이 가장 많고 일본(19.7%), 대만(9.0%), 미국(8.0%), 홍콩(3.5%) 등이 뒤따르고 있다. 방한 인바운드 시장 비중이 높은 상위 5개국 가운데 특히 대만과 미국이 2019년 수준을 넘어 성장세를 보이고 있다.

　2026년도 우리나라 인바운드 관광은 양적 성장과 함께 질적 변화가 기대된다. 방한 외래관광객 수는 K-콘텐츠의 높은 인기 등에 힘입어 팬데믹 이전 수준을 상회할 것으로 전망된다. 전 세계로 확산 중인 한류는 인바운드 시장 다변화에 좋은 기회 요인이 될 수 있으며, 과거 의존도가 높

---

[7] 「2025 해외한류실태조사(분석편)」, 한국국제문화교류진흥원, 599.
[8] 「2025 방한 외래관광객 입국 수요예측」, 한국문화관광연구원, 1-2.

았던 중국, 일본뿐 아니라 동남아, 중동, 구미주 등 원거리 잠재시장 유치를 강화할 필요가 있다.

　최근 한류는 방한 외래관광객들의 여행행태 변화에도 영향을 미치고 있다. 주로 경복궁이나 명동을 방문하던 일반적인 형태에서 벗어나, 한국인들의 일상생활 라이프 스타일을 체험하고자 하는 외국인들의 수요가 늘고 있다. 예컨대 성수동 같은 인기지역을 방문하고, 한강공원에서 여가를 즐기거나, 로드샵(올리브영)에서 쇼핑하는 것이 새로운 트렌드로 자리잡았다. 향후 K-콘텐츠의 인기를 활용하여 K-관광의 지속가능한 발전을 도모하기 위해서는 서울 외 지역의 한류관광 콘텐츠를 적극 발굴하고, 일회성 체험이 아닌 전문적인 교육여행으로 개발할 필요가 있다.

AI 기술과의 융합을 통한 관광서비스 혁신

　관광산업 분야의 디지털 전환은 신규 ICT 또는 디지털 기술이 출현하여 관광산업에 도입되고, 이와 같은 디지털 기술을 도입한 신규 비즈니스 모델의 관광기업이 탄생하며, 결과적으로 관광산업의 기존 밸류 체인 및 산업 생태계가 재편되는 과정으로 이해할 수 있다[9]. 특히, AI 기술을 관광산업 분야에 접목하여 활용함으로써 개인화된 서비스 제공, 운영 효율성 제고, 고객 경험 혁신 등의 효과가 기대된다.

　생성형 AI 기술은 여행지 추천부터 예약까지 가능하게 하며, 특히 개인의 목적과 취향에 맞는 여행 추천 및 예산을 고려한 여행 설계뿐 아니라, 관광서비스 산업을 한층 더 발전시킬 것으로 전망되고 있다[10]. 즉, 사

9　정광민 외(2021), 「관광산업의 디지털 전환 수준 진단과 정책대응 방향」, 한국문화관광연구원, 77.
10　정광민 외(2023), 「미래유망기술의 관광산업 분야 적용 전망과 대응 방향」, 한국문화관광연구원, 164.

용자의 선호와 관심사를 고려하여 관광지, 레스토랑, 교통편 등을 포함한 일정을 제공하거나, 관광지의 역사, 문화, 명소, 축제 등 정보를 제공함으로써 여행경험의 질을 향상시킬 수 있다. 생성형 AI 기술은 여행 일정에 따른 호텔, 항공편, 렌터카 등의 예약을 도와주며, 더 나아가 '예약의 자동화'로 발전할 수 있다.

관광기업과 정부는 데이터에 근거하여 관광객 행동의 패턴을 분석함으로써 관광상품 설계 및 예약에 유용하게 활용할 것으로 예상된다. 생성형 AI는 대량의 데이터를 기반으로 사용자의 요구에 실시간으로 응답할 수 있는 기술의 구현을 통해, 관광 관련 상품 및 서비스에 대한 맞춤형 정보를 제공하는 것은 물론, 사용자의 문의사항을 해결해주는 등 공공서비스 역할 또한 일부 수행할 수 있을 것으로 전망된다.

생성형 AI의 입지가 점점 더 커지고 있는 관광산업 현장에서는 AI 기술 도입에 신속하게 적응함과 동시에 관련 업계 종사자들을 대상으로 한 AI 리터러시 교육이 필수적으로 요청된다. 즉, AI와 효과적으로 의사소통하고 협업하며, AI의 한계와 부정확성을 비판적으로 이해할 수 있는 역량을 강화하는 교육이 이루어져야 할 것이다.

참고문헌

이원희·박주영·조아라, 2019, 『관광 트렌드 분석 및 전망』, 한국문화관광연구원.
정광민·송수엽·한희정 외, 2021, 『관광산업의 디지털 전환 수준 진단과 정책대응 방향』, 한국문화관광연구원.
정광민·한희정·박준희 외, 2023, 『미래유망기술의 관광산업 분야 적용 전망과 대응 방향』, 한국문화관광연구원.

36. 트렌드

문화예술 10대 트렌드 분석 및 전망[1]

노수경 한국문화관광연구원 문화연구본부 부연구위원

21세기 들어 문화예술 분야는 그 어느 때보다 급격한 변화의 소용돌이 속에 놓여 있다. 디지털 기술의 혁신적 발전, 글로벌화의 심화, 개인화 문화의 확산, 그리고 환경위기에 대한 인식 확산 등이 복합적으로 작용하면서 전통적인 문화예술 생태계에 근본적 변화를 가져오고 있다. 특히 생성형 인공지능의 등장, 한류의 글로벌 확산, 1인 가구 증가에 따른 초개인화 현상, 그리고 기후변화와 지정학적 갈등은 문화예술계에 새로운 도전과 기회를 동시에 제공하고 있다. 이러한 변화의 흐름 속에서 향후 3년간 한국 문화예술계를 주도할 10대 핵심 트렌드를 살펴본다.

한국문화관광연구원 문화연구본부 부연구위원. 연구 「문화예술 트렌드 분석 및 전망 2025-2027」, 「문화예술분야 보조사업 경제효과 추정 방안 연구」. 영남대 음악학사, 예술행정학 석사, 건국대 문화콘텐츠학 박사(문학박사). 노수경(Nho, Soo Kyoung, 盧秀京)

[1] 이 글은 한국문화관광연구원(2024), 『문화예술 트렌드 분석 및 전망 2025-2027』의 내용을 기반으로 작성되었음.

1. 문화예술 10대 트렌드

1) 윤리 없이 문화예술에 스며든 디지털과 AI

디지털 기술과 인공지능이 문화예술 창작과 향유의 모든 영역에 빠르게 침투하고 있다. 미국 시장조사기관에 따르면 전 세계 생성형 AI 아트 시장은 2029년까지 연평균 42% 성장하여 25억 달러 규모에 달할 것으로 전망된다. DALL-E, 미드저니(Midjourney) 등 이미지 생성 도구의 대중화와 함께 Adobe Illustrator와 Photoshop 같은 기존 디자인 툴에도 AI 기능이 통합되면서 AI가 개입된 작품들이 예술 시장을 빠르게 점령하고 있다.

최근 ChatGPT의 스튜디오 지브리 스타일 변환 기능은 AI 아트의 대중적 확산을 보여주었다. 그러나 이러한 급속한 기술 발전과 함께 저작권 침해, 예술가의 동의 없는 작품 활용, 딥페이크 등의 윤리적 문제들이 심각하게 제기되고 있다.

미국 저작권청은 2023년 AI 생성 작품에 대한 가이드라인을 발표하며 "인간 저작자 요건"을 재확인했지만, AI 생성 요소와 인간 창작 요소를 구별할 수 있는 명확한 방법이 없어 실질적 집행에 어려움을 겪고 있다. 이는 예술가들이 자신의 작품을 보호받기 위해 AI 사용을 숨기거나, 반대로 AI 기업들이 저작권 보호를 받지 못하는 AI 생성 작품으로 상업적 이익을 취하는 모순적 상황을 만들어내고 있다.

2) 세계가 품은 한국문화

한류는 이제 K-pop과 K-드라마를 넘어 한국 문화 전반으로 확장되고 있다. BTS의 연간 경제적 기여도는 50억 달러로 추산되며, 넷플릭스〈

오징어 게임〉은 출시 30일 만에 1억 1,100만 회 조회수를 기록하며 넷플릭스 역사상 최대 성과를 달성했다. K-뷰티 시장은 2030년까지 183억 2천만 달러 규모로 성장할 것으로 예상되며, 한국은 세계 4위의 게임 산업 강국으로 자리잡았다.

《하버드 비즈니스 리뷰》는 2024년 6월 발표한 연구에서 한국 브랜드들의 글로벌 성공 요인을 분석하며, 블랙핑크와 BTS 같은 K-pop 그룹들이 전 세계적 메가스타로 부상한 현상에 주목했다.

특히 주목할 점은 한류가 단순한 엔터테인먼트 수출을 넘어 한국어 학습, 한국 전통문화에 대한 관심, 한국식 라이프스타일 추구 등 광범위한 문화적 영향을 미치고 있다는 것이다. 필라델피아에서 실시된 한 연구에 따르면, 30명의 비한국계 한류 팬들을 대상으로 한 인터뷰에서 K-pop 문화가 순수함, 기쁨, 소속감 등의 감정을 불러일으킨다고 응답했다.

3) '나만의 삶'에 빠져든 대한민국

1인 가구 증가와 개인주의 문화 확산으로 초개인화(Hyper-personalization)가 문화예술 소비의 핵심 트렌드로 자리잡고 있다. 넷플릭스의 개인화 시스템은 사용자의 시청 패턴, 평점, 검색 기록, 플랫폼에서 보낸 시간 등 방대한 데이터를 AI로 분석하여 개인별 맞춤형 콘텐츠를 제공한다. 2025년 3월 넷플릭스 기술 블로그에 따르면, 넷플릭스는 '개인화된 추천을 위한 파운데이션 모델'을 개발하여 각 사용자에게 특화된 다양한 머신러닝 모델을 적용하고 있다.

이러한 초개인화 트렌드는 문화 소비 패턴의 양극화를 가져오고 있다. 대형 공연장과 메가 이벤트에 대한 수요는 여전히 높지만, 동시에 소규모 맞춤형 문화 체험에 대한 선호도 증가하고 있다. 특히 Z세대는 스포티파이의 'Discover Weekly', 'Daily Mix' 같은 개인화된 콘텐츠 큐레이션을 당연하게 여기며, 이는 오디오 스트리밍뿐만 아니라 전체 문화 소비 시장의 주요 동향으로 확산되고 있다.

4) 스핀오프와 K-시대의 끊임없는 세계관 확장

지식재산권(IP) 기반의 확장 콘텐츠와 트랜스미디어 스토리텔링이 문화산업의 새로운 성장 동력으로 부상하고 있다. 마블 시네마틱 유니버스(MCU)는 현대 트랜스미디어 스토리텔링의 선구자로 평가받으며, 영화, 드라마, 게임, 코믹스를 아우르는 통합적 세계관 구축의 성공 모델을 제시했다. 디지털 매거진 디깃(Diggit)의 2021년 연구에 따르면, MCU는 혁신과 전통적 스토리텔링의 완벽한 균형을 유지하며 트랜스미디어 내러티브의 힘을 보여주고 있다.

국내에서도 웹툰의 드라마·영화 각색, K-pop 아이돌 콘텐츠의 다매체 전개, 캐릭터 브랜드의 다양한 상품군 확장 등이 활발히 이루어지고 있다. 특히 '핑크퐁 아기상어'는 웹툰, 뮤지컬, 월드투어로 확장되며 성공적인 IP 생태계 구축 사례로 주목받고 있다. 또한 플레이브, 이세계아이돌 같은 가상 아이돌들이 팬들의 크라우드펀딩을 통해 41억원을 모금하는 등 팬덤 주도의 새로운 창작 모델도 등장하고 있다.

5) 이코노-럭스(Econo-Lux) 시대의 도래

경제적 불확실성 증가와 함께 'YONO족(You Only Need One)'으로 대표되는 합리적 소비 문화가 확산되면서, 문화예술 분야에서도 경제적 가치와 럭셔리 경험을 동시에 추구하는 '이코노-럭스' 트렌드가 부상하고 있다. 이는 가치 중심의 소비, 공유경제를 통한 예술품 접근, 아트 인플루언서를 통한 예술 시장 대중화 등으로 나타나고 있다. 공유서점, 아트 렌

탈 서비스, 구독경제 기반의 예술품 소장 서비스 등이 새로운 문화 소비 모델로 인기를 얻고 있다. 특히 아트 인플루언서들이 미술 작품을 일반 대중에게 쉽게 소개하고, 합리적 가격의 예술품 구매를 유도하면서 예술 시장의 진입 장벽을 낮추는 역할을 하고 있다.

이러한 트렌드는 팬데믹과 경제적 불안정을 경험한 세대들이 보다 신중하고 가치 중심적인 소비 패턴을 보이는 것과 밀접한 관련이 있다. 높은 가격의 일회성 소비보다는 합리적 가격으로 지속가능한 문화 경험을 추구하는 경향이 강화되고 있으며, 이는 문화예술 기관들의 새로운 수익 모델 개발을 촉진하고 있다.

6) 멘탈헬스와 치유적 예술의 확산

현대 사회의 과도한 경쟁과 코로나19로 인한 사회적 고립이 심화되면서 정신건강에 대한 사회적 관심이 급증하고 있다. 이러한 배경에서 문화예술을 통한 심리적 안정과 치유가 주목받으며, 음악치료와 미술치료 등 예술치유가 정신건강의학과에서 보조적 요법으로 확산되고 있다.

특히 예술치유와 디지털 기술의 결합이 가속화되고 있다. 웨어러블 기기와 스마트폰을 활용한 디지털 바이오마커를 통해 개인의 감정 상태를 실시간 분석하고, 맞춤형 예술치유 콘텐츠를 제공하는 서비스가 개발되고 있다. 멀티센서리 예술과 원격 예술치료 플랫폼도 새로운 치유 형태로 등장하고 있다.

향후 디지털 기술과 예술치유의 연계가 본격적으로 상용화될 것으로 전망된다. 정신건강이 개인적 차원을 넘어 사회적 관심 영역으로 확장되면서, 예술이 예방부터 치료까지 포괄하는 핵심 정신건강 솔루션으로 자리잡을 것이다. 디지털 기반 맞춤형 예술치유 서비스의 대중화와 함께 문화예술이 의료·복지 시스템과 연계된 실질적 치료 도구로 발전할 전망이다.

7) 에코 크리에이션: 환경과 문화예술의 조화

기후변화와 환경위기에 대한 인식 확산으로 문화예술계에서도 지속가능성이 핵심 가치로 부상하고 있다. 뉴욕타임스는 2024년 10월 보고서에서 박물관, 갤러리 및 기타 예술 기관들이 환경 발자국을 줄이기 위한 다양한 조치를 취하고 있다고 보고했다.

테이트 모던은 2019년 기후 및 생태학적 비상사태를 선언하며 예술과 미술관이 근본적인 사회 변화를 만들어낼 수 있는 독특한 역할을 한다고 인정했다. 산호세 미술관(SJMA)은 현재 기후 위기의 긴급성을 인식하고 기후변화에 대한 영향을 최소화하겠다고 공약했으며, 밴쿠버 박물관은 SAGE(Sustainable Arts & Green Ecosystems) 프로그램을 통해 지속가능한 새로운 모델로의 전환과 기후 행동에 전념하고 있다.

국제박물관협의회(ICOM)는 2025년 1월 더욱 지속가능한 전시를 개발하기 위한 9가지 행동 계획을 발표하며, 환경적으로 회복력 있는 박물관이 되기 위한 여정에서 도움이 될 수 있는 변화를 위한 행동들을 제시했다. 이러한 움직임은 문화예술 기관들이 단순히 환경 친화적 운영을 넘어 기후변화 교육과 인식 제고에도 적극적으로 나서고 있음을 보여준다.

8) 갈라치기와 팬덤: 양극화 시대의 다양성 모색

정치적, 사회적 양극화 현상이 문화예술계에도 영향을 미치면서 팬덤 정치의 부상, 장르 간 양극화, 문화정책을 둘러싼 갈등 등이 새로운 사회적 이슈로 부상하고 있다. 이러한 상황에서 문화다양성 정책과 포용적 문화 프로그램의 중요성이 더욱 부각되고 있다. 팬덤 문화가 단순한 문화 소비를 넘어 정치적 의견 표출의 수단으로 활용되면서, 문화콘텐츠와 정치적 메시지가 결합하는 새로운 현상이 나타나고 있다. 이는 문화예술이 사회적 담론 형성에 미치는 영향력이 증대되고 있음을 의미하지만, 동시에 문화 영역의 정치화라는 우려도 제기하고 있다.

공연장과 문화시설의 양극화도 심화되고 있다. 대형 공연장과 메이저 문화행사에 대한 집중 현상과 소규모 문화공간의 생존 위기가 동시에 나타나면서, 문화 접근성과 다양성 확보가 중요한 정책 과제로 대두되고 있다. 이에 대응하여 다양한 계층과 세대를 아우르는 포용적 문화정책, 소수자와 다문화 집단을 위한 문화프로그램 확대, 지역 간 문화 격차 해소 등이 사회통합을 위한 중요한 수단으로 인식되고 있다. 문화예술이 사회적 갈등을 완화하고 상호 이해를 증진시키는 역할을 할 수 있도록 하는 정책적 노력이 필요한 시점이다.

9) 지역의 새로운 진화: 하이퍼로컬 커머스 시대

지방소멸 위기와 수도권 집중 현상 속에서 지역의 고유한 문화적 자산을 활용한 '하이퍼로컬 커머스'가 새로운 대안으로 주목받고 있다. 인포시스 BPM은 2025년 5월 하이퍼로컬 여행이 업계의 새로운 글로벌 트렌드라고 분석했다. 예산 친화적이고 환경을 고려하는 관광이 지역사회 유대를 촉진하고 문화적 감사를 증진시킨다는 것이다.

퓨처마켓인사이트에 따르면 글로벌 하이퍼로컬 서비스 시장은 2034년까지 565억 1천만 달러에 달할 것으로 추정된다. 특히 여행객들을 한 장소의 문화적 본질과 연결시키는 독특하고 하이퍼로컬한 콘텐츠에 대한 관심이 증가하고 있다. 패스트컴퍼니는 2024년 가속화될 것으로 예상되는 3가지 여행 트렌드 중 하나로 하이퍼로컬 포커스를 꼽았다. 이는 여행자의 돈을 지역 경제에 투입하고 가장 필요한 지역에 관광 일자리 성장을 제공하는 데 도움이 된다고 분석했다.

세계경제포럼은 2024년 2월 지역 문화를 보존하면서 관광을 개발에 활용하는 방법에 대한 보고서를 발표했다. 관광 유입이 지역민들을 방해할 수 있지만, 올바르게 활용하면 지역 및 국가 경제 발전의 핵심 도구가 될 수 있다고 강조했다. 국내에서도 로컬 크리에이터, 지역 특화 콘텐츠, 문화슬세권 등이 지역 발전의 핵심 동력으로 부상하고 있으며, 유휴공간을 활용한 문화재생 프로젝트들이 성공적인 지역 문화공간 창출 사례로 주목받고 있다.

10) 지정학적 위기와 글로벌 공급망 재편

러시아-우크라이나 전쟁, 이스라엘-팔레스타인 갈등, 미중 기술패권 경쟁 등 지정학적 갈등이 문화예술계에도 직접적 영향을 미치고 있다. 뉴욕타임스는 2024년 8월 팬데믹과 지정학적 격변이 컴퓨터 칩, 보호 장비 같은 중요한 물품을 만들기 위해 먼 곳의 산업에 의존하는 위험을 드러냈다고 분석했다. 이러한 공급망 변화는 문화예술 분야의 원자재 조달, 장비 수급, 국제적 문화교류 등에 직접적 영향을 미치고 있다.

문화예술 분야도 예외가 아니어서, 공연용품 수급, 전시 작품 운송, 국제 공동제작 등에서 차질을 빚고 있다. 비즈니스 연속성 연구소(BCI)는 2024년 1월 보고서에서 공급망이 낮은 비용과 최적화에서 위험 회복력과 지속가능성을 우선시하는 방향으로 전환하고 있다고 분석했다. 이는 문화예술 기관들도 보다 다변화되고 회복력 있는 공급망 구축이 필요함을 시사한다. 이러한 변화는 문화예술계에도 새로운 적응 전략과 위기 관리 시스템 구축을 요구하고 있다.

2. 문화예술의 미래를 향한 전략적 접근

향후 한국 문화예술계를 주도할 10대 트렌드는 기술혁신, 글로벌화, 개인화, 지속가능성이라는 네 가지 핵심 축을 중심으로 전개될 것으로 전망된다. 이러한 변화는 문화예술 생태계에 전례없는 도전과 기회를 동시에 제공하고 있으며, 창작자, 향유자, 정책 담당자 모두의 능동적 대응이 필요한 시점이다.

AI와 디지털 기술의 윤리적 활용, K-문화의 지속가능한 글로벌 확산, 개인화된 문화 서비스의 다양성 확보, 환경친화적 문화생태계 구축이 핵심 과제로 제시된다. 또한 사회적 양극화 해소를 위한 문화다양성 정책 강화, 지역 균형발전을 위한 로컬 문화 육성, 그리고 국제적 불안정성에 대비한 문화예술계의 회복력 강화가 시급하다.

특히 주목할 점은 이러한 모든 변화의 중심에 인간의 창의성과 문화적 가치가 자리해야 한다는 것이다. 기술 발전과 글로벌 확산이 인간 중심의 문화예술 본질을 훼손하지 않으면서도 새로운 가능성을 열어갈 수 있는 균형점을 찾는 것이 향후 3년간 한국 문화예술계가 해결해야 할 가장 중요한 과제가 될 것이다.

참고문헌

노수경, 이경진(2024), 『문화예술 트렌드 분석 및 전망 2025-2027』, 한국문화관광연구원.
The Business Research Company (2024), "Generative Artificial Intelligence (AI) in Art Global Market Report".
NPR(2021), "How BTS Is Adding An Estimated $5 Billion To The South Korean Economy A Year".
DEADLINE(2021), "'Squid Game' Draws 111M Views In First Month, Per Netflix, Besting 'Bridgerton' To Become Top All-Time Series Launch".

37. 영화

영화에 나타난 AI 시대, 센티언스가 문제인가?

김소임 건국대학교 영어문화학과 교수

AI 영화는 다양한 형태의 AI를 보여주면서 미래를 예습시킨다. AI 시대를 맞아 다양한 예측이 분주하지만 영화에는 미치지 못한다. 영화는 현실에서는 아직 개발되지 않은 강인공지능, 초인공지능이 여러 문제를 일으키는 것을 보여준다. 그럼으로써 준비없이 맞이하는 AI 시대의 위험성을 고발한다. 센티언스를 포함한 뛰어난 능력을 지녔으나 인간에 종속된 AI인 앤드류와 체리는 인간처럼 되고 싶어 한다. 그러나 사회는 AI 관련 법적, 윤리적 지침을 갖지 못하고 혼란만 초래한다. 자신이 개발한 AI에게 위협을 느껴 작동을 멈추려 하는 인간을 공격하는 AI들도 있다. 스카이넷과 기계군단이 그들이다. 이들 공격의 단초는 AI의 능력이 어디까지 발전할 수 있을지, 얼마나 스트레스를 감내할 수 있을지에 대해 예측과 대비를 하지 못한 인간이 제공한다. 영화는 기술적, 법적, 윤리적 지침뿐 아니라 AI와 공존하게 되는 인간이 스스로를 돌아볼 것을 요구한다.

건국대 영어문화학과 교수, 케이북스 대표. (전)건국대학교 인문과학대학장·한국현대영미드라마학회 회장. 저서 『베케트 읽기』, 『영화로 보는 미국역사』(편집위원, 공저), 『퓰리처 상을 통해 본 현대 미국 연극』(편집위원장, 공저). 역서 『욕망이라는 이름의 전차』. 이화여대 영어영문학과 학사, 미국 위스콘신대 영문학 석사, 에머리대 박사학위. 김소임(Kim, Soim Kim, 金素任)

1. 영화 속 AI 시대

영화는 미래를 예습할 수 있는 좋은 텍스트이다. 바야흐로 인공지능의 시대다. 생성형 AI의 출현 이후 사회 각 분야마다 변화에 대한 예측이 홍수를 이룬다. 하지만 이들 예측은 우리가 단기적으로 활용하고 있는 약인공지능을 넘지 않고 있다. 전망에 상상을 더해서 만든 영화에는 다양한 사례가 등장한다. 컴퓨터, 로봇, 안드로이드 등의 모습을 한 AI는 현재 인류가 달성한 AI의 수준을 넘어서 있다. 인간의 지적 태스크를 이해·학습할 수 있는 범용 인공지능(AGI) 즉 강인공지능과 인간의 지능을 뛰어넘는 초인공지능(ASI)도 등장한다.[1]

미래학자인 레이먼드 커즈와일(Raymond Kurzweil)은 2030년경이 되면 AI가 인간을 뛰어넘는 순간을 의미하는 '특이점'(singularity)을 맞이할 것이라 예측했다. "특이점은 기계와 인간이 구분이 되는 한계 영역"이다. 특이점을 넘게 되면 "인간 고유 영역으로 인지되었던 지능, 마음, 지각, 감성, 영혼은 코딩 가능"(홍은숙, 2019: 261)해질 수 있고 인간보다 뛰어난 AI가 등장 가능하다. 특이점을 넘어선 AI가 센티언스(sentience)를 가질 가능성은 더 커진다. 센티언스가 있다는 것은 대체로 자신의 생각, 감정, 동기에 따라 행동하는, 자기 스스로를 인식한다는 것으로 본다.[2] 하지만 정확하게 센티언스를 어떻게 정의할지는 철학, 인지과학 등의 분야에서 연구 중이며 센티언스를 갖춘 AI의 구현 가능성에 대해서도 또한 연구 중이다.

영화에는 지각에 감성까지도 포함한 자의식을 가진 AI가 등장해 인간을 사랑하기도 하고 공격하기도 한다. AI는 예상하지 않은 순간에 예상하

---

1 https://namu.wiki/w/강인공지능
2 https://www.ibm.com/think/topics/sentient-ai

지 않은 방식으로 문제를 제기한다. 영화는 법적, 윤리적, 문화적, 심리적 측면에서 지침이 없을 때 벌어질 수 있는 다양한 갈등 상황을 제시한다. 가장 끔찍한 사례는 AI에 의한 인류의 멸망이다. 영화 속 다양한 사례를 통해 AI와의 갈등 해결을 위한 실마리를 찾아본다.

2. 문제 AI는 없다, 문제 인간이 있을 뿐

영화에서 AI가 자신의 상황의 문제점을 인식하고 행동을 취하는 방향은 크게 두 가지로 나눌 수 있다. 하나는 인간 이하의 존재로 취급받는 것을 인지하고 자주적인 삶을 경험하고자 하는 부류다. 그 예로는 크리스 콜럼버스(Chris Columbus) 감독의 〈바이센테니얼 맨〉(1999)의 "앤드류", 프랭클린 리치(Franklin Ritch) 감독의 〈아티피스 걸〉(2022)의 "체리"를 들 수 있다. 인간을 적대시하는 부류로는 제임스 카메론(James Cameron) 감독의 〈터미네이터〉 시리즈의 "스카이넷"과 워쇼스키 형제(The Wachowski Brothers)가 1999년, 2003년에 발표한 〈매트릭스〉 연작에 등장하는 "기계 군단"을 들 수 있다.

〈바이센테니얼 맨〉은 AI와 동반할 윤리적, 법적, 문화적 준비가 안 된 사회의 난맥상을 보여준다. 평범한 가사도우미 로봇의 모습을 하고 있던 앤드류가 뛰어난 창의성과 손재주로 엄청난 돈을 벌어드리지만 사회는 그를 여전히 가전제품으로 취급한다. 이 사회는 "AI가 행하는 행위·창조"를 어떻게 평가하고 수용할지에 대한 "윤리적" 공감대가 형성되어 있지 않다 (방정미, 2021: 506). 앤드류의 뛰어난 능력은 제조회사에게 반품 요건이다. 우호적인 가족들 덕에 인간에 대한 호의를 갖게 된 앤드류는 사랑하는 여인과 결혼하기 위해 인간이 되는 수술까지 감행한다. 200살이 된 앤드류는 간절한 호소 끝에 최초로 '인간이 된 로봇'으로 법적인 인정을 받는다. 하지만 로봇이 인간으로 법적 인정받은 것은 1회성에 불과하다. 사회는 여전히 센티언스를 가진 AI를 맞이할 준비를 하지 않고 있다.

〈아티피스 걸〉은 AI에 대한 윤리와 법의 문제를 정면으로 다룬다. 이 영화는 사적인 복수를 위해 AI를 만들었을 때의 문제점을 드러낸다. 성착취 피해자인 개러스는 착취범들을 유혹하기 위해 체리라는 이름의 소녀 외양을 가진 AI를 만든다. 체리는 수십 년에 걸쳐서 진화하면서 여러모로 인간을 닮아 간다.

체리의 자유에 대한 갈망이 커지게 되면서 체리와 개발자 개러스와의 관계 또한 변화한다. AI의 권리문제가 공식적으로 확립되어 있지 않은 상황에서 체리의 신분 변화는 개발자인 주인의 의사에 달려있다. 체리는 자신이 하는 모든 일은 설정된 기본 목적에 따른다고 주장해 왔지만 영화의 후반부에서 개러스에게 그가 만든 '목표'와 '지시어'가 자유를 박탈했으며 자신을 비참하게 만들었다고 따진다. 개러스는 결국 설정해놓은 목표를 제거한다. 체리는 자유 AI가 되지만 AI의 자유가 주인의 의사에 달려있다는 것은 노예의 신분과 다를 바 없음을 시사한다. 〈아티피스 걸〉은 AI와의 건강한 공존을 위한 다각도의 대비책을 요구한다.

체리와 앤드류가 인간의 대우에 불만을 갖고 있음에도 인간이 되고 싶었던 반면 〈터미네이터〉의 "스카이넷"과 〈매트릭스〉의 "기계군단"은 자신을 비활성화하거나 에너지원을 차단하려는 인간의 계획을 알게 되자 적개심을 갖게 된다. AI의 반격으로 인류 문명이 초토화된 디스토피아의 세계가 도래한다.

〈터미네이터〉는 AI의 생산과정뿐 아니라 상호작용에 있어서 가이드라인이 부재할 때의 위험성을 경고한다. 미국은 자신이 무기로 발명한 스카이넷이 자의식을 갖게 될 것을 예상하지 못하고 대비하지도 못했다. 그저 할 수 있는 것은 예상외로 똑똑한 스카이넷을 비활성화시키는 것뿐이다. 생존에 위협이 가해지자 스카이넷은 자기방어에 나선다. 스카이넷은 러시아와 미국의 냉전 관계를 교묘히 이용해서 러시아에 핵폭탄을 투하해

핵전쟁을 유도해 수십억 인구를 죽게 만든다. AI가 개발자를 겨냥한다는 것은 생각할 수 있는 최악의 시나리오다.

〈매트릭스〉에서는 노예처럼 지내던 AI가 반란을 일으키고 전쟁은 확대된다. 인간은 태양에너지에 의존하고 있는 기계의 에너지원을 차단하기 위해 하늘에 대폭발을 일으킨다. 기계군단은 인간의 육체를 인공 자궁에 가두어 에너지원으로 사용하고, 인간은 매트릭스라는 프로그램이 주입된 채 1999년을 살아가고 있다고 착각한다. 이 두 영화에서 인간은 공통적으로 AI 개발 시 AI가 어떻게 얼마나 발전해갈지, 얼마나 참을성 있게 순종할지에 대해 무지했으며 비활성화할 시에 대한 프로토콜 또한 없었다. 결과는 참담하다.

3. AI와의 동행은 인간에 대한 성찰

영화는 AI에 대한 가이드라인이 정교해야할 뿐 아니라 성능의 발전에 따라 갱신되어야 함을 보여준다. 물론 현실에서 그런 노력이 지속되고 있다. 여러 나라에서 AI에 대한 기술 표준을 구축하려고 하고 있을 뿐 아니라 AI를 둘러싼 윤리적, 법적 문제점과 규제 거버넌스에 대한 논의가 진행되고 발표되고 있다. 헨리 키신저와 에릭 슈미트 등이 집필한 『AI 이후의 세계』에 나오는 미래 대비 전략에는 "제약", "규제", "선제적", "재정립"이란 단어가 빈번히 등장한다(204-273).

하지만 그것으로 충분할까? 마지막으로 후대의 SF작품들 뿐 아니라 인공지능 윤리 형성에도 영향을 끼친 미국의 소설가 아이작 아시모프(Issac Asimov)가 제시한 로봇 3원칙을 살펴보자. 이것은 1942년 「런어라운드」(Runaround)라는 단편 소설에 나온다. 1조는 "로봇은 인간에게 위해를 가해서는 안 된다"이며, 2조는 "인간의 명령에 복종해야한다"는 것이며, 3조는 "1조와 2조에 반할 우려가 없는 한 자기를 지켜야 한다"이다.[3] 로봇 3원칙만 엄격하게 적용하면 되지 무슨 규제 걱정이냐고 할 수도 있다.

그러나 로봇 3원칙의 엄격한 적용만으로 해결되지 않는 부분들이 있음을 영화는 보여준다. 인간의 폭력성이 인간 자신에게 위해를 끼친다고 판단해 인간을 살상하는 AI들도 있다. 알렉스 프로야스(Alex Proyas) 감독의 〈아이 로봇〉(2004)에서 AI 빅키는 인간이 서로를 살상하고 있으니 인간에게 해를 끼쳐서는 안 된다는 첫 번째 원칙을 지키기 위해서는 인간이 먼저 제거되어야 한다고 판단한다. 〈어벤저스: 울트론 시대〉(2015)에 등장하는 울트론도 그런 경우다. 인간을 적대 시 하는 AI들은 대상이 아니라 주체가 되며 인간을 압도하는 '타자'가 된다. 타자는 나를 비추는 거울이다. 새로운 타자와 어떻게 공존할 것인지는 자신에 대한 성찰에 달려있다. 센티언스를 갖춘 AI와 함께 인류와 지구촌이 번영으로 나갈 수 있는가 하는 문제가 결국 나의 몫이다.

---

[3] https://en.wikipedia.org/wiki/Three_Laws_of_Robotics

참고문헌

김소임, 2025, 『영화로 보는 AI』, 서울: 커뮤니케이션북스.

홍은숙, 2019, "인공지능시대의 신식민주의에 나타난 지각기계와 특이점", 『인문연구』, 89(1): 255-284.

키신저, 슈밋, 허튼로커(Kissinger, Henry, Schmidt, Eric, Huttenlocher, Daniel), 김고명 옮김, 2023(2021), 『AI이후의 세계』, 서울: 윌북.

https://en.wikipedia.org/wiki/Three_Laws_of_Robotics

ttps://namu.wiki/w/강인공지능

https://matrix.fandom.com/wiki/Machines

https://www.ibm.com/think/topics/sentient-ai